이 책의 출판을 위해 도움을 주신 주한 이태리 대사관과 문화원에 특별히 감사드립니다.
SI RINGRAZIA L'AMBASCIATA D' ITALIA PER IL CONTRIBUTO DATO ALLA REALIZZAZIONE DI QUESTO LIBRO.
COORDINAMENTO : FIORELLA ARROBBIO PIRAS(주한 이태리 문화원장)
REVISONE DEL TESTO ITALLANO E DELLA CARTOGRAFIA : ANTONIO VIOLANTE(주한 이태리 문화원 사무관)

올리브 향 가득한

이태리 요리

Cucina Italiana

나영선 저

주한이태리문화원 감수

형설출판사
www.hyungseul.co.kr

책 머리에

이태리는 삼면이 바다로 둘러싸여 있는 반도로 지리적 자연환경이 우리나라와 유사하며, 우리가 요리에 많이 사용하는 각종 식재료들을 그들의 요리에도 자주 사용하고 있다. 최근 스파게티 전문점을 비롯한 이태리 전문 음식점들이 급속도로 증가하는 현상은 요리문화를 비롯한 다양한 사회 · 문화적 친근감이 있을 것으로 사료된다. 더 나아가 외국의 다양한 요리문화의 국내보급은 해외의 요리문화를 국내에서 쉽게 접할 수 있는 기회를 제공해 줄 뿐만 아니라 외래 요리문화의 한국화와 국내 요리문화의 발전을 의미하는 것이다.

이러한 현실에서 본인은 온고지신(溫故知新)의 의미를 되새기면서, 전통 이태리 요리를 바탕으로 하되 국내에서 실제 만들어 보급되고 있는 다양한 이태리 요리를 중심으로 본 저서의 내용을 구성하고자 하였다. 현실적으로 국내 이태리 레스토랑은 주요 고객인 한국인의 기호에 적합한 메뉴로 전통적인 이태리 요리를 새롭게 개발하여 보급하고 있다. 외식업체에서 판매되고 있는 상품으로서의 요리는 무엇보다도 고객의 기호에 적합한 요리라야 상품으로서 진가가 있기 때문일 것이다. 따라서 본인은 20여 곳의 국내 이태리 요리 전문점을 직접 방문하여 조리법을 조사하여 우수한 요리를 선별하여 사진으로 담아 수록하였다.

그러나 집필 초기의 왕성한 의욕에도 불구하고 많은 아쉬움이 남는다. 내용의 구성상 미비한 점이 있을 것이므로 독자 여러분의 아낌없는 조언을 기대하며, 미비한 점은 지속적으로 수정 보완해 나갈 것을 약속드린다. 아울러 독자 여러분들의 이태리 요리에 대한 관심에 미약하나마 원대한 길잡이의 시발점이 되어지길 기대한다. 또한 이 책이 전문 조리사가 되고자 하는 조리관련 학도, 이태리 식당을 운영하거나 창업하려는 분, 그리고 이태리 요리에 관심이 있는 분들께 미약하나마 길잡이가 되기를 진심으로 바라마지 않는다.

본 책이 출간되기까지 아낌없는 도움과 사랑을 보내 주신 모든 분, 특히 사진을 만들어 주신 <세상 스튜디오>의 이준상 대표, 교정에 도움을 주신 김글라라, 조언과 충고를 아끼지 않으신 호텔 인터컨티넨탈의 정영우 부장님, 아울러 이 책이 출판될 수 있도록 모든 정성을 아끼지 않으신 형설출판사의 장지익 사장님과 편집부 직원을 비롯한 모든 임직원들께 이 글을 통하여 거듭 감사의 인사를 올린다.

늘 곁에서 지켜봐 주시는 어머님과 장인 · 장모님 그리고 항상 곁에서 희망과 용기를 잃지 않게 격려해 주는 사랑하는 가족, 이한순 내자와 아들 참솔, 다솔이랑 형제 · 자매들과 함께 이 기쁨을 나누고 싶다.

Trentino-Alto Adige
Bolzano
Friuli-Venezia Gulia
Belluno
Udine
Gorizia
Pordenone
Trieste
Sondrio
Varese
Como
Lombardia
Bergamo
Trento
Valle D'aosta
Piemonte
Aosta
Novara
Milano
Brescia
Treviso
Veneto
Vicenza
Verona
Padova
Venezia
Vercelli
Pavia
Torino
Cremona
Mantova
Rovigo
Piacenza
Parma
Ferrara
Asti
Alessandria
Reggio Emilia
Modena
Cuneo
Genova
Savona
La Spezia
Emilia Romagna
Bologna
Ravenna
Rimini
Forli
Liguria
Imperia
Sanremo
Carrara
Massa
Pistoia
Prato
Firenze
San Marino
Pesato
MAR LIGURIE
Lucca
Arezzo
Urbino
Ancona
Pisa
Livorno
Toscana
Macerata
Marche
Perugia
Assisi
Siena
Umbria
Elba
Grosseto
Terni
Ascoli piceno
Viterbo
Rieti
Teramo
Pescara
L'Aguilia
Chieti
Vasto
Lazio
Abruzzo
Roma
Isernia
Foggia
Frosinone
Campobasso
Latina
Caserta
Benevento
Avellino
Campania
Puglia
Bari
Napoli
Salerno
Potenza
Matera
Brindisi
Taranto
Lec
Sassari
Nuoro
Sardegna
Orislano
Baskicata
Cagliari
Calabria
Cosenza
Catanzaro
Palermo
Trapani
Messina
Reggio di Calabria
Enna
Caltanissetta
Sicilia
Catania
Agrigento
Siracusa

이태리 요리를 추천해 주신 분(무순)

이 책이 출간되기까지 조언과 충고 그리고 협조를 아끼지 않으신 여러분과 소속하고 계신 이태리 레스토랑과 호텔 관계자 여러분께 다시 한 번 머리 숙여 감사드립니다.

채영철 교수
울산 과학 대학

김원규 과장
호텔 롯데 월드

박충준 대표
포모도로

서상호 과장
호텔 신라

이종찬 과장
호텔 르네상스

강원철 과장
서울 힐튼 호텔

Mr. A. Bosco
서울 힐튼 호텔

송태열 조리장
두모오

Mr. C. Meilinger
서울 힐튼 호텔

김경석 조리장
로튼다 레스토랑

김명환 조리장
일 비노로소

신유신 조리장
제시카 피자

김중서 조리장
빌 레스토랑

박종곤 조리장
캑터스 레스토랑

민계홍 과장
스위스 그랜드 호텔

차 례

이태리 요리의 개요

지역적 요리의 특성

식재료와 허브

치즈와 와인

빵, 피자, 포카치아

이태리 요리의 개요

이태리 요리의 개요

오늘날 이태리 음식은 세계에서 가장 인기 있고, 유명한 음식들 중 하나다. 다양한 세계 각국의 요리가 상존하고 있으나, 많은 사람들이 이태리 음식을 조리하고 먹고 있으며, 그 인기가 날로 더해 가고 있다. 그 이유는 무엇일까? 이태리 요리는 크게 나누어 공업이 발달한 밀라노 중심의 북부요리와 해산물이 풍부한 남부요리로 대별된다. 이태리는 지형적으로 장화 모양으로 우리나라처럼 삼면이 바다로 둘러싸인 반도이다. 이런 점에서 우리나라 요리와 비슷한 점이 많다.

이태리 요리는 요리에 사용할 각각의 식재료의 특성에 대하여 잘 알고, 적합하게 사용하여 요리하기 때문에 발전한 것이며, 오늘날에도 이러한 전통은 여전하다. 다른 나라의 조리사들은 재료들을 서로 혼합하거나 변형시키는 데 중점을 두지만, 이태리인들은 각각의 식재료 개별적인 맛을 강화시키는 것이라 생각하여 재료의 특성과 성질을 이용한 요리를 한다. 즉 날것과 익은 것, 덜 자란 식재료와 다 자란 식재료, 하나의 식재료 또는 혼합된 것, 그리고 끓임, 지짐, 굽는 것, 또는 튀김 중 어느 것이 나은지를 세심하게 고려하고 구별하여 음식을 만든다.

이태리 요리방법은 먹는 사람에게 어떠한 색깔, 질감, 향, 맛으로 그들의 입맛을 돋구어 줄 것이냐에 따라 단순하게 행해질 수도 있고, 정교하게 행해질 수도 있다. 행복감을 느낀다는 즐거운 희열의 느낌은 이태리 음식을 먹으면 알 수 있다. 그러나 어떤 사람들은 이태리 음식은 만들기에 너무 양이 많거나 시간이 많이 걸리므로 현대인들의 일상생활과는 잘 맞지 않는다고 생각한다. 그러나 실제로 어떤 다른 조리에서도 제공할 수 없는 맛과 위생적인 음식으로, 일상생활에서 쉽게 만들어 먹을 수 있다.

이태리 사람들은 일상 생활속도가 빨라지면서, 더 빠르고 손쉬운 조리방법을 강구하기 시작하였다. 물론 이것이 패스트푸드를 갈망하는 것은 아니며, 보다 친숙하고 편안하게 식재료들을 이용하는 방법을 강구하고 있다. 오늘날 이태리 음식은 옛날 것도 있고 새로운 것도 있다. 예컨대 이태리 사람들은 기존의 방법으로 조리하기를 고수하지만, 먹을 때에는 새로운 방법을 택하고 있다.

과거에는 서민 이외의 거의 대부분의 사람들은 지금보다는 단순한, 첫번째 코스로 프리모와 두 번째의 주요리(il secondo, 세콘도)와 야채요리(il contorno, 콘토르노), 세 번째로 과일이나 치즈가 뒤따르는 식사를 주로 먹었다. 분량은 자유로웠으나 너무 많은 양은 아니었다.

전통적인 음료로는 광천수와 지역에서 생산되는 와인이 있다. 어떤 경우에는 안티파스토(antipasto)가 식사 앞에 나갔고, 페이스트리나 푸딩(il dolce)이 나가기도 하였다. 그러나 대부분의 경우에 에스프레소(il caffè)는 식사가 끝날 무렵에 제공되었다.

이태리 서민들은 서로 모여 식사를 하였으며, 인근지역에서 생산되는 야채나 값싼 육류나 생선이 곁들여진 파스타, 폴렌터나 쌀로 만든 요리를 먹거나 싼 값의 생선이나 육류를 곁들이기도 하였다. 빵과 적절한 와인을 곁들이는 것은 한결 식탁을 풍부하게 하였으며, 물론 커피는 고급품에 속했다.

급진적인 경제, 사회와 농경의 변화는 이태리인들의 식습관을 바꾸어 버렸다. 이태리는 제2차 세계대전 이후 이태리인들의 적극적이고, 근면하고, 창조적인 생활태도로 인하여 세계에서 미국, 일본, 독일과 프랑스 다음으로 큰 규모의 경제를 가지고 있다. 오늘날 이태리에서 기아는 소수의 시민들에게서만 찾아볼 수 있는 것이며, 대부분의 사람들은 때와 음식에 제한 없이 풍족한 식사를 하고 있다. 또한 대부분의 사람들은 고급 식재료도 쉽게 구할 수 있다. 그래서 풍부한 육류, 가금류, 허브, 올리브유, 발사믹과 같은 식초, 생선과 해산물, 치즈, 야채와 과일을 이용하여, 지금의 이태리인들은 위생적이면서 맛있는 요리를 즐기고 있다.

따라서 이 책에서는 이태리에서 유행되었던 고전적인 이태리 요리와 새롭게 개발된 음식들, 아울러 현재 국내에서 인기리에 판매되고 있는 요리를 고급식재료로부터 풍기는 향과 맛(profumi e sapori)을 중심으로 소개하고자 한다.

오늘날의 이태리인들이 언제 그리고 어떻게 그들의 요리를 먹고 있는지 궁금하지 않을 수 없다. 바쁜 현대의 일상생활로 인하여 더 이상 예전같이 여유롭게 가족들과 어울려 점심이나 저녁식사를 함께 하기가 그리 쉽지 않게

되었다. 가족이 모여 함께 하는 점심식사는 그들의 전통이었으나 현재는 시골지역이나 조그마한 도시 외곽지역 그리고 남부지역의 일부를 제외하고 이런 전통을 거의 찾아볼 수가 없다. 이태리인들은 예전보다 더 멀리까지 일하러 출근하며, 산업이 발달한 북부와 중부 이태리 지역의 점심시간은 더 짧아졌고, 이러한 경향은 정부의 국제상업추세에 따르려는 경향에 기인한다. 초등학생들은 부모들이 직장에 나가기 때문에, 패스트푸드 성격의 음식인 피자나 샌드위치(panino)를 먹곤 한다. 오늘날 이태리의 대부분 지역에서 가족이 다 모이는 식사는 저녁에 이루어지며, 이러한 경우라도 첫번째 코스(il primo)에서부터 마지막의 과일(la frutta)로 이어지는 풀 코스로 식사를 하지 않고 있어 단순화되는 추세이다.

비록 모든 이태리인들이 비만에 신경을 쓰는 것은 아니지만, 다른 나라에서와 마찬가지로 체중에 대해 의식하지 않으면 안 될 상황에 이르렀다. 그래서 현재 이태리에서는 다이어트식품으로 야채, 과일, 파스타나 밥과 같은 저지방 음식들을 권장하고 있다. 그들은 이러한 식품을 주로 조리하여 먹는 식습관으로 특별히 체중을 조절하기 위하여 음식을 바꾸어 먹는다거나 식사량을 줄일 필요는 없는 것으로 보인다.

게다가 역사적으로 이태리인들은 먹고 싶은 것을 쉽게 이웃지역에서 구하여 먹었기 때문에 과거에는 이태리 요리의 지역적 구분이 뚜렷하였으나, 오늘날에는 지역적 구분이 모호해지고 있다. 리구리아(Liguria)의 페스토(pesto) 요리는 롬바르디(Lombardia)에서부터 바실리카타(Basilicata)에 이르기까지 모든 곳에서 제공되고 있다. 어떤 음식들은 북부지역의 고르곤졸라(Gorgonzola)를 남부지역의 피자 위에 사용한다던가 하는 식으로 여러 지역의 맛을 서로 혼합하여 조리하고 있다. 따라서 이 책에 기술된 지역적인 조리법이 반드시 지역적으로 구분되는 것이라고 할 수 없다.

중요한 요리의 변화추세는 이태리인들이 모든 지역적 전통음식 가운데 그들이 원하는 것을 자유롭게 선택하여 먹는다는 것이다. 특히 삐에몬떼(Piemonte), 리구리아(Liguria), 에밀리아－로마냐(Emilia－Romagna), 풀리아(Puglia)에서는 안티파스토(antipasto) 요리가 다른 지역과 구별되는 뚜렷한 특색을 지니고 있다. 요즘에는 정식의 첫 코스에만 안티파스토 요리를 먹는 것이 아니라, 파스타, 리조토, 수프를 먼저 또는 나중에 먹는 식으로 두세 가지를 곁들이는 경우가 많다. 또한 생선이나 육류, 그리고 과일이 혼합된 그린샐러드를 만드는 것이 유행하고 있다.

즉 서로 혼합되고 어울리는 요리들은 여러 가지가 있으나, 대부분 전문조리사들에 의하여 전해지는 요리들은 서로 다른 이들의 특성을 살리면서 어떻게 서로 조화롭게 혼용할 것인가에서 출발한 것들이다. 이것은 이 책에 나와 있는 많은 요리들의 중요한 요소이며, 각각의 장들은 여기에 초점을 두고 쓰여져 있다. 원하는 것을 만들기 위해서는 입맛에 맞도록 맛, 질감, 그리고 음식들을 서로 혼합하여야 한다.

이렇게 음식을 개발하고자 하는 태도는 새로운 현상으로 볼 수도 있지만, 예전부터 이어온 요리를 연구하고자 하는 전문조리사들의 전통이다. 요리에 사용되는 대부분의 식재료들은 이태리 반도에서 자생하는 식품들이 아니라 여러 세기 동안 외부로부터 유입된 것들이다. 예를 들면 쌀, 옥수수, 여러 가지 포도류, 토마토, 시금치, 콩, 감자, 가지(aubergine), 스위트페퍼(피망, capsicum), 고추(chilies), 대구, 연어, 닭고기, 칠면조, 오렌지, 아몬드, 설탕, 커피, 여러 스파이스들이 그것들이다. 이러한 식품들은 모두가 이태리 요리에 사용되며, 공업의 발달은 다양한 요리를 개발하여 만들 수 있는 계기를 제공해 주었다.

이처럼 요리를 개발하고자 하는 요리사들의 창조적인 정신과 노력은 계속 이어져 내려왔다. 가령 커리 파우더와 같은 새로운 재료가 이태리에 도입되었을 때, 기존의 이태리 전통음식과 어울리는 조리기법을 개발하여 커리향을 살리는 새로운 이태리 요리를 창조해 냈다. 물론 이태리인들은 새로운 조리방법에도 개방적이다. 구운 마늘을 이용하는 요리가 북미대륙에서 유행하고 있을 때, 이태리인들은 마늘의 독특한 맛과 질감을 피자와 파스타소스에 적용하는 방법을 개발하였다.

이태리의 식생활에 있어 이러한 변화를 비판하고, 돌이킬 수 없는 옛것의 폐기로 간주할 수도 있다. 대부분의 산업사회인들은 자신들의 식습관이 변하였다고 보고 있으나 이태리는 그렇지 않다. 대부분의 국가들은 중요한 가치가 있는 옛것들을 버렸으나 이태리는 옛 조리법을 현실에 맞게 재창조하고 있다.

이태리인들에게 있어 식사는 과거보다 더 자연스러워졌지만 여전히 사회생활의 일부이다. 친구, 친척이나 동료직장인들은 적당한 시기에 원하는 음식을 먹는다. 전통적인 이태리식 식사보다는 좋아하는 요리나 고급치즈와 과일에 더 관심이 많으며, 모든 것을 품질로 평가하려 한다. 20여 년 전 낮에 통상적으로 마셨던 500ml의 와인이 최근에 와서 식사의 맛을 강화할 수 있는 한잔의 고급와인으로 대체되고 있다. 그러나 식사는 여전히 한 컵의 커피(espresso)와 한잔의 브랜디(grappa)나 레모네이드(limoncello)로 마감함으로써 즐겁고 유쾌한 만찬이었다.

이태리 음식은 오늘날 기대하는 이상의 특징으로 사람들을 맞이하고 있다. 사람들의 마음에, 사람들의 가정에, 그리고 사람들의 꿈속에 그들만의 맛, 색깔, 이미지로 자리매김하고 있다.

이태리 요리의 식탁

이태리 요리 식사법

주문한 대로 맛있게 잘 만들어진 파스타 요리나 나무랄 데 없는 리조토 또는 촉촉한 닭고기 요리가 적절하게 제공되었다면, 그 자체만으로도 기대한 욕구를 충족시키기에 충분하다고 본다. 레스토랑에서 그 이외에 무엇을 더 바랄 수 있을까? 여기에 신선한 샐러드와 먹기 좋은 빵을 곁들이고, 잘 익은 과일이나 달콤한 디저트로 식사를 마무리한다면 완벽에 가까운 식사를 한 셈이다. 대개 이태리 식사는 이보다 더 적은 양, 즉 한 쪽의 피자나 한 접시의 콜컷(cold cuts, piatto freddo), 혹은 밥과 닭고기를 섞어 만든 샐러드 1인분이 한 끼니의 식사가 될는지도 모른다. 때로는 아무런 이유 없이 단지 조금만 먹고 싶을 때도 있다. 그러나 여러 가지로 잘 짜여진 이태리 식단이 한 가지 요리로 구성된 식단보다 우리에게 다양한 영양분을 공급해 준다는 것은 주지의 사실이다.

실제로 이태리 요리는 주요리(main course)가 없다. 물론 밀란(Milanese) 스타일의 한 접시에 1인분으로 제공되는 송아지 정강이와 리조토(ossobuco e risotto) 요리처럼 예외가 있기는 하지만, 특정한 요리가 두드러지게 우위를 차지하거나 주요리로 취급되는 것은, 여러 가지의 작은 코스 요리가 서로 밸런스를 이루고 흥미를 끌도록 이루어진 이태리식 식사와는 거리가 먼 것이 사실이다. 물론 두 번의 중요한 코스 요리가 제공되지만 서로 연달아 제공되지 않도록 구성한다.

퍼스트 코스(first course)인 프리모(primo)는 소스나 진한 맛국물을 곁들인 파스타 요리이거나 아니면 리조토나 수프(soup)이다. 이태리어로 미네스트라(minestra)라고 하는 수프도 종종 퍼스트 코스라 하는데, 때로는 파스타나 리조토를 수프 그릇에 담아 제공하며, 육류, 가금, 생선요리보다 먼저 제공하기 때문이다.

안티파스토(antipasto) 다음에 제공되는 퍼스트 코스(primo)가 거의 끝나갈 무렵, 요리와 기호에 적합한 와인을 제공한다. 이 와인을 마심으로써 아직 입 안에 남아 있는 여미(餘味)를 개운하게 하여, 다음에 제공될 요리의 맛을 한층 돋구어 준다. 이어서 주요리(second course)가 식탁에 제공된다. 레스토랑에서 세컨드를 주문하면, 그 사람이 퍼스트 코스를 먹은 다음에 세컨드 코스를 만든다. 세컨드 요리를 미리 만들어 놓지 않는다고 해서 만들 생각이 없는 것이 아니라, 고객의 기호, 즉 익힘의 정도와 향미를 고객의 요구에 부합되도록 적절한 요리를 만들기 위한 세심한 배려 때문이다. 물론 가정에서는 누가 식사를 준비한다고 하더라도 미리 만들어 놓을 것이다.

대개 퍼스트 코스는 다음에 제공될 세컨드의 영향을 받아 정해진다. 실제로 그렇다. 만약 세컨드로 '와인에 익힌 쇠고기(braised beef in wine)'를 먹기로 했다면, 육류를 많이 넣어 만든 스파게티(spaghetti)나 라자냐(lasagne)는 퍼스트 코스로 적절하지 못하다. 아마도 '파르메산 치즈를 넣은 리조토'나 아니면 여기에 쥬키니나 아스파라거스를 곁들인 것을 선택하거나 뇨끼나 수프를 먹으려 할 것이다.

미트소스를 곁들인 파스타(tagliatelle alla Bolognese)로 퍼스트 코스를 시작한다면, 세컨드 코스로 로스트한 송아지 고기나 닭고기를 선택할 것이다. 또한 포치한 생선처럼 너무 부드러워서 퍼스트 코스 파스타 요리의 자극을 흡수할 수 없는 요리는 세컨드 코스에 적합하지 않다.

이태리 요리는 다양한 식재료를 활용한 자극적인 맛을 낼 수 있으며, 조리법이 간편하므로 활기찬 감각을 최대한으로 살릴 수 있다. 식사할 요리의 주제를 생선으로 할 경우를 예를 들면, 처음에 작은 새우를 삶아서 얇게 썰고 올리브유, 파슬리, 레몬주스로 양념을 하여 아직 식지 않은 상태에서 따뜻하게 안티파스토로 먹는다. 이어서 마늘과 감자를 곁들여 오븐에 구운 유럽산 가자미(turbot)와 함께 제공되기도 하는 얼큰하고 맵게 요리한 해물 리조토(risotto di calamari)가 뒤따른다. 약간 씁쓸한 라디끼오(radicchio)와 그린 샐러드가 사이드로 제공된다. 이어서 달콤한 디저트로 식사를 마감하며, 슬라이스한 과일을 와인에 담가 만든 과일주를 마신다.

세콘도(secondo)는 대개 한두 가지 정도의 야채요리가 곁들여진다. 물론 이때 곁들여지는 야채요리는 단독 코스 요리로 제공되기도 한다. 야채요리를 이태리어로 콘토르노(contorno)라고 한다. 모양과 형상이 가지각색인 야채는 향미, 질감, 색상도 계절에 따라 순환되기 때문에, 식탁에서 야채요리의 역할은 매우 중요하며, 야채요리에 따라 식탁의 성격이 달라질 수도 있다.

이태리 메뉴를 짤 때 고려해야 할 중요한 요소 중의 하나가 야채의 선택이다. 세콘도에 곁들여질 야채요리(contorno)와 다음에 제공될 사이드 샐러드를 결정할 때 영향을 미칠 개연성이 있는 파스타 소스와 리조토를 어떤 것으로 만들 것인가를 먼저 결정해야 한다. 단지 생각만으로 야채요리를 어떤 것으로 어떻게 만들 것인지 결정하지 말아야 하며, 직접 시장에 나가 식재료를 눈으로 확인하고, 그 야채를 어떻게 요리할 것인지를 정해야 한다.

샐러드는 세콘도와 야채요리 다음에 제공된다. 식사를 다 마쳤다는 사인은 접시 위에 포크와 스푼을 가지런히 올려놓음으로써 표시한다. 그러면 식탁은 모두 치워지고 스위트 디저트가 제공된다. 가정에서 오븐에 구운 디저트(dolce)는 드물게 두세 코스를 마치면 바로 제공하기도 한다. 전통적인 식탁에서나 감각적인 서비스를 제공하는 경우에 통과일을 바구니에 담아 제공하여 식탁에서 깎아 먹도록 하거나, 얇게 썰어 절인 과일을 제공하기도 한다.

Italian Menu Planning

정식 메뉴(full course)에 있어서 이태리 요리의 구성

antipasto : 전채요리

primo : 수프, 파스타, 리조토 중 선택

secondo : 주요리로 생선, 육류, 가금류 중 선택, 야채요리가 곁들여짐

contorno : 주요리 바로 다음이나 함께 제공되는 샐러드나 샐러드가 곁들여진 요리

formaggio : 치즈 요리류

frutta : 과일류

dolce : 스위트 디저트

caffě : 식후 음료로 커피 또는 차

지역적 요리의 특성

이태리 요리를 이해하기 위해서는 각 지방의 특징적인 요리를 필수적으로 알아야 한다. 왜냐하면 각 지역은 역사적 · 지리적 차이에 따라 그 나름대로 독특한 각각의 요리를 갖고 있기 때문이다. 예를 들면 북부지방의 파스타는 일반적으로 별로 변형 없이 평평한 형태로 신선한 계란과 밀을 이용하여 만들어졌으며, 주로 버터를 이용한 요리가 많다. 반면에 남부지방은 비교적 향신료를 많이 사용하며, 올리브유를 이용한다. 각 지역별 특징을 소개하면 다음과 같다.

북서부지역 (Il Nord-ovest)

이태리의 북서부지역은 오늘날 이태리 요리의 변화를 주도하고 있는 지역이다. 이것은 이 지역이 1860년 이태리가 통일된 이후 이태리의 국가 산업발전을 주도하였기 때문이다. Torino은 첫번째 수도였으며, 후에 수도가 로마로 되었지만, Piedmonte의 Torino시는 아직도 고풍을 간직하고 있다. 항구도시 베니스(Venezia)가 많은 부를 축적하였지만, Genoa(Genova)는 더 많은 부를 축적한 곳이다. Lombardia의 Milano은 금융도시다.

주(州)	주요 도시
Piemonte (Piedmont)	Torino (Turin)
Lombardia (Lombardy)	Milano (Milan)
Liguria	Genova (Genoa)
Valle d'Aosta (발다오스타)	Aosta

북서부지역의 도시들은 고대 때부터 화려한 역사를 가지고 있는 곳이다. Liguria는 고대부터 무역 중심지로 수세기 동안 그 역할을 수행해 왔다. Genoa의 아들인 Christopher Columbus (Cristoforo Columbo)는 미대륙으로 항해하여 세계의 역사를 바꾸었다. 콜롬비아 탐험대원들은 토마토, 옥수수, 쥬끼니(courgette), 펌프킨, 화이트빈스와 그린빈스, 감자, 스위트페퍼(capsicum), 칠리, 칠면조와 카카오를 비롯한 여러 식품들을 구세계(old world)로 가져왔다. 이태리 음식은 이러한 식재료들이 없다면 많이 달라질 것이다.

Milano은 중세부터 이태리의 무역중심지였고, Lomardia와 Piedmonte의 도시들은 Como의 실크, Biella의 섬유와 Brescia의 군수산업지가 되었다. Cremona는 국제적인 바이올린 제조 중심지이고, 가장 위대한 오페라 작곡가 Claudio Monteverdi를 탄생시킨 곳이기도 하다.

자동차 산업의 중심지 Torino은 화려한 문화가 살아 있는 미식가들이 즐겨 찾는 곳이 되었다. 1970년대 초까지 계속된 산업혁명 기간 동안 Genova, Milano과 Torino은 이태리 경제의 진원지였다. 이곳은 사업목적의 저녁식사가 이루어지도록 한 첫번째의 곳이기도 하며, 이는 하루에 두 번만 식탁에 가족들이 모여 앉아 식사하는 식습관으로 변화시키게 된 계기가 되었다. 블루 칼라는 가져온 도시락이나 회사식당에서, 화이트 칼라는 레스토랑에서 시간에 유의하면서 식사를 하였다. 이곳은 아메리칸 형태의 패스트푸드가 유행하게 된 곳이기도 하다.

동쪽에 위치한 Veneto는 북서지역과 같이

경제적으로 많이 활성화되어 있는 곳이지만, 치즈, 생선이나 야채 위에 제공되는 미리 조리된 polenta와 같은 빨리 만들어 먹을 수 있는 요리가 있다. 반대로 Liguria, Piedmonte, Valle d'Aosta와 Lombardia의 전통음식들은 요리절차가 복잡하며, 최근에는 맛을 그대로 유지하면서 빨리 조리할 수 있는 기법을 개발하기 위한 관심이 고조되고 있다.

기술의 발달은 역사적으로 농산물을 생산·공급하여 왔던 이 지역의 농경에도 영향을 미쳐, 품질을 향상시키면서 농업생산량을 증가시킬 수 있게 하였다. 특히 고급 쇠고기와 우유 그리고 치즈를 생산하는 Cremona는 높은 농업생산성을 보이고 있다. 이태리의 가장 긴 계곡에 위치한 Po강은 피에몬떼에서 Lombardia를 거쳐, Veneto와 Emilia-Romagna까지 연결되어 있다. 계곡의 서쪽 농경지에서 생산되는 쌀은 유럽에서 가장 많은 양이라고 한다. 이 지역의 쌀로 만든 스타치(starch)는 — 파스타를 선호하는 Liguria를 제외한 — 대부분의 지역에서 인기가 있다.

Liguria는 Genova가 중심을 이루며, 오랜 해양문화의 전통을 간직하고 있다. 바다에서 생산되는 다양한 종류의 생선과 해산물을 이용한 요리가 다른 지역과는 차이가 난다. 이들 해산물은 Bouilobaisse식의 생선 수프 또는 Burida, Zimino 등의 스튜 또는 안티파스토로 제공된다. 이 지역의 요리에 많이 이용되는 향신료로 rosemary (rosmarino), majoram(maggiorana), sage(salvia), thyme(timo), oregano, dill (prezzemolo), parsley 등 여러 가지가 있다.

Liguria의 베질과 오일을 혼합하여 만든 페스토(pesto)는 파스타 소스로 조리된다. Liguria에서 페스토를 미네스트로네(minestrone) 수프에 첨가하기도 하며, 또한 콜드 라이스 샐러드(cold rice salad)에 맛을 내기 위하여 사용하기도 한다. 전통적인 Genovese식 pesto sauce(salsa a base di aglio e basilico)에 많이 이용한다. 최근에는 pesto sauce를 이용한 요리는 이태리의 전지역에서 고루 나타나고 있으며, basil(basilico), olive oil(olio d'oliva), Parmesan(Parmigiano) cheese, pinenut (pinoli), Pecorino cheese를 기본적으로 사용하여 만든다.

Liguria는 과일과 야채를 생산하고, Liguria의 올리브유는 세계에서 가장 좋은 것으로 알려져 있다. 또한 야채를 많이 넣은 걸죽한 Genovese의 Minestrone soup는 쌀보다는 pasta를 다른 지역에 비해 더 많이 넣는 특징이 있다. 이 지역의 자랑인 Sardegna oppure(Pizza alla Sarda)는 olive, anchovy (accivghe), tomato(pomodoro), onion(cipolla) 등을 넣어 만든다. 그린 올리브와 올리브유도 이 지역이 자랑거리 중의 하나이다.

Liguria는 이태리식 만두(ravioli)를 처음 만든 지역으로 알려져 있다. 만두의 효시는 선상에서 남은 음식을 밀가루 반죽에 싸서, 선원들이 내용물이 무엇인지 알아차리지 못하도록 — 지금의 만두처럼 만들어 제공함으로써 시작되었다는 일설이 있다. 어쨌든 Genoves(Genova)식 라비올리는 양송이, 향료, 치즈, 돼지고기, 쇠고기, 송아지고기 등 다양한 식재료가 애용되고 있다.

Piedmont는 과일과 야채를 생산하고, 버섯의 일종으로 파스타나 밥에 이용하는 Alba의 화이트 트러플(Tartufo bianco;white truffle) 재배지로 유명하다. 이 트러플의 맛은 이 지역특산물의 하나인 레드와인 Barolo, Barbaresco와 함께 잘 알려져 있다. 이 와인은 세계적으로 유명한 Tuscany, Burgundy, Bordeaux, California의 레드와인의 품질에 뒤지지 않을 정도로 양질이다. Piedmont는 또한 양질의 개암(hazelnuts, nocciole)과 초콜릿으로 유명하며, Turin 시민들은 초콜릿의 근원지라고 자랑하고 있다.

Lombardia의 주요농산물은 쇠고기, 우유, 버터, 치즈와 쌀이다. 남쪽 Lombardia는 parmigiano-reggiano 치즈를 생산한다. 또한 bitto, mascarpone, taleggio, stracchino 같은 치즈를 생산하기도 한다. 세계적으로 유명한 블루치즈 중의 하나인 gorgonzola 치즈도 Lombardia 지역의 한 마을이름에서 나왔으며, 생산량의 대부분을 피에몬뜨의 Novara에서 만들고 있다.

Lombardia는 북쪽의 알프스에서 남쪽의 Po 계곡에 걸쳐 넓게 펼쳐진 지역이다. 이 지역요리의 특징은 주로 stewing, roasting, simmering, braising 등의 시간이 걸리는 요리법을 이용하는 것이다. 따라서 Lombardia 지방의 육류요리는 걸쭉하고 풍미로운 소스로 여러 시간 조리하여 부드럽고 즙이 많다.

이 지역에서 가장 선호하는 육류는 veal이며, 전형적인 요리로는 risotto alla Milanese(saffron risotto)와 함께 제공되는 ossobuco alla Milanese(braised veal Milan

Style)와 costolette alla Milanese(veal cutlet)라는 요리가 있다. Piedmonte와 Lombardia는 risotto의 본고장이며, Lombardia 지역 그들 나름대로 특별한 조리법을 가지고 있다. 이 지역의 야채수프는 고추, 토마토, 양파 등으로 만드는 peperonata(pepper)라는 이 지역 특선요리와 함께 대표적이다.

Lombardia에는 훈제고기, 소시지, salami 등을 주목할 만하다. 이 지역의 치즈로는 gorgonzola, belpaese, stracchino, grana 등 여러 가지가 있다. Lombardia의 생산품 중 이태리 수출품으로 가장 유명한 것은 campari와 panettone(과일로 만든 케이크)이다.

현대 이태리 식문화에 크나큰 영향을 미친 지역 중의 하나가 Lombardia의 Panino이다. 이것은 샌드위치(sandwich)로 번역되고 있으나, 적절한 의미전달은 되지 못하며, 본래 이태리어의 의미와 약간의 차이가 있다. Milano의 빵가게(paninoteca)는 점심시간에 고급의 빵에 북이태리에서 보통 넣어 먹는 고급재료들로 채워진 빵(panino) — 즉 샌드위치 — 을 주문하기 위하여 기다리는 샐러리맨들이 문밖까지 줄을 늘어선다. 샌드위치에는 frittata, herb, truffle 버섯을 곁들인 로스트 송아지고기 또는 gorgonzola 치즈와 배를 넣기도 한다. 이런 식사는 전통적인 방법으로 보통 접시 위에 음식물들을 준비하여 놓고, 빵조각 사이에 이것을 넣어 먹는다. 판매하는 샌드위치 중에 원하는 레시피가 없으면, 원하는 대로 만들어 먹을 수 있다.

panino의 등장은 사람들의 식습관에 있어서 혁명적 변화라 할 수 있다. 즉 바쁜 사회생활로 인하여 요리를 음미하기 위한 충분한 시간을 할애하지 못하는 사람들의 식습관에 큰 변화를 주었다. 이것은 대부분의 이태리인들이 자신의 생활속도를 가속화하여 생활방법이 바뀌었을지라도 이태리식 고급음식을 지속적으로 먹으려는 식생활 의지가 반영된 것이라 할 수 있다.

그러나 Valle d'Aosta에서는 북서지역의 이러한 변화의 패턴을 모방하지 않고 있다. 프랑스와 스위스 국경에 위치하고 있는 이곳은 면적과 인구가 적은 지역이며, 몇몇의 철광산을 제외하고 대부분의 주 수입원은 관광과 농업이다. 이곳은 해발 900m 높이까지 광활한 포도밭으로 둘러싸여 있으며, 도시에서 이태리어를 사용하고 있으나 교외지역에서는 불어를 사용하므로 2개 언어가 공용되고 있다. 이 주(洲)의 수도 Aosta는 로마의 근원지이다(원래 이름은 Augusta Pretoria였다). 이곳은 알프스와 연결되는 스키리조트와 국립공원, 매력적인 음식으로 관광객을 유인하고 있다.

Valle d'Aosta의 전통음식의 식재료들은 주로 인근지역으로부터 도입되었다. Mocetta는 prosciutto처럼 가공하여 저장시킨 돈육으로, 돼지고기 대신에 Valdostana는 영양(chamois), 산양(goat), 야생염소(ibex)나 송아지고기를 이용한다. prosciutto는 돈육을 14가지의 허브로 절여 맛을 낸 것으로 다른 어떤 햄과도 맛과 향이 뚜렷한 차이가 있다.

파스타, 밥, 옥수수(cornmeal)에 바탕을 두는 보통의 다른 프리모(primo)와 달리 이곳의 토속적인 수프는 밤, 호도, 쌀, 빵, 계피와 fontina 치즈 같은 재료로 만들어진다. fontina 치즈는 짭짤한 수익원으로 농장에서 기른 소의 우유로 매일 만들며, 숙성 정도에 따라 미숙성 치즈와 숙성 치즈로 구분되는 치즈이다. 과실열매(nut) 맛이 나며, 변하기 쉬운 fontina 치즈는 fonduta(fondue) 요리에서 가장 중요한 핵심재료로 맛과 향취를 결정지으며, 쇠고기와 함께 기름에 튀겨 소스에 찍어 먹는 이 요리는 따뜻한 맛이 있어 주로 추운 겨울밤에 만들어 먹는다.

서북부지역 대부분에서(Valle d'Aosta를 제외하고) 나타나는 주요 식습관의 변화는 전통적인 이태리식 식사구조의 폐기를 야기하였다. 여기 사람들도 안티파스토, 프리모, 세콘도와 돌체(dolce)를 여전히 먹고자 하거나 관심 있는 요리를 먹기 위해 시간을 보내는 사람은 그리 많지 않다. 즉 기존의 식탁에서 식사하는 방법에 변화가 일어나고 있다는 뜻이다. 요리에 있어서도 맛과 향은 근본적으로 변하지 않고 있어도 조리방법은 달라졌다. 이것은 누군가의 추상화를 그리고 있으나 완전히 새로운 인상을 그려내는 피카소(Pablo Picasso, 피카소의 조상은 Liguria인이었다)의 작품과도 같은 성격일는지 모른다.

그래서 피에몬떼에서는 안티파스토(antipasto)를 만드는 데 사용되는 특정야채가, 따로 먹었던 육류와 치즈와도 잘 어울리기도 하지만, 이들 음식들은 접시에서 분리되고 다양한 맛을 내어 주는 한 잔의 와인과 함께 제공된다. 그래서 피에몬뜨에서는 특별한 야채로 안티파스토를 만들거나 육류와 치즈를 곁들이거나, 아니면 야채요리를 다른 접시에서 분리하여 다양한 맛과 향을 함유한 한 잔의 와인과 함께 제공하기도 한다.
Lombardia에서는 전통적으로 리조토(risotto)에 사프란과 Parmigiano-Reggiano 치즈를 주로 사용하였으나, 지금은 조리사들이 갖가지 재료와 양념을 혼합하여 만드는 새로운 맛의 조리법을 개발해 내어 전세계에 전파하고 있다.

산촌의 극히 단순한 요리와 Torino시에서 볼 수 있는 비교적 복잡한 요리로 구분할 수 있다. 스위스나 프랑스 등과 접경한 고원지대 음식은 긴 겨울을 견디기 위해 푸짐하고 실속 있는 편이다. stew와 casserole은 매우 양념을 강하게 하며, 마늘은 이들이 즐겨 이용하는 향신료이다. 이 지역의 유명한 치즈 fontina는 향이 강하며, 부드럽고 creamy한 편이다. 이 치즈를 사용하여 만든 Fonduta가 있다.

영양이나 이 지역에서만 포획할 수 있는 야생영양 요리는 Torino시의 고급 식당가와 피에몬떼 산간지역에서 볼 수 있으며 가장 인기 있는 요리 중의 하나로 알려져 있다. 흰 토끼 요리와 야생 멧돼지 요리도 맛볼 수 있다. 기름, 마늘, anchovy 등을 섞어 만든 소스에 야채를 담궈 먹는 Bagna Caöda라는 요리도 널리 알려진 Torino시 요리 중의 하나이다.

북부의 대표적인 요리로는 옥수수를 이용한 polenta, 쌀을 이용한 리조토(risotto) 등이 유명하며, 밀라노풍 리조토와 피에몬떼풍 리조토가 있다. 이처럼 북부요리는 소재가 풍부하다. 특히 아드리아 해에서 잡히는 게, 정어리, 뱀장어, 알프스에서 흘러나오는 맑은 물에서 잡히는 송어 등을 이용한 생선요리가 있고, 육류요리로는 밀라노풍의 뼈가 붙은 송아지 다리를 백포도주로 조리한 것과 쇠고기를 이용한 포도주 찜, 소 내장을 이용한 요리, 커리, 달팽이(escargot), 소시지(sausage)

등이 있다.

피에몬떼의 평야는 곡창지대로 이태리 지역에서 가장 넓은 Po라는 벼농사 지역이다. 이 지역은 토질이 비옥하여 asparagus, celery, artichoke, pepper, onion 등과 같은 야채가 많이 재배된다. Turin의 약초로 만든 백색 wine인 vermouth와 제과, 통조림, 긴 막대 모양의 bread stick인 grissini로 유명하다.

북동부지역 (Il Nord-Est)

Veneto는 아드리아 해로 흐르는 여러 개의 강과 비옥한 농지로 둘러싸여 있으며, Venice(Venezia), Verona, Padova, Vicenza, Treviso, Bassano가 모여 있는 하나의 도시국가 형태를 띠고 있다. Veneto의 도시들은 한편으로는 Venice(Venezia)의 지배를 받기도 하였으나 역사적으로 서로 경쟁하였던 도시들이다. 그래서인지 음식, 와인, 라이프 스타일과 전통은 다른 도시국가에서 찾아볼 수 없을 만큼 다양하다.

Veneto는 Friuli-Venezia Giulia와 Trentino-Alto Adige을 경계로 하고 있다. 여기서 하이픈(-)은 이들 지역들이 서로 작은 지역들간에 통합된 것임을 말해 준다. Friuli-Venezia Giulia는 오스트리아,

주(州)	주요 도시
Veneto	Venezia(Venice), Verona, Padova, Bassano, Vicenza Treviso
Friuli-Venezia Giulia	Trieste
Trentino-Alto Adige	Bolzano, Trento,

슬로베니아와 크로아티아와 국경을 이루고 있다. Udine을 포함한 서쪽지역은 독특한 건축양식과 언어요리의 전통을 갖고 있는 베네치아다. 동부의 항구도시 Trieste는 이태리보다는 슬라브족에 가깝다고 할 수 있다. 오랫동안 국제 항구도시였던 까닭에 Trieste에서는 크로아티아(Serbo-Croatian) 말이나 헝가리어(Hungarian), 심지어 독일어(German)를 쓰는 사람이나 이태리어를 구사하는 사람 등 다양한 언어를 구사하는 사람들을 만날 수 있다. Friuli-Venezia Giulia의 대부분은 제1차 세계대전 이후 이태리의 일부가 되었으며, 1954년에 국경이 확정되면서 일부는 Yugoslavia가 되었다.

Trentino-Alto Adige로 흐르는 Adige강은 독일과 오스트리아에서 시작된다. 이 지역 사람들은 2개 국어를 공용하는 지역으로 주로 독일어를 구사하는 독일계 사람들이며, 중심도시 Bolzano를 벗어나면 이태리어를 구사하는 사람을 거의 찾아보기 힘들다. Trentino는 종종 이태리의 알프스로 묘사되며, 대부분의 생활양식은 Alto Adige와 Veneto 그리고 Lombardy의 영향을 받고 있다. Trentino와 Alto Adige의 두 지역은 이태리 영토로 편입되면서 관리행정상의 이유로 1948년 통합되었다.

로마제국의 영향을 받은 이 지역은 역사적으로 정치적 충성과 유일사상 그리고 단일 경제권으로 획일화되어 있었다. 고대 로마인들은 거대한 Verona시(야외오페라 원형극장이 있는 곳)와 Padova시를 이곳에 건설하였을 뿐만 아니라, 어디에서나 마찬가지로 대로를 건설하고 무역로를 개척하였다. 어떤 길은 북부에서 알프스를

관통하여 훗날 오스트리아와 독일이 된 지방까지 연결된다. 지금도 Passo Del Bremnero라 불리는 이 대로는 고대 성지순례자와 상인들이 이용하였으며, 중세와 르네상스 시절은 물론 현재까지 로마시대에 건설한 이 길을 이용하고 있다. 이 대로를 통하여 수세기 동안 수많은 독일 사람들이 동부로 여행할 수 있었다. 때로는 평화를 위하여 이용하였으나 대부분은 다른 지역을 점령하기 위하여 이 길을 이용하여 왔다. 이 지역의 전통음식으로 canederli(bread dumpling), speck(smoked cured bacon), 수렵요리, 야생 허브와 딸기 그리고 와인이 유명하다.

길은 Padova를 통과하여 동부와 북부로 뻗어 있었기 때문에, 이 길을 통하여 다른 지역으로부터 로마인들이 필요한 갖가지의 물건들을, 그들이 건설한 Friuli의 Aquileia로 가져올 수 있었다. 이 지역의 많은 학자들과 넓은 토지를 소유한 농장주 그리고 로마인에게 고급 와인을 공급하는 와인 생산자들에 의하여 로마의 문명이 크게 발전되었다. Friuli 사람들은 와인 만드는 기술을 개선하고 발전시켜 왔으며, 그들이 수확한 포도로 Piedmont와 Tuscany의 와인을 만든다.

5세기에 Aquileia는 북부로부터 침략을 받아 약탈당했으며, 많은 시민들은 대서양의 미개발 환초섬으로 도망쳤다. 그 후 마침내 로마제국이 이 지역을 지배하게 되면서, 바다로부터 온 비너스(Venus, 그리스 신화에 나오는 미와 사랑의 여신)같은 영광스러운 장미의 도시 Venezia(Venice)를 건설하였다. 중세시대 후기와 르네상스 시대에 Venezia는 상업도시로 성장하였으며, Genova도 이 시기에 등장한다. 이곳에서 범선들은 지중해 너머로 항해하였으며, 아시이로부터 쌀 등의 외래의 이국적인 식품을 들여왔다.

북쪽의 Dolomiti 산맥을 따라 길게 뻗어 있는 Veneto 지역은 아드리아 해안을 따라 긴 해안에 위치해 있다. 세계적으로 이름난 항구 베니스는 해안선의 중앙에 위치하며, Veneto 요리는 rice(riso), beans(fagioli), baccalà(말린 대구), polenta 등의 네 가지 기본적인 재료로 구성되어 있다. 특히 baccalà는 크림을 계속 부어 가면서 끈기 나게 하는 요리로 양파, 마늘, anchovy(accivghe), 계피 등의 spice(spezie)를 첨가하면서 요리한다.

베니스 사람들은 후추, 계피, 정향 등의 향신료와 초콜릿, 커피 등을 포함하는 국제무역을 선도하였으며, 이러한 식품들을 빠르게 베니스 요리에 이용하게 하는 계기가 되었다. 1420년에서 1797년까지 베네치아는 거의 모든 북동지역을 점령하여, 이 지역의 비옥한 토지에서 생산된 것과 수입된 식품을 이용한 요리를 전파시켰다.

Veneto는 이태리에서 농업생산량이 많은 곳들 중 하나였고, 지금도 그러하다. 쌀은 이 지역의 주요 첫번째 코스가 되었고, polenta 형태의 cornmeal은 항상 프리모(primo)였으며 지금도 사이드 디시(side dish, contorno)로 애용되고 있다.

쌀과 옥수수는 빵과 페이스트리(pastry)를 만드는 데 이용되었다. radicchio(red chicory)는 Treviso에서 생산되었고, 아스파라거스는 Bassano, 체리는 Marostica, 사과는 Verona와 Trento, 야생버섯은 Trentino, 그리고 올리브와 올리브유, 포도, 건포도와 와인은 Lake Garda(Lago di Gorda)에서 생산되었다. 치즈는 알프스 산지(Alpine valleys(Vallate Alpine))에서 생산되고, 생선과 해산물은 호수, 강과 바다에서 생산되었다. 이러한 식품 모두는 베니스로 통하는 길을 만들었고, 조리사들은 그러한 음식에 향과 향미를 조화시켜 새로운 조리법을 개발해 냈으며, 그 결과 특색이 뚜렷한 이태리 요리로 남게 되었다.

1797년에 붕괴된 베네치아 제국은 1815년까지 나폴레옹과 프랑스인들의 지배를 받았다. 이 후에는 오스트리아의 지배를 받았다. 그 후 다시 베네치아는 베네치아 제국의 절정기에 이르러 1860년대까지 동북부의 모든 지역을 점령하였으며, 이태리가 통일되었을 때, 점차적으로 일부 지역을 양도하였다. 그러나 이태리의 모든 지역은 1954년이 되어서야 완전히 되찾게 되었다. 한편, 오스트리아의 요리와 상업이 지배적이있고, Trieste는 Austro-Hungarian 제국의 주요 항구가 되었다. 이러한 시기 동안 새로운 계피, 넛멕, poppy seed, 카카오와 커피는 Trieste로 부터 Udine를 통하여 비엔나와 부다페스트까지 이 통로를 따라 전해졌고, 이러한 향료들은 Friuli 요리의 중심재료가 되었다.

계피는 단순한 하나의 향신료가 어떻게 동북부 지역에 널리 퍼지게 된 것인지를 보여 주는 하나의 본보기이다. 말린 대구요리(baccalà mantecato)는 시나몬과 안초비로 양념하여 소금에 절인 대구를 이용한다. 유명한 베네치아의 파스타 소스는 시나몬과 생(fresh) 리코타(ricotta) 치즈를 넣어 만든 것이다. Friuli에서는 와인, 시나몬과 정향으로 스튜한 돼지고기 요리 Toc de Purcit가 있지만, Veneto 지역에서는 시나몬으로 양념이 된 양고기를 볼 수 있다. 계피는 사과와 함께 늘 같이 제공되는 향신료로 이 지역 특산품인 빵과 페이스트리에 자주 사용한다. 이러한 이국적인 양념류의 이용은 이태리의 다른 지역에서 사실상 거의 찾아보기 힘들다.

토마토는 동북부 지역에 전혀 전파되지 않았다. 긴 파스타가 베니스에서 해산물과 어울려 제공되는 경우를 제외하고 파스타는 질이 떨어지는 삼류 요리로 취급되었다. 올리브유는 Lake Garda(Lago di Garda) 주위에서 생산되나 이 지역의 음식에 큰 영향을 미치지는 못하고, 빵은 이태리 빵이라기 보다는 오히려 중부유럽 쪽에 가깝다.

우리가 알고 넘어가야 할 것은 동북부의 요리가 반도의 나머지 지역과 같지 않지만, 바로 이태리 요리, 즉 Toscann, Campania나 Sicilia의 요리와 상당히 유사하다는 것이다. 그리고 이 지역의 요리는 이태리인들이 지금 먹고 있는 것과 아주 흡사하다. 베네치아인들은 부드러운 와인을 넣어 만든 소량의 음식을 즐겨 먹으며, 그들에게 음식은 바쁜 일상생활 중에도 서로 모일 수 있는 기회와 구실을 제공한다. Friuli와 Trentino-Alto Adige의 음식은, 계피와 과일 gnocchi 또는 마운틴 치즈로 만들어진 savory crisp와 같은 특별한 맛을 낸 음식과 함께 제공되는 수프 그리고 스튜처럼, 완벽한 맛으로 만들어 놓았다가 필요할 때 제공한다.

알프스를 통과하여 Tirol과 Brenner의 북쪽에 위치한 Trentino－Alto Adige는 요리의 특징면에 있어서 독일식 요리법이 강하게 흡수되어 있다. 독일의 전통적인 돼지고기와 그 생산품은 이 지역에 소개되어 smoking과 curing과 같은 고기를 보존하는 기법이 전통적으로 발전했다.

트렌티노 지역의 또 하나의 특징은 밀가루 혹은 손쉽게 구할 수 있는 재료로 만들어진 gnocchi 혹은 dumpling과 비슷한 형태의 요리가 많다. 달고 신맛이 나는 요리는 북쪽 지방에 사는 사람들의 미각에 잘 맞으며, 달콤한 소스는 구운 요리에 제공된다. 이 지역 호수에서 잡히는 tench(잉어), eel, trout, salmon, grayling(살기), pike(창고기) 등은 grill이나 boil하기도 한다. 가끔 조리하기 전에 lemon juice나 wine vinegar에 marinate 하기도 한다.

이태리 요리를 조리하는 데 있어서 이러한 편의성은 오늘날 북동부에서 적용되고 있다. 특히 경제적으로 막 도약하려는 Veneto의 직장인과 상인들은 식탁에서 오랫동안 식사하는 습관을 버리는 것을 이제는 더 이상 주저하지 않는다.

중부지역(Il Centro)

이태리로 여행하는 사람들은 가장 먼저 이태리 중부지역(Il Centro)을 방문하고, 그 다음에 동북부에 있는 베니스를 방문한다. 그와 같이 중부지역은 외국인에게 이태리에 대한 강한 인상을 심어 주어 나중에 이태리를

주(州)	주요 도시
Emilia-Romagna	Bologna, Parma, Modena
Toscana (Tuscany)	Firenze(Florence) Siena
Marche (The Marches)	Ancona
Umbria	Perugia
Lazio	Roma(Rome)

기억하게 한다.

이태리의 중부지역은 Emilia-Romagna, Tuscany(Toscana), the Marches(Marche), Umbria와 Lazio이다. 이곳은 오래 전에 로마(Rome)였던 지역으로, 최초의 에트루리아(Etruscan)의 마을이 있었던 곳이다. Etrusca인들은 고대 지중해 연안의 3모작으로 밀, 포도와 올리브를 경작하였으며, 후에 로마제국의 출현으로 이들 지역들은 새로운 국면을 맞이하게 되었다. B.C. 753년에 Lazio에서 자신들의 수도를 건설하였던 로마인들은 도시건설과 농경에 혁명을 일으켰다.

도시는 중앙에 광장을 배치하여 상업과 사회교류의 기능을 부여하였으며, 관개수로가 시민과 농경에 물을 공급하기 위하여 건설되었다. 로마제국의 모든 지역에 길을 만들어, 상품을 쉽게 운송할 수 있게 하였다. 각지에서 생산된 모든 식품들은 어느 지역에서도 구할 수 있었으며, 로마로 통하는 길을 만들었고, 도시는 식도락가의 미식요람이 되었다.

로마인들은 며칠 동안 계속되는, 먹고 마시고 춤추며 막간을 이용하여 다른 레크레이션을 즐기는 등의 축제의 전통을 가지고 있었다. 그들은 일주일간의 죽음의 축제(the Deadly Sins)를 기록으로 남겼으며, 대부분 여기에 적극적으로 참여하였으나 많은 사람들이 끝까지 참여하지는 않았다. 새로운 맛을 얻기 위하여 로마의 조리사들은 단맛, 신맛, 매운맛과 신선한 맛을 조합하기도 하였다. 꿀과 과일은 육류와 치즈와 잘 어울리고, 신맛은 녹색야채와 잘 어울린다는 것을 개발하기도 하였다. 당대 초유의 미식가 Marcus Gavius Apicius 씨가 이 축제에 관하여 상세하게 기록해 놓았기 때문에 어떤 요리는 지금도 우리에게 전래된다. 그의 조리법 모음집은 최초의 요리책으로 간주되고 있다.

이러한 전통의 근원과 이태리를 바라보는 우리들에게 중요한 것은, 고품질의 식재료를 소중히 여기는 관습과 혁신적인 조리방법으로 이용하려는 개방적인 태도 때문이다.
로마인들은 각지로부터 식재료들을 얻을 수 있었으나, 실제로 요리에 사용하는 것은 중부와 남부지역에서 생산된 것이다.

오늘날에도 중부지역은 여전히 특등급의 고품질 식재료가 가정으로 공급되고 있다. 이것은 Bologna, Florence(Firenze), Roma의 시장에서 두드러진 현상이며, Umbria의 작은 가게, Lazio와 Marche의 농상점포, 그리고 이들 지역의 여러 레스토랑들에서 확인할 수 있다. 북부지역에서 대담한 요리가 만들어지기도 하지만, 발전잠재력을 가진 곳은 중부지역이며, 여기서 양질의 재료들로 훌륭한 조리기술을 개발한다.

우리는 짧은 거리를 여행할지라도 어떤 식재료가 서로 다른 요리에 사용되는 것을 발견할 수 있다. 그 원인 중의 하나는 그 지역이 주로 산악지역이라는 사실 때문이고 각 지역을 자연적으로나 심리적으로 경계를 긋는 결과를 가져왔다.

많은 산맥들이 있어 여러 강이나 계곡들이 있고 햇볕에 노출되어 있다. 대부분의 마을들은 언덕 위나 옆에 위치하며, 각각의 지역마다 나름대로의 전통이 있다. Umbria와 Marche는 역사적으로 Papacy(Papato)와 연결되어 있어 로마와 깊은 관계가 있다. Toscana와 Emilia-Romagna는 대부분이 서로 싸운 역사로 점철되어 있어 영지(duchy)와 도시국가의 독립된 형태로 구성되어 있다.

어떤 곳들은 여러 해 동안 외국인 점령하에 있어서 점령자들의 음식맛과 식습관을 접할 수 있었다. 예컨대 Parma와 Piacenza의 Lucca와 Emilia 도시들은 프랑스 음식을 아주 선호하는 경향을 보이고 있다. Parma와 Piacenza는 실질적으로 사람들이 빵뿐만 아니라 햄의 맛을 내기 위하여 이태리에서 유일하게 버터를 사용하는 지역이다.

Emilia－Romagna는 다양하고 고품질의 식재료를 사용하며 조리기술이 뛰어나다. Parma에서 만들어지는 culatello, prosciutto ham, felino 그리고 이외 다른 도시에서 다양하게 만들어지는 salami를 포함하여, Bologna의 mortadella와 Modena의 zampone(Stuffed pig's trotter)와 같은 돼지고기 제품들은 이태리에서 최고이다.

Parmigiano－Reggiano는 이태리에서 만들어지는 가장 좋은 치즈이고, 그냥 먹을 수도 있고 파스타나 야채에 맛을 내는 것으로 이용될 수 있다. 이곳은 또한 모든 음식에 첨가하여 독특한 맛과 향을 내므로 불로장생의 맛과 향을 발한다는 balsamic vinegar(aceto balsamico)를 생산하는 지역이다.

Emilia－Romagna의 사람들은 그들이 먹는 음식의 품질에 관해서는 아주 단호하여 정확한 품질만을 원한다. 따라서 Parma의 prosciutto는 규정된 명칭의 상호를 달고 있다. 마찬가지로 Parma, Reggio－Emilia, Modena, Bologna 또는 Mantova(Lombardia) 지역의 엄격한 통제하에서 만들어지지 않으면 Parmigiano－Reggiano라는 치즈의 명칭을 달 수 없다. aceto balsamico tradizionale라 불리는 balsamic vinegar는 Modena나 Reggio－Emilia에서만 생산할 수 있고, Trebbiano 포도의 주스로 만들고, 최소한 20년 동안 서로 다른 5가지의 나무에서 숙성시켜야 한다. Emilia－Romagna 이 외의 곳에서 판매되는 대부분의 balsamic vinegar는 이러한 엄격한 표준을 지키지 않는 것들이다.

Emilia－Romagna는 lasagne, tagliatelle, tortellini, cannelloni 그리고 치즈, 시금치, 스위스 근대(Swiss chard, silverbeet), 생선, 펌프킨, 육류, 가금류나 과일이 포함된 agnolini와 tortelli와 같은 filled pastas 등의 프레시 파스타 본고장이다. 파스타는 silken butter(the preferred fat of Emilia－Romagna)가 첨가되고, 진한 소스는 육류, 치즈나 야채 또는 Appennini에서 자라는 porcini mushroom으로 만들어진다.

이태리 상단에 위치한 이곳은 Emilia와 남쪽의 Romagna 두 지역으로 구분할 수 있다. Bologna 지방의 북서쪽에서 만들어지는 Parmesan cheese는 세계적으로 이름이 나 있다. Parma의 언덕지역은 ham을 가공하기 좋은 공기와 기후조건이다. 돼지고기와 다채로운 향신료로 다양한 종류의 sausage를 생산하여 Bologna의 delicatessen에서 판매한다. 이 지역의 유명한 mortadella sausage는 다소 크다. 그 외의 단순히 coriander spice 맛과 향이 나는 여러 종의 bologna sausage들이 있다. 또한 raw cured ham으로도 유명한데 이 prosciutto di Parma는 세계 곳곳의 식당에서 melon, 무화과(pig, ficco)를 곁들여 antipasto로 제공된다.

Emilia가 많은 축우(cattle)와 돼지(pigs)를

사육하는 반면에, Romagna는 최고품질의 사과, 배, 체리와 유럽에서 볼 수 있는 기타 과일과 야채가 수확된다. 긴 해안선을 가지고 있는 Romagna는 또한 양질의 생선류와 해산물이 있다. 이러한 재료들 모두는 이태리에서만 낼 수 있는 맛을 창조하는 데 이용되며, 이태리 반도 전체에 이러한 영향을 미치고 있다.

이태리 중부의 또 다른 지역에서는 더 많은 요리법들이 존재하고 있다.
Emilia - Romagna와 달리, 이 지역에서는 특이한 재료들을 이용하여 조리하며, 다른 지역의 조리사들은 음식을 더 단순하고 자연적인 상태와 맛을 내는 요리를 하는 경향이 있다.

이 지역에서 생산되는 올리브유는 세계 제일의 오일로 알려져 있다(Liguria의 것과 함께 Toscana와 Umbria의 오일은 이태리의 최고품질이다). 돼지고기는 로스트(porchetta)되거나 소시지(cold cut)로 만들어 몇 조각씩 제공된다. Umbria의 Norcia 돼지정육사(butcher)는 양질의 소시지와 salami를 생산하는 Emilia - Romagna 지역에서와 마찬가지로 훌륭한 정육사이다. Marche의 Carpegna 시에서 생산되는 prosciutto는 Parma와 San Daniele(Friuli)에서 생산되는 것 다음으로 양질이다. 비록 Toscana인들이 간, 가금류, 조그마한 조류와 엽조류와 함께 쇠고기를 즐기지만, 양고기는 중부지역에서 두 번째로 가장 인기 있는 육류이다. Lazio의 사람들은 이태리에서 육류를 가장 많이 소비하는 사람들이다. 이러한 지방질과 단백질 함량이 많은 식품의 소비는 Toscana인들이 소위 지중해식 다이어트 법을 따른다는 미신을 무색하게 하고 있다.

Marche의 해안에서 양질의 생선과 해산물이 생산된다. 이곳의 수확량은 국가 전체 양의 10%를 차지한다. brodetto(Marche)와 cacciucco(Toscana)와 같은 전통 생선 스튜는 육류를 대체하는 식품이 되고 있다. Lazio의 아티초크와 피스(peas), Umbria와 Marche의 렌틸(lentil), 칙피스(chick-peas: garbanzos)와 감자, Toscana의 화이트 빈스(beans), 시금치와 캐비지를 포함한 다양한 양질의 야채와 곡류들이 있다. 보리(farro)는 Umbria와 Toscana에서 Etrusca 시대 이후부터 이용된 성장력이 강한 곡류이다. 이것은 최근에 놀라운 인기를 회복하고 있어 새로운 이태리 요리의 꽃이 되었다. 블랙 트러플과 화이트 트러플이 비록 이태리 이외의 지역에서는 구하기 어렵지만 파스타와 다른 음식에 특이한 향과 맛을 주는 것으로 Umbria에서 많은 양이 수확된다.

Chianti Classico, Brunello di Montalcino와 Vino nobile di Montepulciano와 같은 Toscana의 레드 와인은 세계의 고급 와인들과도 견줄 정도로 양질이다. Verdicchio(Marche), Orvieto(Umbria), Vernaccia di San Gimignano(Toscana)와 Frascati(Lazio)와 같은 화이트 와인은 지역

주(州)	주요 도시
Campania	Napoli(Naples)
Abruzzo	L' Aquila
Molise	Campobasso
Puglia	Bari, Taranto, Gallipoli, Otranto
Basilicata	Potenza
Calabria	Catanzaro, Reggio di Calabria

특산음식들과도 잘 어울린다.

오늘날 이태리 요리가 어떠한지 관심이 있는 누구라도 이태리 중부지역의 요리를 표본으로 삼아야 한다.

남부지역(Il Sud)

오늘날 이태리의 식생활은 보다 적은 양, 빠른 식사시간으로 국제적인 경향을 띠고 있는데, 남부 이태리의 가정 식생활도 그러한 경향을 띠고 있는 곳이다. 긴 해안이 있어 아름다운 남부지역 사람들은 전통을 소중히 여긴다. 역사적으로 가뭄, 비옥하지 않은 토양, 지진, 나폴리 인근 Vesuvio 산의 화산이 있는 곳이다. 오랫동안 외국의 통치를 받았던 것과 이러한 요인들은 남부 이태리인들의 생활을 예측할 수 없이 어렵게 만들었다.

19세기 말 이태리가 통일되면서, 많은 남부지역인들은 보다 나은 삶을 찾아

이주하였다. 남자들은 북부 이태리의 산업화와 유럽 국가들의 노동자로서 후에는 미국, 캐나다, 아르헨티나와 오스트렐리아의 노동자로 동원되었다. 종종 전가족이 해외로 이주하기도 하였으나, 남자들만 해외로 나가 여성, 아이들과 노인들에게 돈을 보내기도 하였다. 그래서 가정을 꾸려 나갈 책임은 여성이 맡았으며, 전통적인 환경과 비교하여 더 많은 자율권과 권한이 주어졌다. 여성은 농사일에도 주역이었으며, 밭일과 주방일을 하였으며, 현재 알려진 남부 이태리의 요리발전에 큰 역할을 하였다.

20세기에 많은 이태리인들의 가족 전체가 해외로 이주하였으며, 사회적·경제적 엔지니어로서 여성 역할의 중요성이 전국적으로 확산·인식되어 갔다. 이태리 밖의 억척스러운 이태리 여성은 남부 이태리 여인을 의미한다. 외국인들이 생각하는 이태리 요리는 대개 남부, 특히 나폴리 요리이다.

나폴리는 Campania 주의 수도로 이태리에서 인구밀도가 가장 높은 곳이다. 이곳은 로마와 밀란 다음으로 가장 큰 도시이며, 둘째 가라면 서러울 정도로 독특한 요리문화를 가지고 있다. 나폴리는 지중해의 오른쪽에 있어 해산물이 풍부하고, 화산폭발로 인한 영향을 거의 받지 않아 남부에서 가장 비옥한 토지를 가지고 있는 곳이다. Campania 요리의 특징은 내륙에서 생산되는 것이든 바다에서 생산되는 것이든 모든 것을 이용하여 요리하는 것으로, 신선함과 향미를 최대로 살리기 위해 조리과정이 약간 복잡하다. 해외와는 달리 나폴리 음식은 가벼운 건강식이며 소화가 잘 된다.

나폴리인들이 육류요리도 즐겨 먹지만,

파스타, 생선류, 야채류와 과일을 더욱더 즐겨 먹는다. 믿기 어려운 일이지만 Campania 지역의 스파게티와 마카로니 요리가 다른 나라의 음식에 큰 영향을 미친 것은 사실이다. 대부분의 남부 이태리인들은 즉석에서 만든 신선한 파스타보다 건조시킨 파스타를 더 좋아한다. 이것은 필요로 할 때까지 저장할 수 있고, 다양한 소스를 곁들이기에 적합하기 때문이다. 또한 이 지역은 양질의 토마토, 레몬, 복숭아를 생산하며, 이를 이용한 요리가 다양하다. 토마토는 파스타와 잘 어울리며, 샐러드에도 이용되고, 육류와 생선류의 소스에도 첨가되며, 피자 위에 넣기도 한다.

Amalfi 해안에서 생산되는 레몬은 조그만 자몽만한 크기로 독특한 향기를 함유하고 있다. 파스트 소스를 만드는 데 이용되며, 육류, 생선류, 과일과 야채의 맛을 증진시키는 데 이용되고, 오늘날 식후에 마시는 것으로 가장 유명한 레모네이드(limoncello)의 재료이기도 하다. 그러나 Campania인들은 복숭아를 가장 좋아한다. Aversa와 Giuliano 사이에 있는 이 지역은 percoca라 불리는 복숭아를 생산하며, 독특한 맛과 향을 가지고 있어 '지각'이라는 의미를 가지고 있는 이름으로 불리고 있다. 나폴리인들은 이러한 복숭아를 넥타, 잼, 베이킹, 소스로 만들거나, 잘게 썰어 와인에 넣거나 날것으로 그냥 먹기도 한다.

Campania는 또한 물소의 본고장이기도 하다. 이 지역 남쪽의 Volturno강 습지에 흰 물소들이 무리지어 서식하고 있다. 이 물소의 젖으로 약간 새콤하면서 절묘한 맛의 버팔로 치즈(mozzarella di bufala)를 만들고 있다. 이 치즈는 피자에 사용되고, 파스타와 토마토 요리의 위에 얹어 베이킹하며, 가벼운 점심식사로 토마토와 베질을 넣어 만든 insalata caprese(모차렐라와 토마토 샐러드)에 이용되기도 한다. 이 음식은 현재 이태리 전역에서 먹고 있으며, 베질 대신에 아루굴라(arugula, rocket salad)가 이용되기도 한다.

서부 이태리의 나머지 지역은 Campania와 또 다른 식문화를 가지고 있다. 고대에 전 지역은 그리스인들에 의하여 점령되어 발전하였다. 이 지역의 음식은 맛있고 독특하며 다양한 요리들이 있다. 남부의 나머지 지역은 전원적이며, 식품의 재료는 많지 않았고, 밀(wheat), 올리브, 포도, 엽채류와 잠두(broadbean, favabean) 그리고 육류와 양의 젖과 같은 식품들이 그리스인들에 의하여 생산되었다. 양파, 마늘과 핫칠리 페퍼는 주요한 향신료들이다. 스위트 페퍼(pimento, peperoni, capsicums), 토마토와 감자는, 콜럼버스가 미대륙을 탐험한 수년 후에 도입되었으며, 이 후 남부 이태리의 나머지 지역에까지 파급되었다.

밀은 파스타와 빵을 만드는 주재료이다. Puglia(이태리 밀의 40%를 생산)와 Calabria는 다양한 모양의 파스타를 생산한다. Calabria에서는 다양한 형태와 맛의 파스타를 만들 수 있는 능력이 여성의 결혼조건이 되기도 하였다. 파스타는 여전히 중요한 남부 이태리 음식이며, 여기에는 야채요리와 과일과 치즈가 뒤따른다. 남부지역이 더 풍족해지면서, 지금은 육류나 생선 코스 다음에 나오는 요리가 되고 있다. 남부지역에서 빵은 목장으로 나갈 때 가지고 가는 것으로 어머니들은 항상 먼 길을 떠나는 아들의 손에

쥐어 준다. 이태리에서 가장 좋은 빵은 Molise와 Puglia에서 생산된다. Molise는 크고, 둥근 모양의 검은 색 빵을 만들고, Puglia는 여러 형태와 크기의 빵을 만든다.

Puglia는 또한 올리브 오일과 와인의 주생산지이기도 하다. 올리브 오일은 수프, 야채, 생선류와 해산물, 치즈와 빵에 맛을 내기 위하여 요리에 사용하는 재료이다. 맛을 내는 이러한 방법은 또한 Liguria와 중부 이태리에서 시작한 것으로, 현재 전역에서 폭넓게 이용하고 있으며, 새로운 이태리 요리법의 핵심이 되고 있다.

남부지역의 양고기는 해산물 이외의 주요 단백질원이다. Abruzzo, Molise, Puglia, Basilicata 지역의 양고기 요리는 그리스 시대부터 있었던 것으로 알려져 있으며, 그릴(grill), 브레이즈(braise), 로스트(roast), 소테(sauté), 베이크(bake) 등의 조리법을 애용하고 있다. 양유(sheep's milk, latte di pecora)는 일명 pecorino라는 치즈를 만들며, 남부지역에서 양유로 만든 치즈는, 부드러운 ricotta에서부터 오랫동안 숙성시켜 그레이팅하기에 적합한 cacio에 이르기까지 그 종류가 다양하다.

랍스터를 제외한 모든 조개류와 갑각류를 Puglia에서 날것으로 먹거나 또는 익혀 조리하여 먹는다. 빵, 파스타, 올리브 오일, 와인, 생선, 해산물과 야채 등을 곁들이는 요리는 북서부의 Liguria에서와 같이 지중해 다이어트 식품으로 유명하다.

Basilicata와 Calabria는 이태리에서도 잘 알려져 있지 않는 곳이며, 이 지역 음식 또한 별로 알려지지 않았다. 그러나 그들에게도 독특한 요리가 있는데, Basilicata는 돼지고기나 양고기로 만든 소시지 lucania는 유명하다. 또한 이 지역은 품질이 좋은 것으로 알려진 레드 와인 aglianico를 생산하며, 명칭은 고대 그리스의 헬레닉(hellenic)에 기원을 두며, 포도나무는 고대 그리스인들이 심은 것으로 오래된 것이다.

그러나 이웃하는 Calabria 지역의 요리문화는 다르다. 와인 포도나무는 그리스로부터 들어왔고, 19세기에 아라비아로부터 들어온 가지(aubergine)는 베이크(baked), 프라이(fry), 스터프(stuffed)를 통한 조리법으로 거의 모든 식탁에 등장하는 Calabria 지역 요리의 주재료가 되었다. 또한 독특한 빨간 양파(red onion)는 향기로운 감귤류(citrus fruit)와 함께 인기가 있다. 다량 생산되는 밤(chestnut)은 디저트 페이스트리(dessert pastry)로 이용되거나, 가금요리의 속을 채우는 것으로 이용되거나, 분말로 만들어 파스타와 빵을 만들기도 한다. 이러한 모든 식재료는 파스타나 칠리(chilies)와 함께 요리하거나, 참치나 황새치(swordfish) 요리와도 잘 어울린다.

이태리 남부는 깜빠니아(Campania)에서부터 시실리(Sicilia)와 사르데니아(Sardeginia)에 이르는 지역을 말하는데 그 중심지는 역시 나폴리이다. 나폴리가 피자(pizza)로 유명하고, 시실리(Sicilia) 등 남부지방에서 파스타(pasta) 요리가 발달한 이유는 사람들의 생활이 빈곤했기 때문이라 한다. 이처럼 이태리 요리는 기후와 풍토, 지리적 조건 등에 의해 지방마다 독특하게 만들어졌으며, 로마, 아라비아, 노르만인 등에 의해 지배받아 이민족의 문화적 영향도 컸다. 또한 15세기

메디치(Medici) 왕조는 프랑스 요리에 많은 영향을 끼쳤다.

섬지역(Le Isole Maggiori)

주(州)	주요 도시
Sicilia (Sicily)	Palermo
	Messina
	Catania
	Siracusa (Syracuse)
Sardegna (Sardinia)	Cagliari
	Alghero

단지 추측이지만, 우리가 즐겨 먹는 정어리(sardine)라는 이름도 Sicilia와 Sardegna 섬의 이름에서 비롯되었는지도 모른다. Sicilia와 Sardegna 섬과 이곳의 요리를 이해하기 위해서는, 먼저 이들 두 개의 거대한 섬에 사는 사람들이 반도 내륙에 대한 신뢰가 부족하다는 것을 알아야 한다. 이러한 이해의 부족은 이 두 섬과 반도 내륙과의 관계뿐만 아니라, 이태리 전역에 편재하는 18개 지역 전체에 해당된다. 또한 Siciliia와 Sardegna들은 서로를 협력과 동반관계로 생각하지 않고, 서로 반목함으로써 후퇴를 자초한 곳인지도 모른다.

이들의 공통점은 섬지역이라는 것이다. 이태리어로 섬은 isola이다. 이 isola로부터 영어의 분리(isolation)와 섬(insular)이라는 어휘가 파생되었다. 이러한 파생어는 이 둘의 섬에 관한 특별한 의미를 생각하게 한다. 사실 이 섬들은 특별한 차이가 있다.
시실리(Sciliia)는 3천 년 이상 동안 유럽과 북아프리카의 사람들의 진출과 침략의 무대였으나, 사르데니아(Sardegna)는 사실상 20세기 중엽까지 외부와 교섭이 거의 없는 곳이었다. 이것은 시실리의 요리는 이 지역에 진출한 사람들에 의하여 지대한 영향을 받았으나, 살데냐는 외부의 영향을 거의 받지 않은 그들 방식대로라는 것을 의미한다.

시실리로 온 사람들은 거의 모든 지역, 즉 페니키아, 그리스, 카르타고, 로마, 비잔틴, 아랍, 노르만, 프랑스, 스페인, 이태리 본토에서 온 사람들이었다. 이곳의 중심도시 Palermo는 인구가 밀집해 있으며, Conca d'Oro로 알려진 Sicilia섬의 북쪽 끝 해안에 위치하고 있다. 이곳에서 생산되는 오렌지, 밀감과 레몬은 시실리 요리의 오묘한 색깔과 짜릿한 맛을 더해 준다.

동쪽 해안은 Messina, Catania, Siracusa와 같은 큰 도시들이 있으며, 창세기 이래 동부 지중해로부터 많은 사람들이 이 도시로 몰려왔다. 이곳에는 아름다운 Taormina 마을과 주기적으로 폭발하여 위협을 주는 활화산 Mount Etna가 있으며, 질그릇을 생산하며, 토지는 비옥하다. 이곳은 시실리에서 가장 그리스 색채가 강하며, 올리브와 포도를 재배하여 오일, 와인과 건포도를 만든다. 이곳의 해안에서 참치와 황새치가 많이 잡힌다.

이 섬 남쪽의 도시 Siracusa는 북아프리카와 근접해 있으며, 고대 그리스 Hellenic 시대에 중요한 도시였기 때문에, 지금도 그리스

---

1) 쿠스쿠스(couscous) : 밀을 쪄서 고기, 야채 등을 곁들인 아프리카 요리
2) 사프란(saffron) : 가을에 피는 크로우커스(crocus) 꽃의 암술

유산을 그대로 물려받은 특별한 곳이다. 9세기에 남부와 서부 시실리를 지배했던 아랍인들은 사탕수수(sugarcane), 아몬드, 참기름, 쿠스쿠스(couscous)[1] 계피, 사프란(saffron)[2]과 클로브(clove) 등을 들여왔다. 이들은 차고 단맛의 아이스크림 만드는 법을 이곳에 들여왔는데, 향과 맛을 증진시키기 위하여 지역 특산물인 레몬, 오렌지, 밀감(mandarini), 장미(rose), 오디(mulberry)와 아몬드를 사용하기도 하였다.

Agrigento와 Trapani를 포함한 서부 시실리는 기후가 건조하고, 아프리카로부터 뜨거운 바람이 불고, 토지는 다른 곳에 비하여 비옥하지 않는 곳이다. 이곳에서 생산되는 포도는 Marsala와 같은 디저트 와인을 생산하기에 적합하다. Trapani는 주요 어항(漁港)이며, 소금을 생산하고 있다. 시실리 내륙은 쌀과 밀의 재배에 알맞은 곳이다.

로마점령기에 밀이 도입되어 재배된 밀은 로마제국에 제공되었다. 이곳도 파스타를 처음 만들기 시작한 지역 중의 하나다.

시실리의 생활과 농업 그리고 음식이 일치하는 것은 태양 때문이다. 풍부한 일조량은 맛과 향이 좋은 과일과 야채를 재배할 수 있는 조건이 되었고, 포도, 무화과(figs, ficco), 자두(plums), 토마토와 생선을 건조시키는 데 영향을 미쳤다. 그리고 건조식품을 오래 저장할 수 있어서 시실리인들의 식탁에는 일년 내내 풍성한 음식이 놓일 수 있었다.

이곳의 비교할 수 없는 독특한 맛은, 이곳을 지배했던 외국인의 전통적인 입맛에까지 영향을 끼쳐 변화를 일으켰으며, 이곳의 요리는 다양한 이태리 요리 중의 하나로 늘 관심의 대상이 되어 왔다. 시실리의 식탁은 풍요를 누려왔으며, 이태리의 다른 지역에 이들 음식의 조리법이 전파됨으로써, 시실리의 전통적인 맛, 즉 케이퍼, 참치, 황새치, 감귤을 이용한 요리들이 이태리 전역 어디서나 찾아볼 수 있게 되었다.

시실리는 전유럽의 발전된 문화와 농업의 영향을 받아 조리법을 변화·발전시킨 반면, 사르디니아 역사의 대부분은 고립되어 있었다. 사각형 섬의 해안 가까운 저지대는 1950년대까지 말라리아를 전염시키는 모기들로 가득차 있었기 때문에 대부분의 사르디니아인들은 내륙에 남아 있었다. 사르데니아의 유일한 두 도시는 남부해안에 위치한 수도 Cagliari시와 북서부의 Alghero시로 오랫동안 항구로 유지되어 왔기 때문에 해산물 요리를 많이 섭취하는 식생활을 지속하고 있다. Alghero인들은 수세기 동안 랍스터를 먹어 왔으며, 그 이전에 이미 바닷가재 요리는 이태리 전역에 알려졌었다.

1350년 초에 Alghero시는 시의 일부가 건축술이 발달하고 특별히 쌀과 사프란으로 만든 요리를 좋아하는 고대 스페인의 Catalogna에 종속되었다. 사프란은 malloreddus라 불리는 뇨끼(gnocchi)를 만드는 데 넣었다. Cagliari는 여러 세기 동안 페르시아인들로부터 본토 이태리인들에 이르기까지 다양한 사람들이 몰려들었으나, 양고기, 치즈, 꿀, 야채 등과 같은 식품들은 사르디니아인이 생산한 것들이다.

살데냐는 1860년대에 이태리와 통일되었으며, 그들은 본토를 말할 때 대륙(il continente)라고 한다. 살데냐 내륙에서는 양을 헌신적으로 돌보며 길러 고기를 생산하고, 양유로 만든 여러 가지 형태의 페코리노 치즈는 외지인이 이 섬을 새롭게 인식하는 계기가 되었으며, 내륙 산중의 추위를 막을 수 있는 양모를 생산한다. 살데냐의 주민들은 평균 2.5마리의 양을 기르고 있다.

남자와 소년들은 양을 사육하기 위하여 오랫동안 마을을 떠나기 때문에, 살데냐의 사회구조는 종종 여성에 의하여 조성되고 있다. 이들은 마을광장에 모여 마을회의를 하고, 아이를 기르고, 가계를 꾸리며 상업을 한다. 목동들은 양을 치며 여행하는 동안 쉽게 먹을 수 있는 치즈, 소시지, 빵 등과 같은 음식들을 좋아하고, 신부를 맞이할 때는 빵 굽는 능력을 중시한다. 전통음식 건조빵인 pane carasau은 양치기들이 뜨거운 물이나 맑은 수프(broth)에 쉽게 풀어먹을 수 있으며, 토마토 소스, 그레이트한 치즈와 계란 프라이와 함께 먹기도 한다. 양치기들이 마을로 돌아오면, 돼지고기와 양고기로 만든 부드럽고 연한 porceddu 요리로 잔치를 한다. 육류와 치즈가 풍부하였기 때문에 그 당시에는 이러한 요리가 지중해 가운데 있는 섬의 전통음식이 되리라고 생각하지 않았다. 이러한 식품들은 Vermentino(화이트 와인)와 Cannonau(레드 와인) 지역에서 생산되는 와인과 곁들여졌다. 살데냐의 디저트는 아주 유명한데, 전통적으로 아몬드, 꿀, 건조과일과 오렌지 껍질 캔디로 만들어진다.

중부지방으로 분류되기도 하는 살데냐는 외부인들이 이해하기 어려운 신비스러운 곳이기도 하다. 시실리인들은 낯선 사람들에게 친숙한 면이 있으나 살데냐인들은 그러하지 못하다. 이것은 이 섬이 오랫동안 고립되었던 원인이기도 하다. 살데냐의 신비는 누라기(nuraghi)라 알려진 선사시대 원통형 탑모양의 석조구조물에도 있다. 이들은 초기 청동기시대에 제단으로 사용하였거나, 심한 바람이나 폭풍우 등 험한 날씨에 피할 수 있는 은신처로 사용되었을 것으로 추정한다.

누라기(nuraghi)가 던져 주는 의미는, 2천 년이 넘는 고유한 역사적 뿌리가 있다는 자부심과, 육류와 빵, 꿀과 머틀(mirto)을 이용한 살데냐의 고유한 맛을 지니고 있다는 그들의 자부심이다.

식재료와 허브

진정한 이태리 요리의 맛과 향을 연출하기 위해서는, 이태리 요리조리법 중 다음 두 가지의 원칙을 고수해야 한다고 본다. 첫째는 나무랄 데 없이 신선한 식재료를 사용해야 하며, 둘째는 이러한 기초 식재료가 유사품이나 변종이 아닌 진품이어야 한다. 특히 이태리 요리의 맛과 향을 절대적으로 좌우하며 거의 모든 요리에 많이 이용되는 올리브유, 치즈, 가공육류에 있어서는 더욱더 그렇다. 이 장에서는 여러분들께서 진정한 이태리 요리의 맛과 향의 진수를 직접 창조하는 데 사용할 기본 식재료를 소개하고자 한다.

야채(Verdure)

양고추(peppers, peperoni)
피망이라고도 하는데 색깔도 파란색, 노란색, 빨간색, 오렌지색, 보라색 등이 있으며, 생긴 모양도 길쭉한 것부터 쭈글쭈글한 것과 둥근 것에 이르기까지 다양하다. 파란색은 완전히 익지(ripen) 않은 것으로 다른 것보다는 많이 사용되지 않는다. 색이 진한 것이 잘 익은 것으로 감미로운 맛과 고유의 향을 발산한다. 대부분의 페퍼로니는 맵지 않으나 매운 것도 있다.

가지(eggplant, melanzane)
아라비아의 사라센(Saracen)에서 이태리로 처음 전파될 때 가지는 진한 보라빛을 띠었다. 파란색은 먹기에 너무 떫고, 아직 덜 큰 것은 피클을 만드는 데·이용한다. 크기가 작은 종자는 씨가 적게 들어 있다. 너무 익으면 껍질이 벌어지면서 색이 변한다.

이태리 토마토(plum tomato, pomodori San Marzano)

산 마르자노 토마토는 껍질이 얇고, 속살이 두꺼우며, 비교적 씨가 적게 들어 있어서 요리에 적합하다. 나무에 달린 상태로 태양빛을 쪼이면서 잘 익은 토마토라야 맛이 좋으며, 이것으로 소스를 만들면 토마토 특유의 향취가 극에 달한다.

아스파라거스(asparagus, asparagi)
파란색과 흰색이 있으며, 제노바의 보라색도 있다. 수확한 후 바로 요리해야 하며, 신선한 아스파라거스는 줄기에 물기가 촉촉하고 똑똑 부러진다. 순이 올라가는 끝부분의 잎이 벌어지지 않고 줄기에 붙어 있는 것이 좋으며, 벌어진 것은 맛이 없다.

아티초크(artichokes, carciofi)
엉겅퀴과의 식물로 꽃봉오리 속의 연한 꽃잎과 꽃받침대를 식용으로 이용한다. 적당한 크기로 자란 것이라야 하며, 너무 자란 것은 섬유질이 많아 질기고 맛과 고유의 향이 저하된다. 꽃잎을 벌리면 시든 장미와도 같으며, 꽃잎은 꼭 붙어 있어야 하며, 줄기는 단단해야 한다. 다듬어 날것으로 방치하면 색이 검게 변하므로 즉시 조리하는 것이 좋다.

채두(green beans, fagiolini)
아직 덜 자란 콩 꼬투리를 야채요리로 사용하는 것으로, 연할 때 채취하여 데쳐

양고추

아티초크

버섯

아스파라거스

요리하거나 피클을 만들면 좋다. 키질수록 단단하고 딱딱해지며 꼬투리에 섬유질이 생겨 질겨진다.

펜넬(fennel, finocchi)

잎은 딜(dill)과 비슷하며, 파란색이고 향이 강하다. 밑둥지는 포동포동하게 둥글며 흰색이다. 파란색의 질긴 줄기는 버리고 감미로운 밑둥지를 적당한 크기로 잘라서 날로 먹거나 익히는 요리에 사용한다. 주로 생선요리에 많이 넣는다. 회향이라 하며 소화 작용을 도와 주는 성분이 함유되어 있다.

버섯(mushrooms, funghi)

버섯 특유의 맛과 향취가 강한 포르치노(porcino) 버섯은 버섯 중의 버섯으로 취급되고 있다. 접시만한 크기이며, 스테이크처럼 불에 직접 구워 먹기도 한다. 그 외에 흰색 또는 밤색의 밤버섯(chestnut mushroom), 계란모양의 오볼리(ovoli), 트롬펫(trompetter de mort) 버섯 등이 있다.

콜리플라워(cauliflower, cavolfiri))

양배추과에 속하는 콜리플라워는 영양성분이 많은 채소이다. 파스타 소스와 같이 익히는

버섯

버섯

버섯

버섯

버섯

버섯

버섯

요리에 사용하며, 때로는 샐러드에 넣어 날로 먹기도 한다. 대개는 흰색이지만 파란색(romanesco)이나 보라색도 있다. 흠집이 없고 신선하여 바삭바삭해야 한다.

엽채류(salad leaves, insalata)
주로 청색 엽채류로 만든 샐러드는 변함없이 육류가 곁들여지는 세컨드 코스 다음에 입맛을 개운하게 하기 위하여 제공된다. 크루통이나 치즈 또는 너트(nuts)를 넣지 않아야 하며, 쓴맛의 엽채와 감미로운 것을 잘 배합하여 샐러드를 만들어야 한다. 잎이 생기가 넘치도록 싱싱해야 하며 바삭바삭해야 한다. 라디끼오(radicchio), 루콜라(rucola, arugula), 롤로로소(lollorosso, red lettuce leaves), 단데리온(dandelion), 스카로라(scarola, escarole, green chicory;cicoria verde) 등이 있다.

에르베(mixed green vegetable, erbe)
가열하여 익힌 채소요리로, 이태리 식탁에서 매우 중요한 위치를 차지하고 있다. 시금치, 근대(Swiss chard), 엔다이브(endive chicory), 스카로라(scarola), 브로콜리(broccoli) 등과 같은 야채는 올리브유와 마늘을 양념으로 하여 살짝 데치거나 볶아서 제공한다. 때로는 콩이나 베이컨이 곁들여지기도 한다. 파스타, 소스, 파이, 수프, 타르트, 포카치아(focaccia)에 곁들여지기도 한다.

이 외에도 이태리 요리에 자주 사용되는 중요한 야채로 당근(carrots), 셀러리(celery), 양파(onions), 대파(leeks), 무(turnips), 호박꽃(zucchinis flower), 트러플(truffles), 굴버섯(oyster mushrooms), 카둔(아티초크류, cardoons), 빨간사탕무(beets), 둥근호박(pumpkin), 양배추(cabbages), 브로콜리(broccoli), 잠두(favabean), 빨간무(radishes), 감자(potatoes), 오이(cucumber) 등이 있다.

생선(pesce)

우리나라와 같이 삼면이 바다인 이태리의 해안지방은 일상의 음식을 그날그날 바다에서 잡은 생선으로 한다. 바다로부터 멀리 떨어져 있는 북부 산악지방이나 내륙도 호수, 강이나 시내에서 생선을 잡을 수 있다. 이태리 식탁에서는 생선 코스를 즐겨 먹는다.

앤초비(anchovy, alici)

멸치의 일종으로 비늘이 없기 때문에 요리하기 전에 뼈만 제거하면 된다. 신선하면 회로 먹을 수도 있으며, 빵가루를 묻혀서 튀기거나, 작은 파이의 일종인 패티(patties)를 만들거나, 소금에 절여 젓갈을 만들기도 한다. 절인 앤초비는 다양한 요리에 양념으로 사용된다.

뱅어(whitebait, bianchetti)

망둥이, 멸치, 정어리의 치어로 너무 작아서 'Small fry' 라고도 하며, 바로 잡은 즉석에서 날로 먹기도 한다. 튀김으로 좋으며, 오믈렛이나 수프 또는 삶는 요리에 사용한다.

농어(seabass, branzino)

농어는 해수어이지만 강이나 호수에서 봄부터 가을까지 이동하여 지낸다. 그래서 민물과 바다에서 모두 잡힌다. 살은 흰색으로 비교적 단단해서 뼈와 쉽게 분리되므로 삶거나 데치는 요리에 적합하다. 특히 숯불에 굽거나 통째로 오븐에서 구워내면 그 맛이 일품이다.

숭어(red mullet, triglia)

숭어는 핑크빛 숭어에서부터 빨간 숭어 등 여러 종류가 있다. 크기는 작지만 맛이 있어 인기가 매우 좋다. 그릴하거나 프라이하거나 또는 소금이나 양피지에 싸거나 토마토 소스에 넣어 오븐에 구워내면 좋다.

정어리(sardines, sardine)

아주 작은 생선으로 지방질이 많으므로 버터나 오일을 적게 사용하는 조리법을 활용해야 한다. 통조림에 담아 많이 유통되며, 커틀릿, 튀김, 그릴, 베이킹, 스터핑 요리에 많이 사용된다.

대구(salt cod, baccalà)

백색의 은대구가 좋은 것이며, 갈색으로 마른 것은 질이 낮은 것이다. 건조한 대구는 하루 동안 물에 불린 후에 사용해야 한다. 지중해 연안국의 중요한 요리로 다양한 조리법이 있다.

도미(sea bream, pagro)

도미류의 종류에는 여러 가지가 있으며, 살코기의 맛과 향미가 특이하여 인기가 매우 좋다. 그릴, 로스트, 삶는 요리, 양피지에 허브양념하여 싸서 굽는 요리, 스터핑, 베이킹 등의 요리에 좋다. 필릿을 떠서 요리하거나 또는 통째로 요리하며, 작은 것은 튀김요리에 적합하다.

생선 스테이크(Fish steak,; tranci di pesce)

황새치(swordfish, pesce spada), 아귀(monkfish, rana), 참치(tuna, tonno)가

그림과 같은 생선 스테이크에는 물론이며, 커틀릿, 보일, 프라이, 베이킹에 적합하다. 황새치는 쉽게 건조되므로 요리하기 전에 마리네이트해 놓으면 질감을 향상시킬 수 있다. 참치는 뱃살부분이 가장 감미로우며, 아귀는 대체로 작기 때문에 통째로 요리한다.

앞에서 언급한 생선 이외에도 가자미(sole), 대구알(gray mullet roe), 적대구(red snapper), 절인 청어(salted herring), 고등어(mackerel), 대구(cod), 농어(grouper), 유럽산 가자미(turbot), 돔발상어(dogfish), 쏨뱅이(scorpion fish), 뱀장어(eel), 잉어(carp), 철갑상어(sturgen), 송어(trout), 청어(herring, shad), 개구리(frog) 등이 있다.

해산물 (seafood, frutta di mare)

모든 오징어와 같은 두족류와 조개류는 바다의 향취가 물신 나는 해산물이다. 연체동물과 바닷가재는 살아 있는 그대로 사거나 요리해야 신선하고 맛있다. 이태리에서 이러한 해산물은 지역마다 부르는 이름이 다르기 때문에 외국인은 물론 그들 이태리인도 대단히 혼란스러워 한다.

홍합(mussels, cozze)
작은 것이 큰 것보다 더 연하고 향미가 있다. 깨끗한 물에 박박 문질러 여러 번 씻어 오물을 제거하고 살아 있는 채로 삶아야 한다. 삶아서 껍질이 벌어지지 않은 것은 질이 떨어진 것이거나 변질되었을 확률이 높으므로 주의해서 껍질이 사용하거나 버려야 한다.

모시조개(clams, vongole)
이태리 모시조개는 작고 연하며 부드럽다. 깨끗한 물에 문질러 여러 번 씻어내야 하며 살아 있는 채로 삶아야 한다.

두족류(cephalopods, cefalopodi)
이태리 사람들은 오징어나 꼴뚜기, 낙지 같은 두족류를 좋아한다. 꼴뚜기(squid, calamari)는 5cm 정도 크기의 작은 것부터 30cm 정도로 큰 것까지 있다. 작은 것은 연하고 튀김요리에 좋으며, 큰 것은 물에 익히는 요리나 베이킹 요리에 적합하다. 물오징어(cuttlefish, seppie)도 거의 꼴뚜기와 같이 취급한다. 베니스에서는 파스타와 리조토에 넣는다. 낙지(octopus, polipo)도 거의 같은 요리에 사용되며, 주의해야 할 사항은 오래 익히거나 아니면 살짝 익혀야 연하며, 어설프게 익히면 오히려 질겨진다.

게(crab, granchio)
지중해와 대서양에서 거의 모든 종류의 게가 잡힌다. 거미게가 맛이 좋다. 베네치아식 게요리는 삶아서 살코기를 빼내어 레몬주스,

올리브유, 소금과 후추로 양념한 다음 다시 껍데기에 채워서 제공한다.

새우(shrimp, gamberi)
새우에도 여러 가지 종류가 있으며, 살코기에 새우의 가치를 부여한다. 통째로 삶아 껍질을 벗기지 않은 상태라면 바다의 향취를 그대로 간직하고 있을 것이다. 조리하기 전에 내장을 제거해야 하며, 내장은 인체에 해를 끼치기도 한다. 스캄피(langoustines)와 앙랜드만 새우(Dublin Bay shrimp)는 랍스터의 일종이다. 이것은 30cm까지 큰 것도 있으며, 맛이 매우 좋다. 새우나 랍스터의 취급과 손질 그리고 요리는 그 크기에 따라 달라져야 한다.

이태리 요리에 자주 이용되는 기타 다른 해산물로는 굴(oyster), 가리비(scallops), 바닷가재(spiny lobster, rock lobster), 섬게(sea urchins), 달팽이(snails) 등이 있다.

육류(meat, carni)

이태리 요리는 다른 서양요리와 비교하여 코스 요리에 육류를 많이 사용하는 편은 아니지만 다양한 종류의 가축이나 수렵을 통해서 잡은 산들짐승들을 요리한다. 또한 우리나라와 같이 동물의 내장이나 고기 발 등 거의 모든 부분을 식용한다. 특히 돼지고기 요리가 발달하여 소시지(sausage), 살라미(salami)나 여러 종류의 햄(cured, prosciutto)을 만들어 먹거나, 돼지고기 자체를 요리한다.

육류(meat, carni)

쇠고기(beef, manzo) : 쇠고기는 2~3년생이 좋으며, 단단하고 흰색의 기름이 살코기에 잘 산포되어 있어야 한다. 이태리에서는 쇠고기를 3 등급으로 분류한다. 최상급(prime)은 그릴이나 소테에 적합한 스테이크용으로 이용되며, 초이스급(choice)은 로스트용으로, 그리고 셀렉트급(select)은 오래 가열하는 브레이징(braising)이나 스튜(stew) 요리에 적합한 등급이다.

양고기(lamb, agnello) : 로스트용이나 램찹용으로 3개월 정도의 새끼양이나 우유사육(milk fed) 양이 적합하다. 더 오래된 양은 스튜나 브레이징 요리에 적합하다.

송아지고기(veal, vitello) : 이태리에서 가장 선호하는 육류로 연하고 맛이 좋다. 생후 1~12개월 사이의 우유사육 송아지를 도축한다. 고기색은 엷은 핑크빛을 띤다. 생후

6개월이 넘은 송아지(vitellone)고기는 좀더 진한 적홍색을 띤다.

돼지고기(pork, maiale) : 이태리에서 돼지고기는 인기가 매우 높다. 젖먹이 통돼지새끼나 프라임급(prime)의 돼지고기는 육질이 연하고 맛이 좋기 때문에 로스트용으로 쓰인다. 잘게 썰은 돼지고기는 가끔 소스나 필링(fillings)에 사용한다.

내장(organ meat, frattaglie) : 육류와 가금류의 내장 요리는 많은 상상력을 동원할 수 있다. 간(liver), 콩팥(kidney), 우설(ox tongue), 골수(brain), 허파(lungs), 지라(spleen), 위(tripe, stomach), 닭의 모래주머니(gizzards), 볏(crests), 아랫볏(wattles) 등을 요리에 사용한다.

엽조류(game, cacciagione)

사슴고기(venison, cervo) : 사슴고기는 사슴(buck), 노루(deer), 영양(chamois)의 고기로, 야생의 향미와 맛이 듬뿍 담겨 있다. 어린 것일수록 고기가 연하며, 냉장고에서 1주일 이상 숙성시키고 요리하기 전에는 반드시 마리네이트(marinated)하는 것이 좋다.

오리(duck, anatra) : 오리는 작은 야생 물오리와 비교적 큰 집오리가 있는데, 같은 종류라면 나이가 적고 작은 것이 육질이 연하다.

새(game birds) : 뿔닭(Guinea fowl), 메추리(quail), 도요새(snipe), 개똥지바귀(thrush), 자고(partridge), 참새(sparrow), 비둘기(squab) 등을 요리에 이용한다.

토끼(rabbit, coniglio) : 집토끼는 맛이 좋으나 뼈가 많다. 껍질을 벗겨 털을 제거하고 요리하기 전에 신선하고 촉촉하게 유지되도록 주의해야 한다.

가공육(cured meats, salumi)

모르타델라 소시지(mortadella, cold cut sausage) : 콜컷 소시지의 일종으로 이태리의 볼로냐의 특산물이다. 곱게 간 돼지고기에 통후추와 피스타치오(pistacchio nut) 등 각종 향신료를 넣고 조작을 가한다. 지름이 10~15cm 정도의 크기의 케이싱에 넣고 시머링(simmering)한 다음 훈연한 것이다. 완전히 냉각되면 얇게 슬라이스하여 먹는다.

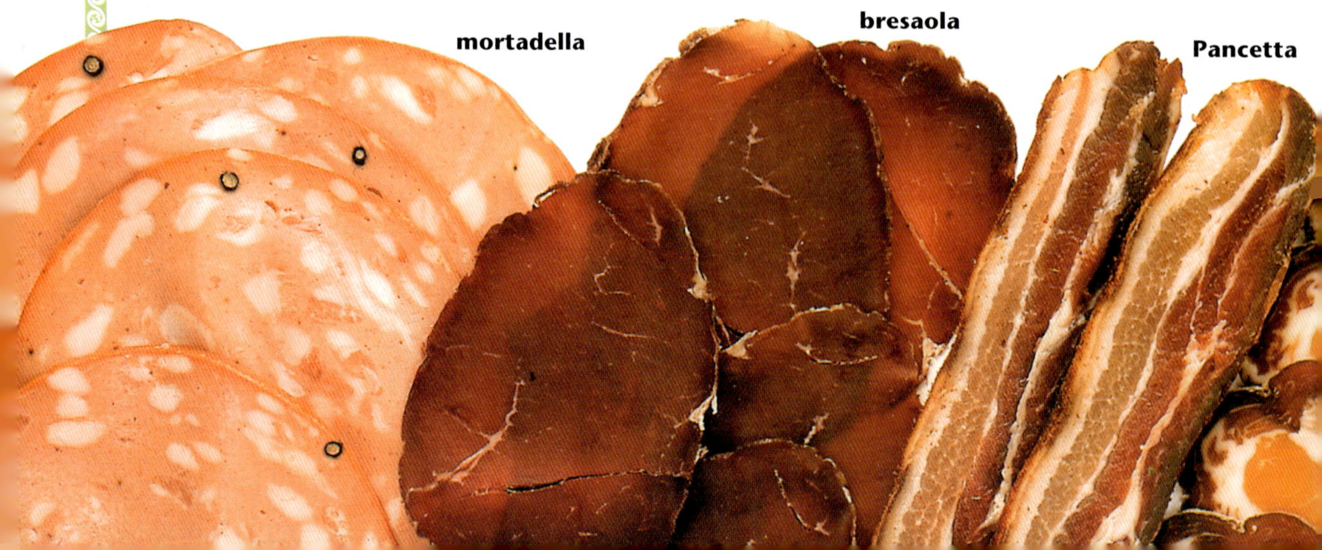

드라이 비프(bresaola, air-dried beef filet) : 향신료를 넣은 소금에 절여 말린 쇠고기로 주로 등심을 사용한다. 종이처럼 얇게 슬라이스하여 마르기 전에 바로 먹어야 좋다. 이태리 사람들은 여기에 레몬주스와 올리브유 그리고 후추를 뿌려 먹는다.

베이컨(pancetta, unsmoked bacon) : 돼지 삼겹살을 통으로 절각하여 소금, 정향, 계피, 후추 등 향신료로 양념하여 절여둔다. 대개의 베이컨은 훈연하여 슬라이스한 다음 팬후라이 하거나 익혀 먹는 데 비하여 판체타는 훈연하지 않은 것으로 삶아 먹는다. 훈연한 것과 미묘한 맛과 향미의 차이를 느낄 수 있다.

꼬빠(coppa o capocollo) : 돼지고기 특히 목살에 소금, 설탕, 후추, 넛멕, 정향을 넣고 백포도주로 마리네이트한다. 약 3개월 정도 공기 중에 걸어 말린다. 종이처럼 얇게 슬라이스하여 먹는다.

살라미(salami) : 돼지고기로 만든다. 프레시 살라미(fresh salami), 코테끼노(cotechino), 잠포네(zampone) 등 3가지가 유명하며 그 이외에도 밀라노(Milano)산과

소프레싸타(soppressata), 익힌 살라미(cooked salami) 등이 있다.

프로슈토(prosciutto, ham) : 돼지 다리로 만드는 햄으로 익히지 않은 것과 익힌 것이 있다. 익히지 않은 햄(prosciutto crudo)은 소금과 각종 향신료로 절여 두었다가 훈연하여 말린 것(air-dried ham)으로 파마(Parma)와 산다니엘(San Daniele)산이 유명하다. 특유의 향미가 강하고 엷은 핑크빛을 띠며, 연하며 짠맛을 지녔다. 익힌 햄(cooked ham)은 훈연한 후에 말리지 않고 물에서 시머링(simmering)하여 익힌 것(prosciutto cotto)이다.

곡류(grains, cereali & beans, fagioli)

곡류는 적어도 4천 년 동안 지중해의 주식으로 이어져 내려왔다. 콜롬버스가 신대륙에서 가져온 두류를 비롯한 각종 야채들과 함께 지금도 애용하고 있는 데는 변함이 없으며, 중부 이태리의 주요 생산물이 곡류라는 사실이 이러한 사실을 증명해 주고 있다.

쌀(rice, riso)
낟알이 긴 것은 수프와 밥을 지을 때 사용한다. 아르보리오(arborio), 비아로네(vialone), 까르나로리(carnaroli) 쌀은 표면이 딱딱하고 흰쌀은 찰지고 냄새를 흡수하는 성질이 있기 때문에, 적은 양으로 천천히 가열하여 조리하기에 적합하므로 리조토 요리에 사용한다.

폴렌타(polenta)
폴렌타는 옥수수를 곱게 간 것과 메밀(buck wheat)을 곱게 갈아 만든 것이 있다. 북부지역이 주산지이다.

팥(fagioli, borlotti beans)
빨강, 블루 그레이, 밤색 등 다양한 색깔을 지니며, 수프나 야채요리 등 다양한 요리에 쓰인다.

까넬리니 콩(cannellini beans)
이태리에서 가장 보편적으로 이용하는 콩으로 삶으면 찰기가 있기 때문에 통조림에는 적합하지 않다.

렌틸콩(lentils, lenticchie)
렌즈처럼 생겼으며, 다른 콩에 비하여 쉽게 익고 무르기 때문에 말린 렌틸을 요리할 때 미리 불릴 필요가 없으며, 수프, 스튜, 야채요리에 사용한다. 주로 돼지고기와 함께 요리한다.

칙피스(chickpeas)
'이집트 병아리콩'이라고 하며, 견과(nut)향과 냄새가 많이 난다. 통조림에 아주 적합한 콩이다.

파로(farro spelt)
밀의 일종이다.

기타 다른 곡류로 보리(bary), 메밀(buck wheat), 호밀(rye), 파바빈(favabean), 완두콩(peas), 로마냐에서 나는 구운 빵같이 생긴 피아디나(piadina) 등이 있다.

빵과 파스타(bread & noodles, pane e pasta)

빵(bread, pane)**과 포카치아**(focaccia)
이태리 전역에는 지역마다 특별한 빵이 있다. 대체로 빵은 밀가루, 통밀, 양질의 거친 밀가루(semolino), 옥수수가루, 호밀가루 등을 주로 사용한다. 여기에 허브, 올리브, 치즈 등을 넣기도 한다. 포카치아(focaccia)는 얇은 이스트 빵으로서 빵 위에 야채 등 여러 가지 식재료를 얹어 구워낸 빵이다. 마치 피자와 비슷하게 보이며, 안티파스토나 스낵으로 애용한다.

단빵(sweet breads)
이스트를 사용하며, 옛날에는 과일, 넛트, 향신료 등을 넣고 구워내기도 하였다. 도우는 밀가루, 버터, 꽃물(향을 내기 위한 꽃잎 즙) 등으로 강화시킨다. 또한 특별한 경우에 초콜릿이나 스위트 와인을 첨가하여 만들기도 한다.

건조 파스타(dried, dura pasta)
이태리의 파스타 공장에서 만들어 유통되는 건조 파스타는 350여 종이나 되며, 셀 수 없을 만큼 다양한 형태의 모양새로 만들어지지만 사용하거나 먹기에 적합한 꼴을 유지하고 있다.

생 파스타(fresh, fresca pasta)
프레시 파스타란 건조하거나 냉동하지 않은 상태를 말하며, 밀가루에 계란과 올리브유를 기본적으로 사용하고, 향을 증진시키기 위해 시금치, 토마토, 비츠, 코코아 파우더, 당근, 파슬리, 오징어 먹물 등을 사용한다.

수프용 건조 파스타(pasta secca per minestre, dried pasta for soup)
수프에 가니시(garnishes)로 사용하는 파스타는 작은 것부터 큰 것까지 다양하다. 쌀처럼 생긴 오르조(orzo)와 약간 큰 디탈리(ditali)는 진한 수프에 사용하며, 카펠리 안젤로(capelli d'angelo, angel's hair)는 맑은 수프에 사용한다.

향신료(le erbe aromatiche, herbe & spice)

향신료(erbe aromatiche e spezie;aromatics, herbe & spice)는 주재료의 향미를 없애 주는 것이 아니라 현재의 향에 다른 향을 더하는 역할을 해야 한다. 건조한 것이나 가공한 것보다는 날 것을 바로 요리에 사용해야 향을 극대화시킬 수 있는 가장 좋은 방법일 것이다. 이태리 요리에 가장 많이 사용하는 향신료를 골라 설명을 덧붙였다.

베질(basil, basilico)
나륵풀이라고 하는 박하(menta, mint)계 허브로 가장 향이 강렬하다. 거의 모든 이태리 요리에 사용되지만 무분별하게 사용하는 것은 절대 금물이다. 말린 것은 가급적 피하고 날것을 사용하는 게 좋다. 피자와 파스타에 산뜻한 풍미를 제공하며, 거의 모든 이태리 요리에 첨가할 수 있다.

오레가노(oregano, origano)
남부에서 사용하며, 피자와 강한 향의 파스타 소스에 사용한다.

마늘(garlic, aglio)
남부요리에서 많이 사용하며, 말린 것이나 파우더는 사용을 피하고 날것을 사용해야 한다. 연한 순이나 새싹을 재료로 하는 요리에는 마늘을 사용하지 않는 것이 좋다. 굵게 으깬 마늘을 올리브유에 볶아 맛을 우려내어 파스타 소스나 다른 요리에 사용한다.

마조람(majoram, maggiorana)
오레가노와 향이 비슷하나 보다 순하다. 말린것도 날것과 비슷한 향이 나온다.

회향(fennel, finocchio)
구근은 야채요리에 사용하고 잎은 샐러드, 생선요리, 수프, 소스에 사용한다. 강한 햇볕을 받고 자란 것이 향과 맛이 풍부하다. 씨는 소시지, 샐러드, 로스트에 사용하며, 특히 돼지고기 요리에 적합하다.

소금(sea salt, marino sale)
바닷물에서 생산한 소금이 가장 좋다. 굵은 소금과 가는 소금이 있으며 거의 모든 요리에 간하는 데 사용한다.

곱향나무열매(juniper, ginepro)
곱향나무의 열매가 파랄 때 채취하여 말린 것으로 사향냄새가 난다. 야조류 요리에 주로 사용하며, 사용할 때 으깨서 바로 사용해야 한다.

후추(pepper, pepe)
잘 여문씨를 그대로 말린 것이 검정 후추(black pepper)이고, 여문씨의 껍질을 벗겨 말린 것이 흰색 후추(white pepper)이다. 그리고 아직 성숙하지 않은 열매를 따서 염장한 것이 청후추(green pepper)이다. 통후추를 요리할 때 즉석에서 으깨 사용하는 것이 향이 풍부하고 맛이 좋다.

고추(chili pepper, peperoncino)
말린 것이나 날것을 통째로 쓰거나 으깨서 사용하며, 주로 남부지방에서 고대에 후추와 교환할 특산물이 없었기 때문에 후추 대용으로 사용했으며, 지금도 스파게티, 소스, 수프 등 각종 요리에 사용한다. 또한 토마토만으로 만든 맛이 밋밋한 소스에 첨가했다.

이태리 파슬리(Italy parsley, prezzemolo)
넓은 잎에 향이 많으며, 다양한 요리에 사용한다. 파슬리는 요리 위에 올려 주는 것보다 프라이 팬에서 함께 조리하는 것이 향미를 훨씬 높여 준다. 육류나 생선의 냄새를 없애 주기도 하며, 소스를 만드는 도중에 넣어도 좋다. 사용하기 바로 전에 다지는 것이 좋으며, 미리 다져 놓으면 향이 휘발된다.

민트(mint, menta)
박하향의 민트는 야채, 소스, 샐러드, 디저트, 가금요리 등에 폭넓게 사용된다.

사프란(saffron, zafferano)
사프란은 크로커스(crocuses)의 꽃수술을 채취하여 말린 것으로 노란색의 특이한 향을 발한다. 꽃송이 하나에 3개의 수술밖에 없기 때문에 귀하고 비싸다. 야채, 포카치아, 생선, 가금, 리조토 요리에 사용한다.

로즈메리(rosemary, rosmarino)
이태리의 야생 로즈메리가 특히 향이 강하다. 말려도 향이 강하게 남아 있으며, 돼지나 양, 송아지의 로스트와 닭요리에 적합하며, 토마토 소스와 스튜 포카치아에도 사용한다.

세이지(sage, salvia)
향이 강하며, 돼지나 송아지 요리에 적합하며, 뇨끼(gnocchi)에 사용할 버터 소스와 파스타 요리에 사용한다. 세이지 잎을 기름에 튀겨 안티파스토로 사용하기도 한다.

월계수잎(bay, alloro)
향이 오래가기 때문에 요리에 오랫동안 담궈 두는 것이 좋으며, 통잎을 사용한다. 날것도 말린 것과 향을 발하기는 마찬가지이다.

계피(cinnamon, cannella)
계피나무의 속껍질을 말린 것으로 통계피와 분말이 있다. 시칠리를 제외한 전역에서 디저트에 사용한다.

육두구(nutmeg, noce moscata)
떫고 향이 강하므로 조금만 사용해야 한다. 후추와 마찬가지로 통으로 준비해 두었다가 사용할 때마다 갈판에 조금씩 갈아 사용하는 것이 향을 만끽할 수 있는 사용요령이다.

정향(cloves, chiodi di garofano)
은매화나무의 꽃봉오리가 발화하기 전에 따서 말린 것이다. 빵과 과자 그리고 육류요리에 사용된다.

아니스씨(anise seed, anice)
펜넬씨와 향이 비슷하지만 더 달고 덜 떫다. 디저트, 단빵, 비스킷(biscotti)에 주로 사용한다.

설명하지는 않았으나 이태리 요리에 사용하는 향신료로 겨자(mustard), 육두구(nutmeg)의 껍질을 말린 메이스(mace), 중국 파슬리라고도 하는 고수(coriander),

arugula(rocket salad)
sage
rosemary
bay leaf
apple mint
mitsuba
chervil
coriander
endive
oregano
basil
tarragon
horseradish

parsley
italian parsley
lemon balm
catmint
dill
pimento
guesti somo peperoni
french sorrel
romaine
lettuce
fennel
thyme

미나리과의 커민(cumin)과 그 씨, 참깨(sesame seed), 살데냐(Sardegna) 지방의 은매화(myrtle leave), 원래 야생 파슬리였던 셀러리(celery), 시에나(Siena) 지방의 개사철쑥(tarragon), 양고추냉이(horseradish) 등이 있다.

식료품(le conserve)

올리브(olives, olive)
올리브 열매는 처음에 청록색(green olive)이었다가 익어감에 따라 검게(black olive) 변한다. 잘 익은 검정 올리브가 특유의 맛과 향이 강렬하다.

앤초비(anchovies in oil, accivghe sott'olio)
앤초비는 올리브유나 소금물에 담아 통조림하여 유통된다. 소스, 피자, 포카치아(focaccia) 등에 폭넓게 사용한다.

케이퍼(capers, capperi)
지중해 연안의 서양풍조목의 꽃봉오리를 채취하여 소금물에 염장한 것으로 사용할 때는 물을 따라내고 내용물만 사용한다.

포르치니 버섯(dried, secchi porcini)
가장 맛있는 야생 버섯이다. 말린 것은 나무처럼 보이지만 버섯 특유의 향미는 증가한다. 신선한 것은 부서지기 쉽고 밝은 빛을 띤다. 건조된 것은 따뜻한 물에 30분 정도 불린 다음 물기를 짜내고 사용해야 한다. 불린 물을 버리지 말고 요리에 사용하면 그 맛과 향을 낼 수 있다.

잣(pine nuts, pinoli)
요리나 베이킹에 사용한다. 쉽게 변하므로 냉장이나 냉동보관해야 한다.

피스타치오(pistachios, pistacchi)
스터핑 요리나 소시지, 달콤한 이스트 발효빵을 만드는 데 사용한다. 소금이나 설탕에 절이지 않은 것과 색소로 물들이지 않은 천연 그대로의 피스타치오를 사용해야 한다. 딱딱한 겉 껍질을 벗겨내고 다시 속껍질을 제거한 다음 사용해야 한다.

토마토 제품(tomato products)
토마토 통조림은 너무 단단하지 않아야 한다. 토마토 페스트는 맛, 향, 색을 내거나 국물을 진하게 만들기 위해 사용한다. 선드라이 토마토는 소금물이나 올리브유에 담아 저장한다. 만약 마른 자체 그대로 또는

차곡차곡 쌓아서 저장한 선드라이 토마토라면 사용하기 전에 15~30분 정도 올리브유나 물에 불려서 물기를 따라내고 다져서 사용하여야 한다. 선드라이 토마토를 통째로 먹으면 가죽을 씹는 기분을 느낄 것이나 잘게 썰어 만든 소스는 달콤한 향미를 느낄 수 있을 것이다.

와인(wine, vino)
이태리 요리에서 와인은 매우 중요한 부분을 차지하고 있다. 여러분들이 이미 마셔 보았을지도 모를 어떤 레드와인, 화이트와인, 베르뭇(vermouth)과 같은 강화주 등 어떤 와인을 사용하더라도 좋다. 요리에 와인을 사용하면 요리의 맛을 증진시켜 주고 활력을 더해 준다.

식초(vinegar, aceto)
와인으로 만든 오래된 식초가 향미가 풍부하다. 5~7% 정도의 식초 성분비가 적당하다. 모데나(Modena)에서 만드는 발사미코(balsamico) 식초는 흰포도를 끓여 나무통에 넣어 10년 이상 발효시킨 것으로 그 맛과 향이 특별하며 가격이 비싸다.

올리브유(olive oil, olio d'oliva)
올리브에서 첫번째로 짜낸 오일이 엑스트라 버진 올리브유(extra-virgin olive oil, olio extra vergine d'oliva)이다. 향미가 좋고 과일 특유의 향이 배어 있다. 올리브유의 색은 올리브가 자란 토양, 날씨, 종자 등에 영향을 받는다. 스탠다드(standard) 올리브유는 질이 낮은 것으로 튀김용에 적당하다. 올리오 산토(olio santo)는 고추의 매운맛을 첨가한 것이다.

과일(la frutta)

아랍이나 아시아와 같은 동양요리와 다르게 이태리 요리는 디저트에 제공되는 스위트 세이버리(sweet savory)가 있다. 여기에 사용되는 기본적인 재료로 과일과 강화와인을 주로 이용하는 데 이들은 자연의 향미를 제공해 주고 먹은 요리에 변화를 더해 준다.

커피(coffee, caffè)
이태리 커피 에스프레소(espresso)는 진하고 향이 강하다. 각종 음료에 사용되는 얼음과 아이스크림의 향미료로 사용된다. 커피가 첨가된 티라미수(tiramisù)의 인기는 대단하다.

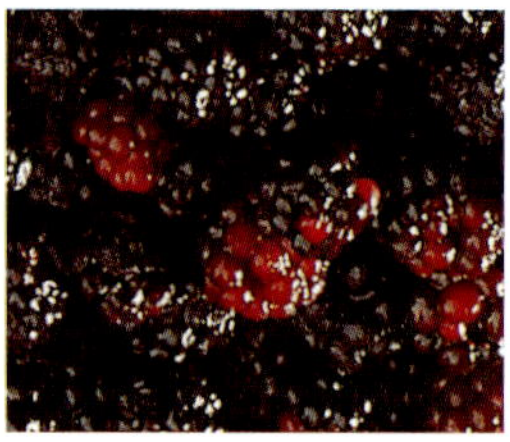

마르살라(marsala)
시칠리아의 마르살라에서 생산되는 백포도주로 특별히 달콤한 향미를 첨가하여 강화한 달콤한 와인으로, 닭요리와 송아지 요리 그리고 디저트 와인으로 적합하다.

꿀(honey, miele)
토스칸(Toscano)의 밤꽃꿀, 알프스(Alpino)의 들꽃꿀, 시칠리(Sicilia)의 오렌지꽃꿀 등이 유명하다.

밀감류(citrus fruit;agrumi)
이태리인들은 어떤 과일이라도 즐겨 먹으며, 특별히 좋아하는 과일맛이나 향이 따로 있지는 않다. 오렌지, 레몬, 밀감, 라임, 포도 등이 요리에 이용되는 것과 마찬가지로 과일 자체를 즐겨 먹는다. 내용물은 물론이며, 껍질을 간 제스트(zest), 주스는 빵과 타르트(tarts) 그리고 마멀레이드(marmalades)에 이용된다.

복숭아(peaches, pesche)
복숭아는 황도, 백도, 홍도가 있으며, 날로 먹거나 스터프드, 베이크드, 파이를 만드는 데 사용하며, 가공저장 또는 건조저장한다. 다른 과일과 비교하여 미네랄과 비타민을 더 많이 함유하고 있다.

선인장 과일(cactus fruit, fichi d'India)
일종의 선인장 과일로 껍질에 선인장과 같은 가시가 있다. 이태리에서는 가시배라고도 하며, 기후와 관계없이 시칠리와 사르디니아에서 자생한다. 완전히 익어야 먹을 수 있으며, 껍질을 완전히 벗겨내고 수박색깔의 속살만 먹는다.

살구(apricots, albicocche)
아랍에서 들어왔으며, 지중해 지역에 많다. 완전히 익으면 비타민이 풍부해지고, 잘 익은 것을 먹어야 제맛을 느낄 수가 있다.

무화과(figs, fichi)
흰색, 청색, 검정, 보라색 등 여러 가지 색깔의 무화과가 있다. 껍질을 살짝 벗기고 먹으며, 아주 달콤하며 건조시키면 단맛이 더 강해진다.

배(pears, pere)
로마시대 이후로 이태리에 유입되었으며, 치즈에 곁들여 먹거나 말려 가공하여 과자로 만들기도 한다.

포도(grapes, uva)
먹는 포도와 와인포도는 종류가 다르지만 와인용 포도라 할지라도 먹기도 한다. 백 · 청 · 적포도가 있으며, 작은 보라색 포도도 있다.

딸기(strawberries, fragole)
원래 딸기는 딸기철에만 먹을 수 있었다. 발사믹 식초와 스위트 와인 그리고 롬바르디의 크림치즈 마스카르포네

(mascarpone)를 만드는데 첨가된다. 아주 작은 이태리 재래종 딸기도 있다.

아마레티(amaretti)

아몬드, 난백, 설탕으로 만든 브라운 색의 쿠키의 일종이다. 그저 먹기 위해 만들지만 디저트로 사용하거나 피에몬떼(Piemonte)에서처럼 복숭아를 스터핑하기도 한다.

초콜릿(chocolate, cioccolata)

진한 갈색의 초콜릿은 코코아가 많이 들어간 것이며, 주로 디저트로 사용된다. 달지 않은 요리에 초콜릿을 넣기도 하는데, 르네상스(Renaissance, rinascimento) 때부터 전래되어온 시칠리아의 카포나타(caponata)와 초콜릿 파스타가 그 일종이다.

과일통조림(candied fruit and flowers, frutta e fiori canditi)

과일통조림은 과일이 단순하게 통조림된 것이 있는가 하면 설탕에 절여진 과일, 예를 들면 귤감류의 껍질도 있다. 주로 디저트의 스터핑으로 사용하거나 설탕절임용으로 사용한다. 시칠리아(Sicilia), 파르마(Parma), 베니스(Venice), 리구리아(Liguria)의 설탕절임 과일이 유명하다.

건조과일(dried fruit, frutta secca)

건포도, 양대추, 무화과 등을 건조한 것은 국내에 많이 수입되어 유통되고 있으며, 초콜릿 스터핑하는 데 사용하고, 과일의 껍질과 회향, 아몬드는 스위트를 만드는 데 적격이다.

견과류(nuts, noci)

개암, 아몬드, 밤, 호두 등 거의 모든 견과류는 요리, 빵, 과실주를 만드는 데 사용된다. 또한 견과류는 구워 먹으면 맛이 있고, 살짝 볶아내면 향미가 증가된다.

바닐라(vanilla, vaniglia)

바닐라는 줄기에 있는 향을 추출하여 케이크, 커스터드, 크림, 아이스크림 등에 첨가하여 사용한다.

이태리 요리에 사용하는 식재료는 이 외에도 천도복숭아(nectarines), 산딸기(rasberry), 빌베리(bilberry), 앵두(cherry), 양자두(plums), 사과(apples). 수박(melon), 감(persimon), 비파(loquat), 석류(pomegranate), 브랜디(brandy), 럼(rum) 등이 있다.

치즈와 와인

치즈(cheese, formaggio)

현재 이태리에서는 450여 종이나 되는 치즈(cheese, formaggio)가 생산되며, 로마시대 이후로 이태리 식탁의 기본식품이 되었으며, 식탁에 품위와 풍미를 더해 왔다. 원래 이태리 치즈는 가족별로 방목하여 채취한 소, 양, 염소, 들소 등의 원유를 정제한 다음 가공처리하여 만들어 왔기 때문에, 지역과 역사, 전통에 따라 제조방법이 다양할 뿐만 아니라, 치즈의 맛과 향 또한 천차만별이다. 각 지방마다 치즈를 만드는 비법은 그들의 조상들로부터 계승발전되어 왔다.

치즈와 결합된 피자, 파스타, 디저트를 비롯한 가금, 육류는 물론이며, 앤초비를 비롯한 해산물도 그 풍미를 한층 더해 준다. 프레시 소프트(fresh soft) 치즈의 일종인 리코타 치즈는 샐러드나 소스에 널리 쓰일 뿐만 아니라 달콤한 디저트 요리로 이용되기도 한다. 최근에 유통되고 있는 대부분의 이태리 치즈는 치즈 공장에서 대량생산한 것으로 세계 각국에 수출하고 있다. Gorgonzola, Parmigiano－Reggiano는 상표명으로 등록되어 법의 엄격한 보호를 받고 있으며, 특정지역에서 엄격한 품질관리하에 생산된 것에만 이 상표명을 붙일 수가 있다.

이탈리안 치즈 제조과정

GRANA PADANO

milk(우유 원유)

↓

separation(선별, 고형물 제거)

↓

bacterial culture rennet
(박테리아 응유효소 배양)

↓

coagulation(숙성으로 응결)

↓

heating(가열)

↓

cutting in tiny pieces(절각)

↓

molding(성형)

↓

salting in brine(소금물에 절임)

↓

maturing(숙성)
(14∼18 months)

↓

cutting(절단)

↓

vacuum packing(진공포장)

PARMIGIANO REGGIANO

milk(우유 원유)

↓

separation fat(유지방 제거)

↓

bacterial culture rennet
(박테리아 응유효소 배양)

↓

coagulation(숙성으로 응결)

↓

heating(가열)

↓

cutting in tiny pieces(절각)

↓

molding(성형)

↓

salting in brine(소금물에 절임)

↓

maturing(숙성)
(14∼18 months)

↓

cutting(절단)

↓

vacuum packing(진공포장)

아시아호(asiaho)

부드러운 맛을 지닌 우유로 만든 치즈로 단단하며, 테이블 치즈로 쓰인다. 1년이 지나 너무 단단해지면 갈아 쓴다.

벨 파에제(bel paese)

벨 파에제(bel paese)는 아름다운 나라(beautiful country)라는 뜻이며, 우유로 만든 연질 치즈로 맛과 형상이 부드럽다. 외피를 베이지 색의 파라핀으로 씌웠다. 롬바르디아(Lombardia) 지방에서 생산한다.

지방함량은 45~50%이다.

부리노(burrino)

경질 커드 치즈로 중앙에 버터가 들어 있다.

카시오 카발로(cacio cavallo)

캄파니아(Campania) 지방에서 만들며, 프로볼로네(provolone) 치즈처럼 응유(curd)를 보자기에 싸서 걸고, 물기(유청)를 빼내어 만든다. 카발로(cavallo)는 '말등'이란 뜻으로, 건조시킬 때 크나큰 보자기를 묶어 마치 말등

모양을 하여 매달았기 때문에 붙여진 이름이다. 방목한 소로부터 채취한 우유로 만들기 때문에, 이 치즈에서 산야의 풀과 나무의 특이한 향취가 난다.

돌체라떼(dolcelatte)
부드러운 크림 형태의 고르곤졸라(Gorgonzola) 치즈로 일종의 상표명이다.

폰티나(fontina)
우유로 만들며, 북부 알프스 산간지역의 Val d'Aosta에서 생산된다. 감미로우며, 부드럽고 견과(nut)향이 물씬 난다. 녹이는 요리에 아주 적합하며, 필링, 토핑, 소스에 적합하며, 테이블 치즈로 애용된다. 특히 폰티나 치즈를 이용한 북부 피에몬테(Piemonte) 지방의 폰듀(fonduta) 요리가 유명하다. 맛과 향이 스위스의 그루이예르(gruyre) 치즈와 비슷하며, 이태리 각지에서 폰탈(Fontal)이라는 이름으로 제조된다.

고르곤졸라(Gorgonzola)
우유로 만든 푸른색을 띠는 곰팡이 숙성 치즈로, 프랑스의 로끄퍼트(roquefort ; 양유)나 영국의 스틸턴(stilton)과 비슷한 특유의 향미가 있다. 지방함량이 50%나 되면 속은 부드럽다. 숙성 초기의 것은 무르며, 다음의 감미로운 것은 빵에 발라먹기에 좋으며, 완전히 숙성한 것은 뜨거운 폴렌타(polenta)나 파스타 소스에 사용하기에 적합하다. 오래된 것일수록 향이 강하며 강한 냄새와 자극적인 맛이 난다. 잘 어울리는 포도주는 Ramaterra Marsala, Picolit 등이다.

그라나 파다노(grana o grana padano)
우유로 만든 숙성 치즈로 오븐이나 그릴에서 가열하여 녹이는 요리에 좋다. 큰 덩어리로 압축가공한 치즈로 Parmigiano 치즈보다는 덜 숙성된 치즈다. Emilia-Romagna, Lombardia, Veneto에서 생산한다.

마스카르포네(mascarpone)
마치 응고된 크림 같은 스위트 크림 치즈로, 가열조리하는 소스, 크림, 케이크, 쿠키 등 다양하게 사용된다. 물론 티라미슈와 같이 프레시로 사용하는 경우도 있다.

모짜렐라(mozzarella)
이태리 남부가 원산지인 모짜렐라 치즈는 부드러운 흰색의 연질 프레시 치즈로 들소유(mozzarella di bufala), 양유 또는 우유로 만든다. 지방함량은 40~50%이며, 치대어 만들며, 치즈를 만드는 과정에서 생성된 물에 담가 수분을 유지한다.

mozzarella(모차렐라)는 치즈를 만든 그날 먹는다는 의미였다고 한다. 실제로 처음에는 부드러우면서 탄력이 있으나, 시간이 지나면서 차츰 고무같이 질겨지며, 냉장보관한 모짜렐라 치즈는 그 고유의 향을 잃어 버린다. 각종 요리의 위에 올려 녹이는 요리에 적합하여 때로는 훈연(smoking)하기도 하며, 샐러드에 곁들여 날로 먹으면 특이한 향취를 만끽할 수 있다. 포도주 Asprigno di Aversa, Falerno el Messio(white)와 잘 어울린다.

파르미지아노 레자노(Parmigiano-Reggiano)

일명 Parmesan(파르메산) 치즈로 Emilia – Romagna 지역에서 700년 동안 만들어 왔다. 우유로 만들며, 적어도 1년 이상 숙성시켜야 하며, 고급은 4년까지 숙성시킨 것도 있다. 지방함량이 32%이며, 진한 갈색의 원반형 치즈로 강렬한 치즈 냄새가 나며 부서지기 쉽다. 진품은 표면에 'Parmigiano – Reggiano' 라고 각인이 되어 있어 모조품과 구별할 수 있다. 이 치즈는 샐러드에 곁들이거나 그냥 먹기도 하고, 소스나 파스타 등 가열조리하는 데 사용하기도 한다.
해물요리를 제외한 파스타나 각종요리에 가루치즈로 사용된다.

파스타 필라타(pasta filata)

이태리 말로 파스타 필라타(pasta filata)는 잡아 늘려 반죽한(spun paste)의 뜻으로 응유가 탄력이 생길 때까지 반죽하여 만든 치즈를 의미한다. mozzarella(모차렐라), cacio cavallo(카시오 카발로), provolone(프로볼로네)가 여기에 해당된다.

페코리노(pecorino)

양유로 만든 유명한 치즈로 지방함량이 38%이며, 숙성 초기에는 부드러운 맛을 띠나 시간이 지나면서 진하고 자극적인 맛과 향미를 띤다. 딱딱한 것은 그레이팅(grating)하기에 적합하며, 대부분의 페코리노 치즈는 수출된다.

사르디니아(Sardegna)에서 페코리노-사르도(pecorino sardo)를 생산하며, 라치오(Lazio)에서는 페코리노-로마노(pecorino romano)를 만들며, 토스카나(Toscana)에서도 페코리노 치즈를 만든다.

스트라끼노(stracchino)
롬바르디아(Lombardia) 지방에서 주로 우유로 만들며, 외피가 없고 부드럽고, 크림 향이 풍부한 흰색 치즈다.
스트라끼노 – 크레젠자(stracchino – crescenza) 치즈는 스트라끼노(stracchino) 치즈를 농후하게 만든 반경질(semi-hard) 치즈이다.

리꼬따(ricotta)
이태리의 중부와 남부에서 생산되는 비숙성 연질치즈, 즉 프레시 크림 치즈의 일종인 '리꼬따'는 '다시 요리하다'라는 뜻으로 다른 치즈를 만들 때 응유(curd)를 거르고 남은 물, 즉 유장(whey, 乳漿)으로 만들었기 때문에 붙여진 이름이라고 한다. 지방함량이 20~30%이며, 최근에는 여기에 전유나 탈지유가 첨가된다. 만드는 과정에서 배수가 잘 되도록 하기 위하여 바닥이 요철로 된 그릇을 사용하므로 치즈의 밑부분이 오목볼록하다. 순백색으로 부드러우면서 새콤한 맛이 난다. 양유로 만든 단단한 리꼬따

i formaggi della tradizione Italiana 이태리 전통치즈

치즈는 적어도 한달 정도 숙성시킨 것이다. ricotta salata는 소금물로 숙성시킨 치즈로 약간 더 견고하다. ricotta forte는 양유로 만들며 소금을 가미한 것으로, 한 달 정도 숙성시킨다. 포도주 Cortese, Ameis, Verduzzo와 잘 어울린다.

프로볼로네(provolone)
경질 커드 치즈이며 이태리 전역에서 우유로 만든다. 녹여 먹거나 테이블 치즈로 적합하다. 모양은 다양하여, 타원형, 배모양, 돼지모양, 구형 등이 있다. 스위트한 맛이 나는 비숙성 치즈(dolce provolone)와 강한 맛이 나는 숙성 치즈(picante provolone)가 있다. 지방함량은 47%이며, 껍질은 황금색으로 속는 매끄러운 크림색의 순백색이다.

딸레지오(taleggio)
롬바르디(Lombardia) 산간지역 베르가모(Bergamo)에서 생산되며, 진한 우유로 만들며, 적당히 숙성되면 새콤하고 톡 쏘는 맛을 지니므로, 주로 식후에 먹으며, 오렌지 껍질과 함께 먹으면 향미가 좋다.

토마(toma)
대개 우유로 만들며, 북부 알프스 산간지역의 Val d'Aosta에서 생산된다. 일단 치즈의 형태가 만들어지면 향이 있는 풀로 싸서 향이 배어들도록 하면서 숙성시킨다.

스카모르짜(scamorza)
남부에서 생산되는 저지방 치즈로 고사포 모양으로 생겼으며, 우유로 만든다. 이태리인들은 이 치즈에 햄과 양송이를 곁들여 그릴한 것을 즐겨 먹는다.

기타 이탈리안 치즈
Fior di Sardegna, asiago, canestrato, pugliese, robiola, montasio, murazzano, casolet, monte veronese, silter, branzi 등이 있다.

와인(wine, vino)

국토의 약 80%가 산악으로 이루어진 이태리는 전형적인 지중해성 기후로, 주로 산악 경사지에 포도를 재배하며, 포도 경작면적의 약 10%가 포도밭 사이로 올리브와 채소와 같은 밭작물을 재배하고 있기 때문에, 포도의 생산성은 그리 좋은 편은 아니다. 이태리 와인(wine)은 북부지역의 것이 다른 지역의 와인보다 좋다.

전형적인 지중해성 기후로 포도의 당분함량이 높고 산도가 낮기 때문에 이것으로 만든 와인은 알코올 함량이 높게 나온다. 기후의 영향으로 대부분 레드 와인을 생산하며, 장기간 오크 통에 숙성시키므로 묵직하고 텁텁한 남성적 풍미를 지닌다. 전통적으로 유명한 이태리 와인으로 키안티(Chianti), 베르뭇(Vermouth), 마르살라(Marsala) 등이 있다.

로마시대 이전부터 포도를 재배하여 와인을 만들었고, 유럽 전역에 포도를 전파한 와인 종주국의 자존심을 회복하기 위하여, 현 이태리 정부가 각종 시책을 펴고 있다. 질적으로 프랑스 와인에 미치지 못하지만 생산량과 소비량 그리고 수출은 아직도 세계 최대를 자랑하고 있다.

이태리는 총 5개 지역에 20개의 자치주로 행정구역이 나누어져 있으며, 각 주마다 D.O.C. 기준을 정하여 포도 재배지역을 엄격하게 관리하고 있다. 이태리 와인의 명칭은 품종이나, 생산지, 또는 생산자의 이름을 붙인다.

이태리의 와인 등급제도는 1963년 프랑스의 A.O.C. 제도를 모방하여 도입된 제도로 숙성기간에 따른 규제를 더 강화했다. 이태리는 모든 와인을 네 등급으로 분류하여 유통하도록 하며, 와인 명칭과 생산지 명칭을 함부로 사용할 수 없도록 규제하고 있다.

D.O.C.G. (Denominazione di Origine Controllata e Garantita) 등급은 이태리에서 생산되는 최고급 와인이며, 다음의 D.O.C. 등급은 고급 와인으로 분류되고, 세 번째 등급의 보통 와인 비노 티피코(vino tipico)와 네 번째로 가장 질이 낮은 비노 다 타볼라(vino da tavola) 등급이 있다.

모든 와인은 포도의 맛과 성분의 영향을 받는데 그 중의 하나가 품종이다. 와인을 만드는 데 사용되는 대표적인 품종은 다음과 같다.

네비욜로(nebbiolo) : 가장 많이 재배되는 적포도로 당분이 많아 알코올 도수가 높게 나온다. 묵직한 맛이 일품이다.

산죠베세(sangiovese) : 그 유명한 끼안띠를 만드는 적포도로, 오래 숙성시키지 않으며, 가볍고 신선한 맛이 특징이다.

바르베라(barbera) : 피에몬테의 '바베라디 피에몬테' 와인을 만드는 적포도로 묵직하고 탄닌 함량이 많다.

돌체토(dolcetto) : 피에몬테에서 생산되는 7종의 D.O.C. 와인을 만드는 적포도로 부드럽고 풍부한 맛을 지닌다.

트레비아노(trebbiano) : 이태리의 대표적인 청포도로 많이 재배된다.

말바시아(malvasia) : 그리스에서 건너온 청포도로 주로 시칠리에서 재배되며, 향이 강하고 맛이 풍부하다.

피에몬테 지방의 와인

피에몬테(Piemonte) 와인을 마실 경우에는 돌체토를 먼저 마신 다음 바바레스꼬를 마시고 최종적으로 묵직하고 강렬한 남성적인 레드와인 바롤로를 마신다. 바롤로는 훌륭한 최고급 와인으로 정평이 나 있다. 북동부의 관광명소 베니스와 로미오와 줄리엣의 거리로 유명한 베로나가 있는 지역으로 이태리에서 가장 많은 양의 와인을 생산하며, 비교적 가격도 저렴하지만, 바롤로는 가장 비싼 포도주 중의 하나다. 피에몬테 와인을 마실 경우에는 돌체토를 먼저 마신 다음 요리를 먹으면서 다른 와인을 곁들이는 것이 좋다.

피에몬테 지방의 와인

명칭(생산지)	특징
바롤로(Barolo) D.O.C.G.	묵직하고 강렬한 남성적 red wine, 13%로 3년 이상 숙성. 꿩, 산토끼 등 야조류 요리와 오래 숙성시킨 치즈와 잘 어울린다.
바바레쓰꼬(Barbaresco) D.O.C.G.	송아지 요리, 양고기, 숙성 치즈로 맛이 강하지 않은 것과 잘 어울리는 레드 와인이다. 네비욜로 포도 사용, 12.5% 이상, 2년 이상 숙성.
아스티 스푸만떼 (Asti Spumante)	1년은 오크 통에, 그 후 1년은 병에서 숙성시키는 발포성 스파클링 와인, 즉 샴페인이다.
돌체토(Dolcetto)	돌체토 포도를 사용하여 만든 와인으로 프랑스 보졸레처럼 가볍게 마시기에 적합하다. 송아지 고기나 닭고기에 어울리지만 디저트 과일 특히 딸기나 복숭아와 잘 어울린다.
베르무스 (Vermouth)	식전주(aperitif)로 식욕을 돋구는 술로 적합하며, 이태리 특유의 강화와인이다. 원래 그리스에서 건너온 와인으로 지금은 세계 여러 곳에서 만든다. 백포도주에 허브를 넣어 맛과 향을 가미한 것으로, 알코올이 16% 가량 되고 스위트와 드라이가 있다.

베네토(Veneto) 지방의 와인

명칭(생산지)	특징
소아베(Soave)	드라이 화이트 와인
발폴리첼라(Valpolicella)	가볍고 신선한 레드 와인
발폴리첼라-아마로네 (Valpolicella-Amarone)	포도를 3~4개월 말려 당도를 높인 뒤에 완전 발효시켜 만든 와인으로 단맛이 없는 드라이 와인이다. 알코올이 14~16%로 이태리 와인 중 가장 강한 맛을 지니고 있다.
바르돌리노(Bardolino)	가벼운 레드 와인이며, 은은한 흑장미 빛깔로 인해 유명해졌다.

토스카나(Toscana) 지방의 와인

명칭(생산지)	특징
키안티(Chianti) D.O.C.G.	피자, 파스타, 가금요리 등 어떤 요리와도 잘 어울리며, 원래 짚으로 싼 플라스크 모양의 병에 담아 유통되며 세계적으로 유명하였다. 키안티 와인은 산조베서, 카나욜로, 그리고 청포도주를 혼합하여 만들며, 영와인을 요리와 함께 주로 마신다. 기본급인 키안띠, 중급으로 검은 수탉 그림이 있는 키안띠 클라시코, 3년 이상 숙성시킨 키안띠 클라시코 리세르바 등 3종이 있다.
브루넬로 디 몬탈치노 D.O.C.G.	색이 진하고 강한 레드 와인(Brunello di Montalcino)으로, 브루넬로(Brunello) 포도로 만든다. 유명한 메이커로 Biondi-Santi가 있으며, 이태리에서 가장 비싼 와인이다.
비노 노빌레 디 몬테풀치아노 (Vino nobile di Montepulciano) D.O.C.G.	투스카나 남부지방에서 생산되는 와인으로 귀족들의 식탁에 제공했다는 뜻으로 Nobile라는 단어를 붙여 사용하며, 은은한 느낌을 주는 와인이다.
키얀티 클라시꼬 리세르바 (Chianti Classico Riserva)	3년 이상 5년 정도 숙성시킨 레드 와인으로 스테이크 요리, 멧돼지 요리, 오래 숙성시킨 치즈와 잘 어울린다.

에밀리아 로마냐(Emilia-Romagna) 지방의 와인

명칭(생산지)	특징
알바나 디 로마냐(Albana di Romagna)	D.O.C.G. 등급의 최고급 와인이다.

시실리아(Sicilia) 지방의 와인

명칭(생산지)	특징
마르살라(Marsala)	18세기 말 영국 상인 '존 우드하우스'가 셰리(Sherry, 스페인)와 포트(Port, 포르투갈) 와인의 가격이 급등하자, 드랑 와인에 포도주스나 발효를 중단시킨 와인을 혼합하여 만들기 시작한 시칠리아 섬을 대표하는 강화와인이다. 알코올이 17~19%로 엷은 브론즈색을 띠며, 드라이와 스위트가 있다. 보통급(fine), 고급(superiore), 특급(vergine) 등 3 종류가 있다.

키얀티(Chianti) 와인

* 산지 : Italy Toscano Chianti
* 등급 : D.O.C.G
* 품종 : Sangiovese 90%
  Red canaiolo 5%
  Trebbiano toscano 5% 내외
  Malvasia
* 용량, 알코올함유량 : 750ml, 12%
* Color : Ruby red
* 향기 : sweet한 제비꽃, 아이리스향
* 특징 : dry하며 풍부한 맛(여운이 길다)
* 마시기 좋은 시기 : 병입 후 2~3년 후
* 마시기 좋은 온도 : 16~18도
* 어울리는 음식 : 모든 음식
* 비고 : 피렌체에서 시에나까지의 넓은 지역은 세계적으로 인기가 높은 D.O.C.G赤와인인 Chianti의 산지이다. 발효를 끝마칠 쯤에서 반건조된 포도액을 첨가해서 재발효시키는 Governo법을 사용, 독특하고 상쾌한 감칠맛

빵, 피자, 포카치아

이태리 여러 작은 마을에서 아직도 가끔 발견되는 옛날 오븐 'il vecchio forno'의 기원은 고대 에트루리아(Etruscan)와 로마(Roman) 시대로 올라간다. 폼페이(Pompei)의 폐허에서도 하나가 발견되었다. 수세기 동안 해안과 남부지역의 많은 가정에서는 굴뚝 없이 세워져 있었기 때문에 집밖으로 연기를 배출시킬 수 있는 방법이 없었다. 이것은 일부 이태리인들이 오랫동안 조그마한 화로같은 불(open flame)을 이용하여 음식을 조리하였으며, 이는 아마도 마을에 공동 오븐이 있었을 것으로 추정하게 한다.

오븐이 있는 곳에는 빵이 있다는 말이 있는데 오븐에는 대개 나무를 사용하였으며, 빵(bread), 타르트(tart), 야채파이, 피자(pizza)와 포카치아(focaccia)를 굽는 데 사용되었으며, 때로는 파스타와 야채요리를 만드는 데 이용되기도 하였다. 점차적으로 굽는 기술의 진전이 있었고, 오븐을 만들고 밀가루와 다른 재료들을 구입하여 빵을 만들어 파는 장사를 하게 되었으며, 남부 이태리의 교외지역에서 장작으로 가열하는 공동 오븐을 최근 1965년대까지 사용했었다.

리구리아(Liguria), 캄파니아(Campania)와 시실리에서 포카치아, 피자와 빵류를 판매하는 가게는 현재까지 지속되고 있다. 수세기 동안 이어온 치즈, 허브, 야채, 생선이나 육류를 위에 얹은 빵은, 지금의 패스트푸드보다 질적으로 나은 것은 없지만, 현재 유행하고 있는 패스트푸드와 관련이 있는 것으로 보인다.

물론, 시칠리아에서 만들어 먹기 시작한 피자는 가장 유명한 이태리식 빵류의 일종이다. 지금도 피자의 맛은 나폴리가

제일이며 다른 지역에서는 나폴리 만큼 맛을 내지 못한다. 나폴리인들은 간단하게 만들지만 질이 좋은 식재료를 사용하며, 또한 이들이 2천 5백 년 동안 피자를 만들어 왔기 때문에 기술이 충분히 축적된 것으로 보인다. 최초의 피자는 오일, 소금, 허브와 때로는 치즈를 얹은 평평한 빵이었다. 토마토는 19세기 초에 넣어 먹기 시작하였다.

전통적으로 도우(dough)는 하루 전에 만들어지고, 소량의 이스트가 첨가되었다. 파이는 매우 얇고, 나무를 태우는 오븐의 높은 온도에 구워, 바삭바삭하고 뜨겁게 제공되었다. 현재 세계 각국과 이태리에서 만들어지고 있는 두껍고 씹히는 맛이 있는 피자는 바삭바삭하지 않는 나폴리 파이 그 자체다.

브레드스틱(grissini, breadstick)은 바삭이는 것이 특징이다. 피자가 나폴리 것이라면 grissino(breadstick)는 Torino과 연계된다. 이것은 1679년에 Torino에서 Antonio Brunero라는 베이커가 처음 만들었으며, Duke Vittorio Amedeo 2세에 의하여 사랑을 받은 것으로 추정되고 있다. 그는 베이커에게

가늘고 긴 타원형의 ghersa를 자주 주문하였고, 점점 더 가늘어지고 바삭바삭 해져서 ghersino를 점차적으로 grissino로 발전시켜 나갔다. 이태리의 대부분지역에서 grissino는 가늘고 부드럽고, 남부에서는 짧고, 빳빳한 외피에 참깨(sesame, sesamo)를 묻혀 구워낸다. Piemonte에서는 조그마한 테이블 길이로 만들고 사람들이 먹을 때 큰 조각으로 깨뜨려 중앙이나 손님 앞에 제공한다. breadstick은 허브, 양파, 스파이스나 특정 야채들로 맛을 낼 수 있다. 이들은 이태리의 대부분 지역에서 큰 덩어리로 만드는 빵이지만 별로 인기가 없는 편이다.

이태리인들은 오랫동안 외국인 지배자들의 좋은 전통은 받아들여 사기들의 스위트 디저트(sweet dessert)를 개발하였다. 9세기 시실리를 지배한 아랍은 사탕수수(sugarcane), 아몬드와 몇몇 과일들을 도입하여 왔다. 또한 아랍에서 샤벳(sherbet, sorbetto)을 들여왔으며, 시실리아는 이것을 맛있는 디저트 아이스크림(gelato)으로 개발하였다. Milano을 비롯한 북부 이태리 일부와 나폴리의 거의 모든 지역을 점령했던 프랑스는 다양한 맛과 질감의 빵과 디저트를 소개하였다. 스폰지 케이크는 Genova에서 발명되었고, 프랑스인은 그것을 gnoise라 불렀다. 오스트리아인이 북부이태리 전역을 지배하였을 때 스파이스, 견과(nut), 견과크림(nut cream)과 과일을 전파시켰다. 옛날에나 지금도 비엔나에서 디저트로 각광을 받고 있는 사과 스트루델(apple strudel, strvdel di mele)은 Trentino – Alto Adige에서 흔히 찾아볼 수 있으며, Trieste에서는 배로 스트루델(strudel)을 만들기도 한다. gubana, pinza, presnitz, putizza와 같은 견과류와 스파이스 케이크은 Friuli – Venezia Giulia에서 대량으로 소비된다.

포카치아(Focaccia)와 피자(Pizza)

피자 도우와 포카치아 도우는 같으나 단지 토핑(topping)과 필링(filling)이 다를 뿐이다. 손으로 반죽을 만들 수도 있으며, 때로는 믹서로 반죽을 할 수도 있다. 나폴리 피자는 세계적으로 유명하며, 특별히 도우를 만들 때 밀가루에 보릿가루를 조금 넣기도 한다. 밀가루는 글루텐이 많아 끈기가 있는 강력분이나 중력분을 사용한다. 표백하지 않은 밀가루로 미세하게 분말이 된 것이 좋다. 바삭바삭한 피자 크러스트(crust)를 만들어 내기 위해서는 도우도 중요하지만 베이킹할 오븐의 상태는 더 중요하다.

또한 피자의 크기에 따라 구워 내는 시간도 지역에 따라 차이가 있다. 이것은 구워내는 시간의 길고 짧음에 따라 바삭이는 정도가 다르기 때문에, 기호도의 차이라고 할 수 있을 것이다. 양이 적기 때문인지는 모르겠으나, 얇은 로마식이 맛은 더 좋으며, 우리나라 사람들이 좋아하는 크러스트가 두꺼운 피자는 나폴리식이며, 이태리인이 좋아하는 얇은 피자는 로마식이다. 이처럼 이태리 사람들은 질보다 양을 택하여 먹고 있다. 우리나라의 피자 기호도도 나폴리식 선호도에서 로마식의 얇은 쪽을 선호하는 경향으로 변화가 있을 것 같은 예감이 든다. 일반적으로 남부는 얇고 밀라노지역을 중심으로 북부의 피자는 두껍다. 최근에는 이태리 전역에서 얇게 만들어 먹는

추세에 있다.

오븐을 발명하기 이전의 빵은 도우를 벽난로의 데워진 돌판 위에 놓고 뜨거운 재로 덮어 구워 냈었다. 딱딱한 이 빵은 panis focacius라 하며, 오늘날은 부드러운 포카치아(focaccia)로 쓰인다. 그 어원을 분석해 보면 focus는 라틴어로 벽난로 또는 불이라는 뜻이다. 포카치아는 소금을 넣어 짠 도우에 올리브유를 잔뜩 뿌려 그냥 플레인(plain)으로 베이킹하거나 양파, 로즈메리, 세이지, 올리브, 베이컨 등을 토핑하여 베이킹하기도 한다.

pizza dough는 중력분(plain flour)으로 만들어지며, 내용물은 형태에 따라 무한하다. 두께는 매우 중요하여 너무 얇게 만들면 도우가 딱딱하여 깨지기 쉽고 너무 두꺼우면 맛이 없다. 0.5~1cm의 두께가 적당하다. 또한 도우는 가장자리를 약간 두껍게 하여 굽는 동안 내용물이 밖으로 흘러내리지 않게 한다. 구울 때는 먼저 오븐이 충분히 가열되어야 하며, 표면의 치즈(cheese)가 갈색으로 보기 좋게 구워지면 된다.

Pizza Comport Ranco는 bread dough보다 이스트가 더 많이 이용된다. 또한 이것은 이중의 빵 껍질을 가진, 즉 도우 중간에 내용물이 들어 있는 상태이며, pizzette는 antipasto와 함께 제공되는 것으로 피자를 작은 찻잔만한 크기로 만든 것이다.

포카치아는 리구리아(Liguria)와 리비에라(Riviera) 그리고 이 지역의 중심도시 제노아(Geona, Genova)의 음식이라 할 수 있다. 사실 이태리 북부에서는 포카치아라 하지 않고, 제노아식 피자(Pizza genovese)라고 한다. 그럼에도 불구하고 볼로냐(Bologna)에서는 포카치아를 크레센티나(crescentina)라고 하며, 피렌체(Firenze, Florence)와 로마(Roma, Rome)를 포함하는 몇몇 이태리 중부지역에서 포카치아를 스키아치아따(schiacciata)라고 한다. 더욱 놀랄 일은 볼로냐(Bologna)나 베니스(Venezia)에서 통조림 과일과 건포도를 곁들인 매우 달콤한 일종의 케이크(panettone)를 포카치아라고 한다.

피자 도우를 만드는 레시피는 무수히 많으며, 어떤 레시피가 가장 좋다고 말할 수는 없다. 바삭바삭하거나, 스펀지같이 포근포근하거나, 아예 단단하거나 껌처럼 씹히는 맛이 있는 등 크러스트의 성질은 도우의 레시피뿐만 아니라 베이킹하는 온도와 습도의 조건과 먹는 타이밍에 따라 질감이 다를 수밖에 없다.

피자와 포카치아 구워내는 시간 (조건 220°C 오븐)

피자 스타일	크기	구워내는 시간
로마식 피자	∮ 35cm	7 분
두께 2mm	∮ 30cm	5분
(thin pizza)	∮ 20cm	3~4분
나폴리식 피자	∮ 30cm	9~10분
두께 5mm	∮ 20cm	5분
(thick pizza)	∮ 15cm	4분
포카치아	직사각형	
	45×35cm	10~11분
두께 1cm	∮ 30 cm	

Focaccia con olive

올리브를 곁들인 포카치아 Focaccia with olives

포카치아는 얇은 빵의 일종으로 피자보다 도우가 두껍고, 손가락으로 도우를 눌러 올리브유가 들어갈 수 있게 하여 베이킹한다. 올리브유, 허브, 소금을 토핑한 넓게 편 빵의 일종이다. 포카치아는 서민요리로 대중화되어 있으며, 안티파스토로 제공되기도 한다.

재료

850g pizza dough, 다음의 pizza dough (I)
90g sliced black & green olive
40ml olive oil
10g fresh majoram

1. 피자 도우를 1cm 정도의 두께로 둥글고 넓적하게 편다.
2. 구워낼 팬에 오일을 바르고 도우를 놓고 마르지 않도록 커버를 한다. 30분 정도 두면 부풀어오른다.
3. 손가락으로 군데군데 눌러 손가락 자국이 선명하게 나게 하여 다시 1시간 정도 부풀어 오르게 상온에 둔다.
4. 붓으로 올리브유를 바르고, 올리브, 마조람, 소금을 도우 위에 뿌려 준다.
5. 약 200℃ 오븐에서 10~11분 정도 베이킹하면 골든 컬러로 된다. 꺼내어 5분 정도 상온에 둔 다음 절각하여 제공한다.

포카치아 토핑 (Focaccia Toppings)

마늘과 오일(aglio e olio)
마늘 4쪽을 곱게 다지고 올리브유 40g 정도 준비한다. 포카치아 도우 베이스 위에 뿌려 구워내면 된다.

고르곤졸라 치즈(di gorgonzola)
으깬 고르곤졸라 치즈(350g)와 다진 마늘(2쪽)을 잘 섞어서, 포카치아 도우 베이스 위에 바르고 올리브유를 뿌려 구워내면 된다.

로즈메리(al rosmarino)
도우를 만들 때, 마지막 단계에서 프레시 로즈메리(50g) 또는 드라이 로즈메리(20g)를 다져 넣는다. 마지막에 도우 위에 소금을 뿌리고 세이지(5잎)로 장식한 다음, 올리브유(40ml)를 뿌려 구워낸다.

세이지(alla salvia)
판체타(pancetta 120g) 또는 베이컨(120g)을 소테하여 기름기를 약간 빼낸다. 도우 마지막 단계에서 프레시 세이지(sage, 60g)와 드라이 세이지(20g), 그리고 볶은 베이컨을 섞어 준다. 2차 발효가 끝나면 올리브유(40ml)를 뿌려 주고 구워 내면 된다.

◆

Focaccia con cipolle alla Genovese

제노아식 양파 포카치아

Focaccia with onion, Genoves style

두껍고 부드러운 포카치아 껍질은 바삭이며, 제노아식은 볶은 양파를 토핑하여 구워낸 것이다.

재료(6인분)

도우 만들기

1pk dry yeast
15g salt
1 cup warm water
6.5 cup flour
30ml extra virgin olive oil

베이킹 포카치아

40ml extra virgin olive oil

양파 토핑

40ml extra virgin olive oil
4 cups very, very thin slice onion

1. 따뜻한 물 반 컵으로 이스트를 녹이고 10분 정도 상온에서 녹인 후, 물과 밀가루 한 컵을 잘 섞는다. 올리브유, 소금, 물 3/4컵, 나머지 밀가루의 반을 넣고 부드러운 도우가 될 때까지 잘 섞는다.
2. 나머지 밀가루, 3/4컵 물을 넣고 다시 잘 섞는다. 이때 밀가루는 다 넣지 말고 조금 남겨 농도를 조절하여야 한다. 날씨와 계절에 따라 도우의 묽기가 다르기 때문이다. 끈기가 생기도록 도우를 꺼내 여러 번 손으로 눌렀다가 접기를 10분 정도 반복한다.
3. 둥근 패티를 만들어 팬에 오일을 바르고 놓는다. 마르지 않도록 타월을 씌워 1시간 반 정도 상온에 둔다. 부풀어 오르면 건드려 가라앉게 한 다음 다시 45분 정도 2차 발효시킨다.
4. 팬에 올리브유를 두르고 양파를 살짝 볶아낸다. 돌 판을 30분 전에 미리 오븐에 넣어 230℃가 되도록 한다.
5. 2차 발효가 끝난 도우를 손가락으로 여기저기 눌러 자국을 내고, 오일, 물, 소금을 잘 섞어 붓으로 전체에 골고루 뿌려 준다. 볶은 양파를 골고루 뿌려 준다. 오븐 내의 온도가 다르기 때문에 15분이 지나면 팬을 돌려 준다. 다시 7~8분 후에 꺼내어 차가운 팬에 옮겨 놓는다.
6. 당일 먹고, 상온으로 유지하는 것이 가장 좋다. 저장하려고 할 때는 냉장보다 오히려 냉동이 좋으며, 냉동 포카치아를 사용하려면, 230℃ 오븐에서 10~12분 정도 데워야 한다.

◆

Focaccia alla bolognese

볼로냐풍의 베이컨을 넣은 크레센티나 포카치아

Crescentina focaccia with bacon, Bolognese style

지난 세기 동안 볼로냐 사람들은 전통적으로 레스토랑에서 식탁을 음식물로 가득 채웠다. 지금도 tortellini, tagliatelle, lasagne 등을 긴 밀대로 말아 직접 만든다. 예를 들어 tortellini를 주문하고 기다리는 동안 웨이터는 큼직하게 썬 모르타델라(mortadella) 소시지와 파르마햄(Parma ham), 그리고 지방질이 많은 볼로냐의 크레센티나(crescentina) 포카치아를 식탁에 가져다 줄 것이다.

재료(6인분)

120g slab bacon
20ml extra virgin olive oil
20g dry yeast
1 ea baking stone
200ml warm water
1 ea baking pan, 22×32cm
500g flour
1 ea pastry brush
20g salt
1 ea beaten egg
10g sugar

1. 베이컨의 껍질을 벗겨 잘게 썰어 푸드 프로세서에 곱게 간다. 이스트를 반 컵 정도의 물에 10분 정도 녹이고, 밀가루 150g, 물 반 컵, 소금, 설탕을 모두 넣고 돌린다. 계속 돌리면서 나머지 물과 밀가루를 넣고, 반죽이 잘 되었으면 멈춘다.
2. 다른 볼에 올리브유를 발라 도우를 옮기고, 플라스틱으로 씌워 3시간 정도 따뜻한 곳에 두어 발효시킨다. 돌판은 200℃의 오븐에 넣고 데운다. 페이스트리 팬의 바닥에 올리브유를 바르고 발효된 도우를 넓게 골고루 편다. 다시 30~40분 동안 2차 발효시킨다.
3. 칼로 도우의 표면에 다이아몬드 모양을 내고 계란물을 바른다. 팬을 돌판 위에 놓고 30분 정도 베이킹하여 색깔이 잘 나면, 팬에서 포카치아를 조심스레 꺼내어 오븐 속의 돌판에 놓는다.
4. 5분 정도 더 베이킹 한 다음, 꺼내어 식힌다. 상온이나 따뜻한 상태로 제공하거나 먹어야 한다.

전통적인 이태리 피자 토핑 (ClassicItalian Pizza Topping)

La Pizza Secondo la Migliore Tradizione Italiana

피자는 즉석요리로 만들며, 무엇을 토핑으로 사용해야 하며 무엇은 안 된다는 토핑에 대한 원칙은 없다. 단지 기호도에 따라 달리할 수 있을 뿐이다.

사실 이태리 이외의 지역에서는 거의 예외 없이 토마토를 토핑에 사용하고 있으나, 이태리를 포함한 세계 곳곳의 피자 베이커(pizzaioli)들은 양송이, 양파, 피망, 칠리, 과일, 햄, 소시지, 각종 야채류, 치즈, 해산물, 밤, 올리브, 스모크-로-햄, 그리고 허브 등 갖가지 식재료를 토핑에 사용하고 있다.

이러한 토핑 식재료의 선택은 어떤 것이 향미적 교감이 가장 좋은지를 먼저 판단해야 할 것이다. 피자의 고향 이태리의 맛과 향을 살릴 것인지, 아니면 우리 한국적인 향취를 살리면서 피자를 만들 것인가? 만약 이태리의 향미를 살리려면 염소(goat, pecorino) 치즈를 사용할 것이며, 우리 맛을 살리려면 김치나 불고기를 사용하게 될 것이다.

리코타 치즈 토핑(alla ricotta)

재료(∮30cm 2개)

1kg ricotta cheese
5g crushed fennel seeds
250g provolone cheese, shredded
some salt & pepper
30g grated pecorino

프로볼로네 치즈, 펜넬 시드, 소금, 후추, 리코타 치즈를 잘 섞어서 도우 위에 넓게 펴 바르고, 위에 리코타 치즈를 뿌려 준다. 진한 갈색이 날 때까지 오븐에서 구워낸다(피자 굽는 법 참조).

마거리타(Margherita) 피자 토핑

재료(∮30cm 2개)

750g chopped tomatoes
120g Mozzarella cheese, shredded
60g olive oil
20g shredded fresh basil leaves

토마토 콩카세를 도우 위에 바르고, 올리브유를 약간 뿌려 오븐에서 10분 정도 베이킹하다가 꺼내어 모차렐라 치즈와 베질을 뿌리고, 치즈가 녹을 때까지 약 5분간 오븐에 다시 베이킹한다.

치커리 피자 토핑(alla cicoria)

재료(∮30cm 2개)

60ml olive oil
20g chopped fresh oregano
8cloves garlic chopped
some salt & pepper
1kg escarole, shredded (green chicory)
90g black olive, sliced

마늘을 올리브유에 연한 갈색으로 볶다가, 에스카롤을 넣고 숨이 죽을 때까지 수시로 저으면서 가열하고, 오레가노와 소금, 후추로 양념하고 식혀서, 도우 위에 깔아 주고, 블랙 올리브와 올리브유를 뿌린 다음, 구워 내면 된다.

이태리 소시지 피자 토핑
(Italian pork sausage - con salsiccia)

재료(∮30cm 2개)

750g chopped tomatoes

some salt & pepper
2 cloves chopped garlic
500g pork Italian sausage, crumbled
5g crushed fennel seed
60g grated Parmesan cheese
60ml cold water
40ml olive oil

토마토의 물기를 빼내고 마늘, 회향씨, 소금, 후추를 잘 섞는다. 잘게 부순 소시지를 물(60ml)에 섞어 팬에 물기가 없어지고 갈색이 나도록 볶아 걸러 물과 기름을 제거한다. 토마토 혼합물을 도우 위에 바르고, 볶은 소시지를 골고루 뿌려 주고, 파르메산 치즈를 뿌려 주고, 오일을 뿌리고 구워낸다.

Pizza dough (I)

피자 도우(I)

손으로 만들기에 적합한 분량의 도우를 만들 때는 언제나 물과 밀가루를 조금 남겨 두었다가 농도 조절해야 한다.

재료(6인분)

10g fresh yeast
250ml cold water
125ml warm water
8g salt
500g flour
40ml extra-virgin olive oil

1. 이스트와 온수의 반을 잘 섞어 녹여 따뜻한 곳에 5분 정도 두면 거품이 생긴다.
2. 밀가루 250g를 소금과 섞어 체로 거른다.
3. 남은 찬물과 더운물, 올리브유를 이스트 물에 잘 섞고 '2'를 넣어 잘 섞는다. 나머지 밀가루 250g도 섞는다.
4. 도우가 빡빡하게 잘 섞이면, 밀가루 판에 놓고 8~10분간 손가락 뒷등으로 눌러 준다.
5. 마르지 않도록 표면을 올리브유로 바르고, 플라스틱이나 젖은 타월로 싸서 상온에서 1~2시간 발효시킨다.
6. 도우를 손으로 눌러 공기를 빼내고 탄력이 생기게 하고 적당한 크기로 자른다.
7. 손으로 누르고 밀대로 밀어 넓게 편다.
8. 팬에 오일을 바르고 도우를 놓고 스터핑을 한 다음 오븐에서 구워내면 피자가 된다.

Pizza dough (II)

피자 도우(II)

대략 30cm 크기의 2개 분량으로, 손으로 만든 도우는 만들 때 촉감으로 도우의 상태를 감지할 수 있기 때문에 더 좋다.

재료(6인분, 700g)

8g dry yeast
8g salt
150ml warm water
1ea baking stone
500g flour
1ea paddle
40ml extra virgin olive oil
10g cornmeal
1ea wooden spoon

1. 따뜻한 물 50ml에 드라이 이스트를 10분 정도 녹이고, 밀가루(150g)를 넣고 나무주걱으로 계속 저으면서, 올리브유 15ml, 소금, 온수 50ml, 밀가루 150g를 더 넣는다.
2. 도우를 볼에서 꺼내어 끈기가 생기도록 넓게 펴지면 가장자리를 안쪽으로 접고 다시 넓게 펴 문지르기를 10분 정도 반복한다.
3. 마르지 않도록 젖은 면보로 씌워 상온에서 3시간 정도 발효시킨다. 돌판은 30분 전에 230℃ 오븐에 넣어 달군다.
4. 옥수수 가루를 작업대에 뿌리고 도우를 그 위에

놓고 두 개로 나누어 밀대로 밀면서 가장자리가 두껍게 되도록, 둥글고 넓게 편다. 얇은 피자 도우를 만들려면 도우를 주먹 위에 올려 놓고 돌리면 넓게 펴진다.

5. 토핑을 도우 위에 올리고, 오븐 속의 달궈진 돌판 위에 올려 넣는다. 20분 정도 베이킹을 하면 진한 골든 색이 나고, 이때 올리브유를 약간 뿌려, 바로 제공한다.

Pizza Napoletana

나폴리식 피자 Napoli style pizza

원래 피자는 일종의 서민요리다. 나폴리 피자는 도우에 양질의 밀가루, 나폴리산 토마토, 엑스트라-버진-올리브유를 사용하고 장작불 오븐을 사용함으로써 그 맛과 품격을 한층 더 올려 놓았다. 전통적인 나폴리 피자의 토핑에는 올리브유, 토마토, 오레가노, 마늘을 사용하며, 로마스타일 피자에는 모차렐라 치즈를 곁들인다.

재료(∮30cm 2개)

700g pizza dough
20g fresh oregano, shredded
70ml extra-virgin olive oil
some salt & pepper
750g tomato, chopped
120g shredded Mozzarella cheese
1cloves garlic, chopped

1. 2차 발효된 피자 도우 위에 올리브유를 바른다.

2. 토마토, 마늘, 오레가노, 소금, 후추를 잘 혼합하여 위에 바른다.

3. 올리브유를 뿌려 200℃ 오븐에 넣어 15분 정도 갈색으로 구워낸다. 만약 모차렐라 치즈를 토핑하려면 10분 후에 꺼내어 치즈를 토핑하고, 다시 오븐에 넣는다. 치즈가 녹으려면 5분 정도 소요된다.

4. 뜨거울 때 제공한다.

Pizza Margherita (III)

마거리타 여왕 피자 Queen Margherita pizza

재료(6인분)

700g pizza dough
10 leaves fresh basil or oregano
700g tomatoes, Parmesan cheese
220g buffalo mozzarella cheese
30ml extra virgin olive oil
some salt

1. 나폴리 피자의 맛을 제대로 내려면, 잘 익은 산마르자노(San Marzano) 플럼-토마토(plum tomato)를 물에 데쳐 껍질을 벗겨 내고 슬라이스하여 씨와 물기를 제거하여 사용한다. 비수기에 날 토마토가 없을 때는 가공 저장한 소스를 사용한다(토마토의 껍질을 벗겨내고 씨나 물기를 제거하고 4등분하여, 팬에 올리브유를 넣고 2~3분간 소테하여, 뚜껑을 열고 7~8분간 가열하고 휘저으면서 졸여 물기를 없앤다).

2. 버팔로유 모차렐라는 최고의 품질로 취급하며, 크림과 물의 함량이 높으며, 올리브유를 바르지 말아야 하고, 최대한 얇게 슬라이스하여 사용해야 한다. 그러나 일반적으로 유통되는 모차렐라는 구멍이 큰 그레이터나 기계로 갈아서, 토핑하기 1시간 전에 올리브유를 약간 넣고 잘 섞어서 사용한다.

3. 준비된 도우 위에 토마토나 토마토 소스를 넓게 펴고 소금과 올리브유를 약간 뿌리고 오븐에 15분 정도 베이킹한다. 꺼내어 모차렐라와 파르메산 치즈를 얹고 다시 오븐에 넣고, 5분쯤 지나면 치즈가 녹는다. 꺼내어 약간의 올리브유와 얇게 썬 베질을 뿌리고, 바로 제공한다.

cf) 베질 대신에 오레가노(10g fresh or 5g dried)를 사용할 경우에는 모차렐라와 파르메산 치즈를 넣을 때 동시에 넣고 베이킹하여야 한다. 또한 토핑재료를 도우 위에 동시에 얹어 굽기도 한다.

Pizza alla Marinara

해산물 피자

마리나라(marinara)는 해산물이란 뜻으로, 토핑에 사용되는 재료는 마늘, 토마토, 올리브유와 바다에서 나는 해산물이며, 치즈는 사용하지 않는다.

재료(6인분)

700g pizza dough
some salt
700g tomatoes
6cloves garlic slice
30ml extra virgin oil
10g fresh oregano(5g dried)

1. 잘 익은 토마토를 물에 데쳐 껍질을 벗겨내고 슬라이스하여 씨와 물기를 제거한다. 비수기에 날 토마토가 없을 때는 가공저장한 소스를 사용한다(토마토의 껍질을 벗겨내고 씨나 물기를 제거하고 4등분하여, 팬에 올리브유를 넣고 2~3분간 소테하여, 뚜껑을 열고 7~8분간 가열하고 휘저으면서 졸여 물기를 없앤다).

2. 준비된 도우 위에 토마토나 토마토 소스를 넓게 펴고 소금을 약간 뿌리고, 마늘 슬라이스를 올리고, 올리브유를 약간 뿌려, 230℃ 오븐에 15분 정도 베이킹한다(Margherita Pizza Topping 참조).

3. 다 구워지면 피자를 꺼내어, 올리브유와 오레가노를 뿌려 주고 바로 제공한다.

Pizza alla Romana

로마풍 피자 Roman style pizza

피자 비앙카(pizza bianca)라고도 하지만 나폴리에서는 로마식이라는 뜻의 알라 로마나(alla romana)라고 한다. 로마를 포함한 다른 지역에서 나폴리 스타일이라는 뜻의 알라 나폴레타나(alla napoletana)라고도 한다. 토마토를 사용하지 않는 흰색 피자로 앤초비를 사용하기 때문에 로마 스타일이다.

재료(6인분)

700g pizza dough
8 fillet salted anchovy
450g buffalo mozzarella
10 leaves fresh basil
30ml extra virgin oil
30g Parmigiano-reggiano cheese
some salt

1. 버팔로유 모차렐라는 최고의 품질로 취급하며, 크림과 물의 함량이 높으며, 올리브유를 바르지 말아야 하고, 최대한 얇게 슬라이스하여 사용해야 한다. 그러나 일반적으로 유통되는 모차렐라는 구멍이 큰 그레이터나 기계로 갈아서, 토핑하기 1시간 전에 치즈에 올리브유와 다진 앤초비를 잘 섞어 사용한다. 앤초비가 슬라이스한 것인 경우에는 따로따로 도우에 올려 준다.

2. 준비된 도우 위에 섞은 치즈의 반을 얹고 230℃ 오븐에서 약 15분간 베이킹한다.

3. 오븐에서 꺼내어 나머지 섞은 모차렐라 치즈와 앤초비, 파르메산 치즈를 얹고, 베질, 소금, 올리브유를 얹고 오븐에 다시 넣는다.

4. 5분쯤 지나 치즈가 녹으면, 꺼내어 올리브유를 뿌리고 바로 제공한다.

Sfiniciuni-palermo's

팔레모의 스피니치우니 Stuffed pizza

나폴리에 세계적인 피자가 있듯이 팔레르모(Palermo)에는 덮은 피자의 일종인 스피니치우니(sfiniciuni)가 있다. 스피니치우니는 피자로부터 유래하였으며, 얇은 두 개의 도우로 스터핑을 덮어 구워낸 것으로 꼰자(conza)라고도 한다. 산 비토 꼰자(San Vito conza)는 육류와 치즈를 사용하며, 야채 등 다른 재료를 사용하기도 한다.

스피니치우니 도우(sfiniciuni dough) 만들기(피자 30cm 크기 한 개 분량)

5g dry yeast, 5g salt
100ml warm water
30ml extra virgin olive oil
300g flour
30ml milk
5g sugar

1. 이스트와 온수의 반을 잘 섞어 따듯한 곳에 10분 정도 두면 거품이 생기며 녹으면 밀가루 150g을 넣고 나무주걱으로 젓는다. 물 50ml, 설탕, 소금, 올리브유 15ml, 우유를 넣고 계속 젓는다. 모든 재료가 잘 섞이면, 나머지 물 50ml, 밀가루 150g을 넣고 일단 잘 섞이면 더 이상 젓지 않는 것이 좋다. 도우가 빡빡하게 잘 섞이면, 밀가루 판에 놓고, 손등으로 눌러 주면서 가장자리를 안쪽으로 접기를 10분 정도 반복한다.
2. 마르지 않도록 표면을 올리브유로 바르고, 플라스틱으로 상온에서 2~3시간 정도 발효시킨다.

산 비토식 꼰자(San Vito conza) 스터핑 준비하기

50ml extra virgin olive oil
70ml white wine
50g sliced onion
60g chopped cooked ham
100g ground beef
80g brunoise fontina or primo-sale cheese
some salt & pepper
50g fresh ricotta or caciocavallo cheese

1. 올리브유를 팬에 넣고 양파가 진한 갈색이 나도록 볶는다. 간은 쇠고기를 넣고 소금과 후추로 양념하고, 쇠고기의 붉은색이 없어질 때까지 볶는다.
2. 와인을 넣고, 불을 낮추어 약하게 졸이면서 물기를 없앤 다음 식힌다.
3. 완전히 식으면 햄과 두 가지 치즈를 넣고 잘 섞는다.

스터핑과 베이킹하기(baking the sfiniciuni)

30g bread crumb
1 ea baking stone
15ml extra virgin olive oil
30g cornmeal
1ea pastry brush
1ea baker's paddle

1. 30분 전에 200℃ 오븐에 돌판을 넣는다.
2. 약 2~3시간 정도 발효된 앞의 도우를 반으로 나누어 그 중 하나는 마르지 않게 플라스틱에 싸두고, 다른 하나를 밀판에 옥수수 가루를 뿌리고 밀대로 ∮30cm 크기로 넓게 민다. 이때 도우의 가장자리와 중앙의 두께가 일정하여야 한다(*cf.* 피자 도우는 가장자리를 가운데보다 두껍게 한다).
3. 넓게 편 도우에 올리브유를 바른 다음 빵가루를 뿌리고, 앞에서 준비한 산 비토식 꼰자(conza of San Vito style)를 스터핑한다. 위에 다시 빵가루와 올리브유를 뿌려 준다. 이때 도우의 가장자리 빙 둘러 약 2cm 정도는 아무것도 스터핑하지 않는다.
4. 남아 있는 도우는 ∮28cm 크기로 넓게 밀어 위에 덮고, 아래 도우를 위로 감아 올려 눌러줌으로써, 위아래가 서로 잘 붙을 수 있도록 한다. 이때 가장자리에 파형을 주거나 모양을 내기도 한다. 붓으로 도우 표면에 물을 바르고, 오븐 안의 돌판에서 약 25분 간 베이킹한다.
5. 오븐에서 꺼내어 내용물의 맛과 향이 스피니치우니 전체에 퍼지도록 약 30분 간 상온에 그대로 둔다. 파이 모양으로 절각하여 제공한다.

Pizza al pomodoro cond alici

토마토와 앤초비로 만든 꼰자(conza)

Tomato & anchovy stuffed pizza

재료(약 30cm 크기 스피니치우니 한 개 분량의 꼰자)

450g fresh tomatoes
30g bread crumbs
200g onion slice, 480g sfiniciuni dough
60ml extra virgin olive oil
1ea pastry brush, some salt & pepper
1ea baking stone
12fillet of anchovy, chopped
30g cornmeal, 6leaves fresh oregano
1ea baker's paddle

1. 붉게 잘 익은 토마토의 껍질을 벗기고, 길게 반으로 잘라 씨와 물기를 제거하고, 슬라이스한다. 통조림 토마토인 경우에는 다져서 사용한다.

2. 양파를 올리브유(40ml)에 엷은 갈색이 나도록 볶다가, 토마토, 소금, 후추로 양념하여 약 15분간 약한 불에서 졸인다. 앤초비를 넣고 1분 이내에 불에서 내린다.

3. 오레가노를 넣고 식힌다.

4. 도우(Sfiniciuni–Palermo's의 도우 만드는 법 참조)는 2~3시간 정도 발효된 것이어야 하며, 돌판은 200℃ 오븐에 30분 전에 넣어 두어야 한다.

5. 넓게 편 도우에 빵가루를 뿌리고, 앞에서 준비한 토마토와 앤초비의 올리브유가 가능하면 거의 들어가지 않도록 넓게 펴면서 스터핑한다.

6. 그 위에 빵가루와 올리브유를 뿌린 후 도우로 덮어, 붓으로 물을 발라 오븐에서 구워 낸 다음 제공한다.

cf) 자세한 도우 만드는 법, 스터핑과 베이킹 방법은 앞의 팔레모의 스피니치우니(Sfiniciuni–Palermo's, Stuffed Pizza), 레시피에 설명되어 있다.

Broccoli e ricotta Sfiniciuni filling

브로콜리와 리꼬따 치즈로 만든 꼰자(conza)

재료(약 30cm 크기 스피니치우니 한 개 분량의 꼰자)

450g fresh broccoli
30g bread crumbs, 30g chopped garlic
100g fresh ricotta cheese
700ml extra virgin olive oil
30g grated parmigiano–reggiano cheese
some salt & pepper, 480g sfiniciuni dough
1ea pastry brush, 30g cornmeal
1ea baking stone, 1ea baker's paddle

1. 물이 끓으면, 소금을 넣고, 다듬어진 브로콜리를 6분 정도 살짝 데친다. 찬물에 식혀 물기를 빼고, 4cm 정도의 크기로 썬다.

2. 팬에 올리브유 60ml와 다진 마늘을 넣고 가열하여 엷은 갈색이 나면, 준비된 브로콜리를 넣고 소금과 후추로 간하여 5분 정도 잘 저으면서 익힌 다음 식힌다.

3. 도우(Sfiniciuni–Palermo's의 도우 만드는 법 참조)는 2~3시간 정도 발효된 것이어야 하며, 돌판은 200℃ 오븐에 30분 전에 넣어 두어야 한다.

4. 넓게 편 도우에 빵가루를 뿌리고 리꼬따 치즈를 바르고, 앞에서 준비한 브로콜리의 올리브유가 가능하면 거의 들어가지 않도록 넓게 펴면서 스터핑한다. 그 위에 파르메산 치즈와 빵가루를 뿌린 후 올리브유를 뿌리고, 도우로 덮어 구워낸 다음 제공한다.

cf) ① 자세한 도우 만드는 법, 스터핑과 베이킹 방법은, 앞의 팔레모의 스피니치우니(Sfiniciuni–Palermo's, Stuffed Pizza), 레시피에 설명되어 있다.

② 브로콜리 향미를 강화시키려면, 리꼬따 치즈 대신에 파르메산 치즈를 조금 더 넣으면 된다.

Pizza Bianca

베질 소스와 알프레도 소스의 비안꼬 피자

Basil & alfredo sauce pizza

레스토랑 이탈리아니스 김홍근 조리장 추천요리, 02) 548-1611

재료

15g flour
15g asiago cheese, shredded
200g pizza dough
15g romano cheese, shredded
30ml basil pesto sauce
1 tomato, medium size
60ml alfredo sauce
15g toasted pine nut
30g mozzarella cheese, shredded
5g chopped parsley
30g provolone cheese, shredded

1. 토마토를 8등분 웨지로 썰어 오븐에서 말린다.
2. 밀가루를 뿌리면서 도우를 30cm 타원형으로 넓게 펴되, 가장자리와 중앙이 같은 두께가 되도록 한다.
3. 페스토와 알프레도 소스를 차례대로 얇게 바르되 가운데를 가장자리보다 약간 더 발라 준다.
4. 모차렐라, 프로볼론, 아시아고, 로마노 치즈를 차례대로 골고루 뿌린다.
5. 오븐에서 말린 토마토를 토핑한다. 볶은 잣을 뿌린다.
6. 오븐에 8분 정도 베이킹하면, 치즈가 녹고 크러스트가 갈색이 난다.
7. 오븐에서 꺼내어 8등분하고, 다진 파슬리를 뿌려 제공한다.

Pizza alla pescatore

해산물 팬피자 Seafood pan pizza

이탈리안 레스토랑 두오모 송태열 조리장 추천요리

02) 3461-7100 (전 인터컨티넨탈 호텔 근무)

재료(3× ø 30cm)

400ml tomato sauce

pizza dough

30g fresh yeast

450g flour

8g salt

40ml olive oil

8g sugar

300ml warm milk

topping

6 medium prawn, trimmed, diced

100g mussel, trimmed shell, trimmed, diced

100g squid, trimmed, diced

100g sea scallops,, trimmed, diced

60g sliced mushroom

60g sliced onion

60g sliced pimento

1. 피자 도우 만드는 법을 참조하여 도우를 만들어 발효시킨다.
2. 도우를 밀대로 둥글게 밀어 피자팬에 놓고, 2차발효시킨 후 토마토 소스를 바른다.
3. 토핑을 보기 좋게 올리고, 올리브유를 뿌린다.
4. 그 다음 200℃ 오븐에 넣어 10분 정도 베이킹한다. 꺼내어 뜨거울 때 제공한다.

Pizza alla frutta

과일 피자 *Fruit pizza*

재료(2인분)

150g pizza dough
30g kiwi
40ml basil tomato sauce
30g pineapple
1 clove garlic
10g Parmesan cheese
20g chopped onion
30g apricots
10ml olive oil
some salt & pepper
15g mozzarella cheese
30g peach
30g apple

1. 올리브유에 마늘과 양파를 볶다가 토마토 베질 소스를 넣고 끓이다가 소금과 후추로 간한다.

2. 3차 발효된 피자 도우에 소스를 바르고, 키위, 사과, 파인애플, 살구, 복숭아 등 과일을 토핑한다.

3. 모차렐라 치즈와 파르메산 치즈를 뿌린다.

4. 200℃ 오븐에서 20분 정도 구워낸다.

Pizza Margherita (I)

마르게리따 피자

Tomatoes, mozzarella and basil pizza

재료(3인분)

pizza dough

500g hard flour

15g fresh yeast or 10g dry yeast

10g sugar

10g salt

75ml olive oil

300ml warm water

pizza sauce

300g chopped tomatoes

20ml olive oil

some salt

5g crashed black pepper corn

4g dry oregano powder

topping for one pizza

50g mozzarella cheese

2 leaves fresh basil

1. 도우 만들기

이스트를 미지근한 물에 풀어서, 나머지 재료와 반죽기에서 잘 혼합한다. 건조하지 않도록 비닐로 커버하고, 상온에서 1차 발효되면 공기를 뺀다. 다시 2차 발효시킨 다음 150g 정도씩 절각하여 헝겊으로 덮어 3차 발효시킨다. 방망이로 10인치 넓이로 도우를 밀어 사용한다.

2. 피자 소스 만들기

소스팬에 으깬 통후추를 올리브유에 살짝 가열하다가 토마토, 오레가노를 넣는다. 잘 저으면서 졸이다가 소금으로 간을 조절한다.

3. 토핑하여 굽기

준비된 도우 위에 토마토나 토마토 소스를 넓게 펴고 모차렐라 치즈를 얹는다. 300℃ 오븐에 넣고, 5분쯤 지나면 치즈가 녹고 도우가 노릇노릇하게 익는다. 꺼내어 약간의 올리브유와 얇게 썬 베질을 뿌리고 오븐에 1분 동안 넣었다가 바로 제공한다.

cf) 피자는 300℃의 피자 오븐에 6분 정도 구워야 하며, 가정용은 오븐에 따라 시간이 증감될 수 있다.

Calzone

반달 모양의 나폴리 특식 깔죠네 Meatball , onion, black olive, hot pickle & cheese pizza

이탈리안 레스토랑 제시카 피짜리아 신유신 조리장 추천요리

02) 312-6947~9

재료(1개)

180g pizza dough
20g sliced onion, sauted
70ml pizza sauce
20g meat ball
20g black olive
50g mozzarella cheese

1. 3차 발효가 된 도우를 12인치 넓이로 넓게 편다.

2. 도우의 반면에 피자 소스를 바르고, 올리브, 볶은 양파, 미트볼, 모차렐라 치즈를 넣고 반으로 접어 붙인다.

3. 200℃ 오븐에서 15분 정도 구워낸다.

Pizza Margherita (II)

마르게리따 여왕 피자

Fresh basil & mozzarella cheese pizza

19세기 후반 이태리의 마르게리따 여왕(Queen Margherita, Regina Margherita)에서 유래한 것으로 나폴리를 방문했을 때 진상했던, 당시에 나폴리 축제의 요리경진대회에서 최우수작품으로 우승한 피자로서, 이태리에서 가장 대중적 인기가 높다. 토마토의 빨강, 모차렐라의 흰색, 베질의 그린은 충성심의 증거이며, 이태리 국기색을 표현하고 있다.

재료(6인분)

700g pizza dough
10 leaves fresh basil or oregano
30ml extra virgin olive oil
700g tomatoes
80g parmesan cheese
some salt
220g mozzarella cheese

1. 토마토의 껍질을 벗겨내고 씨를 제거하고 4등분하여, 팬에 올리브유를 넣고 2~3분 간 소테하여, 뚜껑을 열고 7~8분 간 가열하고 휘저으면서 졸여 물기를 없앤다.

2. 준비된 도우 위에 토마토 소스를 넓게 펴고 소금과 올리브유를 약간 뿌리고 오븐에 15분 정도 베이킹한다. 꺼내어 모차렐라와 파르메산 치즈를 얹고 다시 오븐에 넣고, 5분쯤 지나 치즈가 녹아서 갈색이 나면 꺼내어 약간의 올리브유와 얇게 썬 베질을 뿌리고, 바로 제공한다.

cf) 베질 대신에 오레가노(10g fresh or 5g dried)를 사용할 경우에는 모차렐라와 파르메산 치즈를 넣을 때 동시에 넣고 베이킹하여야 한다.

빵(Bread, Pane)

Pane Toscano

투스칸식 브레드 Tuscan style bread

프랑스인들이 Baguette라는 긴 막대모양의 빵을 식사 때 먹으며, 이태리인들은 Toscano라는 빵을 식사 때 먹는다. 이 빵은 Tuscan 지방의 제품으로 밀라노, 볼로냐 지방 등 이태리 전역에서 이용되는 빵이라 하겠다. 형태는 rye bread처럼 모양이 둥근 형태이며, 밀과 이스트를 이용하여 만든다. 이것은 요리와 함께 곁들여 먹는 빵으로 토스칸 지방에서는 버터나 소금를 첨가하지 않는다. 이 밖에도 Pane Scuro (Tuscan Dark Bread), Pane con Salsicce (Sausage Bread) 등 여러 종류의 빵이 있다.

재료

for the "sponge" (the first rising)

1 oz compressed fresh yeast
2 pc packages active dry yeast
1/2 cup warm water
1.5 cup unbleached all-purpose flour

for the "sponge" (the second rising)

5 cup unbleached all-purpose flour
some salt
1.7 cup warm water

1. 첫번째 재료로 반죽을 한다.
2. 두 번째 반죽재료로 반죽을 한다.
3. 반죽을 절각하여 타원형으로 만들어 위생 천으로 싸고 따뜻한 곳에서 숙성시킨다.
4. 크기가 약 3배 정도 부풀면 오븐에 굽는다.

Mantovano pane

올리브유 브레드 Olive oil bread

이태리 북동부의 포강(Po river)을 중심으로 서쪽에 롬바르디(Lombardia)와 베네또(Veneto)가 있고, 동쪽에는 에밀리아-로마냐(Emilia-Romagna)가 있다. 이 지역은 포강의 물줄기를 따라 물방아 제분소가 많이 있으며, 이 밀가루로 만든 빵은 이 두 지역에서 인기가 좋다. 만토바나 빵(Mantovano pane)은 롬바르디(Lombardia)의 귀족 마을 만토바(Mantova)에서 유래하였다.

재료(빵 2개 분량)

10g dry yeast
20ml extra virgin olive oil
300ml warm water
1ea pastry brush
800g flour
1ea baking stone
5g sugar
30g cornmeal
10g salt
1ea baker's paddle

1. 설탕과 이스트를 50ml의 따뜻한 물에 10분 정도 녹인다. 밀가루 300g과 물 100ml를 넣고 나무주걱으로 젓거나, 아니면 반죽기에 치대서 꺼내어, 손으로 1~2분 정도 주물러 준다. 젖은 수건으로 덮어 상온에서 약 3시간 정도 발효시켜 부풀어 오르게 한다.
2. 나머지 밀가루, 부풀어 오른 반죽, 소금, 올리브유를 반죽기에 넣고 치댄다. 잘 섞이면 꺼내어, 손으로 1~2분 정도 주물러 준다. 다시 젖은 수건으로 덮어 상온에서 약 3시간 정도 2차 발효시켜 부풀어 오르게 한다.
3. 적어도 30분 전에 230℃ 오븐에 돌판을 넣어 놓는다.
4. 충분하게 부풀어 오른 도우를 손바닥으로 여러

번 때려 공기를 빼낸다. 둥글넓적하고 길게 늘려 빼서 접고, 다시 손바닥으로 눌러 둥글넓적하고 길게 늘려 빼서 접기를 반복한다. 잘 안 되면 팔꿈치에 감아 늘려 뺀다. 이렇게 하는 것을 10분 정도 반복한다.

5. 도우를 반으로 나누어 길쭉하게 놓는다. 옥수수 가루를 도우의 표면에 뿌려 상온의 발효기에 30분 정도 발효시킨다.

6. 도우의 중앙 부위 표면에 길이 쪽으로, 잘 드는 얇은 칼로 2~3cm 깊이의 칼집을 내고, 붓으로 표면에 물을 발라 준다.

7. 230℃ 오븐 속의 돌판 위에 준비된 도우를 올려 넣고 12분 정도 베이킹한 다음, 190℃로 온도를 낮추어 45분간 더 베이킹한다.

8. 다 구어지면 빵을 꺼내어 철망에 올려 상온에서 완전히 식힌 다음 슬라이스하여 제공한다.

Pane integrale

검은 색의 통밀빵 Whole wheat bread

이태리어의 'integrale'와 영어의 'integrity'는 같은 어원에 뿌리를 두고 있으며, 의미는 '전체 또는 섞지 않은'의 뜻으로 통용되고 있다. 빵을 지칭할 때는 통밀빵(whole wheat bread)을 뜻하지만 실제로는 밀가루와 통밀을 섞어서 만든다.

재료(빵 1개 분량)

400g ground wheat flour with husk
20ml extra virgin olive oil
10g dry yeast
1 ea pastry brush
300ml warm water
1 ea baking stone
500g flour
30g cornmeal
5g sugar
1ea baker's paddle
10g salt

이 검은 색의 통밀빵은 앞에서 설명한 올리브유 브레드(Olive oil bread) 레시피가 거의 같고, 만드는 과정도 같으므로 참고하면 된다.
<올리브유 빵(pane mantovano)을 만드는 과정이 다른 점>

1. 단지 밀가루 대신에 껍질이 들어 있는 통밀을 갈은 것이 약간 들어가는 것과,

2. 빵을 두 개가 아닌 한 개로 만드는 것,

3. 베이킹하기 바로 전에 도우의 표면에 칼집을 낼 때, 깊지 않고 얇게, 그리고 비스듬히 칼집을 낸다는 것이 다르다.

Pane alla Pugliese

풀리아 올리브 빵 Olive bread

이태리 빵에 올리브 같은 세이버리를 넣는 것은 널리 퍼져 있지는 않지만, 풀리아 지방에서 유래한 풀리아 빵은 널리 알려져 있으며, 이스트를 조금 사용하며, 도우를 하룻밤 새워 발효시킨다.

재료(빵 1개 분량)

10g dry yeast
10g salt
300ml warm water
1ea pastry brush
750g flour
1ea baking stone
40ml extra virgin olive oil
30g cornmeal
140g black olive
1ea baker's paddle

1. 이스트(3g)에 온수(70ml)를 부어 10분 정도 지나 잘 녹으면, 밀가루(200g)를 넣으면서 나무주걱으로 잘 섞는다. 표면에 올리브유를 칠하고 유니랩으로 싸서 상온에 14~18시간

발효시킨다.

2. 올리브를 슬라이스한다.
3. 미지근한 물(80ml)을 볼에 넣고, 이스트(7g)를 넣고 완전히 녹으면, 위의 도우의 반(나머지 반은 사용하지 않음)과 밀가루(200g), 소금을 넣고 충분하게 잘 섞는다. 그리고 나머지 밀가루와 미지근한 물을 넣고 주걱으로 잘 섞는다. 준비된 올리브를 넣고 잘 섞는다. 약 8분 정도 잘 저어 주어야 한다.
4. 반죽판에 밀가루를 뿌리고 반죽을 꺼내어 올려놓고, 눌러 펴지면 가장자리를 안쪽으로 접어 밀어 넣는다. 올리브유를 바른 깨끗한 볼에 도우를 담아 표면에 올리브유를 바른다. 젖은 수건으로 덮어 따뜻한 상온에 3시간 정도 2차 발효시킨다.
5. 도우를 약 4cm 두께로 펴서 좌우앞뒤로 접고, 다시 펴서 접기를 3회 반복한다. 때때로 밀가루를 뿌려 도우가 달라 붙는 것을 방지한다. 거의 둥근 모양의 도우를 볼로 뒤집어 덮어 한 시간 정도 3차 발효시켜 부풀어 오르게 한다.
6. 적어도 베이킹하기 30분 전에 220℃ 오븐에 돌판을 넣어 놓는다. 미지막 발효가 끝난 도우에 옥수수 가루를 뿌려, 오븐 속의 돌판에 올려 3분 정도 베이킹한 후, 200℃로 온도를 낮춘다. 다시 20분이 지나면, 190℃로 온도를 다시 낮추고 40분간 더 베이킹한다.
7. 구워낸 빵은 완전히 식은 다음에 사용해야 한다. 식은 빵을 냉동 보관했다가 꺼내어 뜨거운 오븐에서 다시 데워내면, 처음 구워 낸 빵보다 맛이 더 좋다.

Piadina Romagnola pane

그릴에 구운 빵 Flat griddle bread

피아디나(Piadina)는 얇은 빵으로 로-햄, 스모크 햄, 살라미, 팬후라이 소시지와 잘 어울리며, 올리브유와 마늘로 볶은 야채와 가장 잘 어울린다. 로마냐 지방 특히 북부 아드리아해 지역에서는 지금도 많이 만들어 먹을 뿐만 아니라, 로마냐의 농가는 주로 먹는 파스타, 닭, 토끼 요리와 함께 살라미(salame)와 꼬빠(coppa)를 곁들인 얇은 피아디나(Piadina) 빵을 오랫동안 먹어왔다.

재료(약 10개 분량)

50g shortening or lard or olive oil
5g baking powder
600g flour
80ml warm water
50ml milk
1ea baking stone or fry pan griddle
10g salt

1. 쇼트닝이나 라드를 사용할 경우에는 먼저 미지근하게 녹여야 한다.
2. 볼에 밀가루를 펼쳐 놓고, 가능하면 기름이 볼에 묻어나지 않도록 손으로 갠다. 물론 우유, 소금, 베이킹파우더, 물 등 다른 모든 재료를 함께 넣는다. 10분 정도 도우를 손으로 주물럭거린다.
3. 도우가 부드럽게 잘 섞이면, 마르지 않도록 젖은 수건으로 덮어, 한두 시간 정도 상온에서 발효시킨다. 도우를 약 70g씩 떼어낸다. 약 1.5mm 두께로 얇게 밀대로 민다.
4. 그릴이나 프라이팬, 또는 돌판을 물방울이 튈 정도로 가열한다. 도우를 10초 정도 한 면을 익히고 뒤집어 다른 면을 4초 정도 익힌다. 간혹 검게 탄 자국이 나타날 수도 있다.
5. 구워진 도우를 꺼내어 1/4로 잘라 제공한다. 미리 많이 만들어 놓았다가 오븐에 살짝 데워 제공할 수도 있다.

튀김(Fritters, Fritti)

Consum pane

그릴에 구운 빵에 스터핑한 야채요리
Griddle dumpling

덤블링(dumpling)이라는 뜻의 이태리 콘숨(consum)은 로마냐 이외의 지역에서는 거의 찾아볼 수 없다. 도우는 앞서 설명한 로마냐의 피아디나(piadina)와 거의 비슷하며, 그릴에 구운 빵에 올리브유와 마늘을 넣고 볶은 야채로 스터핑하여 반으로 접은 모양이다.

재료

900g Swiss chard or spinach or savoy cabbage
700g piadina dough
50ml olive oil
450g chicory or dandelion
30g garlic, chopped
some salt & pepper

1. 근대나 시금치 또는 사보이 캐비지와 치커리나 단데리온을 올리브유와 마늘에 볶아 소금과 후추로 간을 한다.
2. 앞에서 설명한 피아디나 빵의 2차 발효가 끝난 도우(piadina dough)를 3mm 두께로 밀대로 민다. 그릴에 양면을 구워낸다.
3. 볶아 놓은 야채를 스터핑하여 즉시 제공한다.

cf) ① 자세한 조리법은 앞에서 설명한 '그릴에 구운 빵(piadina pan)' 을 참고하기 바란다.
② 이 콘숨(consum)을 라드나 올리브유에 튀기면, 카쏘니(cassoni)라 한다. 이때는 도우에 넣은 기름류를 반 이하로 줄이고, 대신 물을 넣어 반죽해야 한다.

Focaccette

치즈 넣고 튀긴 빵 Cheese filled pasta fritters

재료(5인분)

150g flour
140g fresh ricotta
15ml olive oil
40g grated parmesan cheese
some salt & pepper
1 ea egg
70ml warm water
500ml salad oil
60g fontina cheese, fine chop

1. 도우 만들기
믹서에 밀가루(150g), 올리브유(15ml), 소금(3g), 온수(70ml)를 8분 정도 잘 믹싱한다. 젖은 수건으로 덮거나 유니랩으로 싸서 약 2시간 정도 발효시킨다.
2. 필링 만들기
폰티나, 리코타, 파르메산 치즈를 넣고 소금과 후추로 양념하여 잘 섞는다.
3. 발효된 도우를 1.5cm 두께로 밀대로 밀어 편다. 약 10×17cm 크기로 자른다. 반쪽 위에 위의 치즈 필링(30g)을 펴 바르고 접어서, 위아래 도우를 서로 붙인다. 으깨 저은 계란을 가장자리에 발라 잘 붙도록 한다.
4. 160℃로 가열한 식용유에 잠기도록 넣고, 뒤집어 가면서 골고루 옅은 갈색이 나도록 튀겨내어 기름이 빠지면 뜨거울 때 바로 제공한다.

cf) 쉽게 터지며, 나온 치즈는 뜨겁기 때문에 화상에 주의해야 한다.

Ripieni fritti

튀긴 스터프드 덤블링 Fried stuffed dumplings

앤초비, 토마토, 케이퍼 등 세이버리를 넣고 만든, 크고 둥근 라비올리라고 할 수 있다. 치즈나 다진 파슬리를 넣기도 하며, 튀긴 가지나 로스트한 피망, 마늘과 올리브유에 볶은 양송이 등 중국식 만두처럼 다양한 식재료를 만들어 넣을 수 있다.

재료(5인분×4개)

50g fresh tomato brunoise
220g flour
30g chopped caper
3g salt
20 flat diced anchovy fillets
3g baking powder
20ml olive oil
30g chopped parsley
50ml warm water
90g grated mild cheese
500ml salad oil
60g grated savory cheese

1. 밀가루(220g), 소금(3g), 베이킹파우더(3g), 온수(50ml)를 믹서에 넣고 약 10분 정도 믹싱하여 끈기가 생기도록 잘 치대어 도우를 만든다. 단단한 정도에 따라 물은 가감한다.
2. 도우를 롤러나 밀대로 1.5cm 정도의 두께로 넓게 펴 민다. 약 7cm의 정사각형으로 도우를 절각하고, 넓은 판에 절각한 도우를 펴놓는다. 도우가 마르지 않도록 주의한다.
3. 준비된 두 가지 치즈와 토마토, 케이퍼, 앤초비, 파슬리를 각각 도우 위에 조금씩 놓는다. 이때 준비한 재료가 20개의 절각한 도우 위에 적절하게 배분되도록 양을 잘 조절해야 할 것이다.
4. 도우의 끝을 중앙으로 모아 통만두 모양으로 싸맨다. 끈이 터지지 않도록 손가락 끝으로 꾹 쥐어 눌러 준다. 잘 붙지 않으면 도우의 가장자리에 물이나 계란물을 약간 바르고 눌러 준다.
5. 싸맨 덤블링이 마르거나 물에 젖지 않도록 주의한다.
6. 160℃로 가열한 식용유에 잠기도록 넣고, 뒤집어 가면서 골고루 엷은 갈색이 나도록 튀겨내어 기름이 빠지면, 뜨거울 때 바로 제공한다.

Ciabatta

치아바따 Italian ciabatta bread

힐튼호텔 이탈리안 레스토랑 일 폰테 (Il Ponte)
강원철 조리장 추천요리 02) 317-3217

재료(15~20인분)

1kg hard flour
1250g water
1kg soft flour
100g chopped bacon
40g salt
150 mashed potato
125g dry yeast
30g fresh yeast (S-500)
20g sugar

1. 반죽기에 강력분, 중력분, 소금, 드라이이스트, 생이스트, 설탕, 베이컨, 삶아 으깬 감자, 물 등 모든 재료를 넣고 친다.
2. 팬에 비닐을 깔고 준비된 반죽을 부어 올리브유를 바르고 비닐로 덮은 다음, 35~38℃에서 약 30분 정도 1차 발효시킨다.
3. 1차 발효 후 기포 속의 공기를 빼내고, 1차 발효와 같은 조건으로 2차 발효시킨다.
4. 2차 발효 후 기포를 죽이지 않은 상태로 80g 절각하여 원하는 모양을 낸다.
5. 200℃ 오븐에 10분 정도 베이킹한다.

Focaccid

포카치아 Italian focaccia

힐튼호텔 이탈리안 레스토랑 일 폰테(Il Pnote)
강원철 조리장 추천요리 02) 317-3217

재료(15~20인분)

2.5kg hard flour
30g fresh yeast (S-500)
250g olive oil
50g salt
500g chopped olive
1250g water
125g dry yeast

1. 강력분, 올리브유, 다진 올리브, 드라이이스트, 생이스트, 소금, 물 등 모든 재료를 반죽기에 넣고 4~5분 정도 친다.
2. 팬에 비닐을 깔고 준비된 반죽을 부어 올리브유를 바르고 비닐로 덮은 다음, 35~38℃에서 약 30분 정도 1차 발효시킨다.
3. 1차 발효 후 기포 속의 공기를 빼내고, 1차 발효와 같은 조건으로 2차 발효시킨다.
4. 2차 발효 후 기포를 죽이지 않은 상태로 80g 절각하여 원하는 모양을 낸다.
5. 200℃ 오븐에 12분 정도 베이킹한다.

Pane allo carote

당근 빵

Carrots bread

호텔롯데월드 이탈리안 레스토랑 베네치아

김원규 조리장 추천요리 02) 411-7738

재료

1400g hard flour

140ml olive oil

100g carrots

50g yeast

20g sugar

800g water

20g salt

1. 강력분, 설탕, 소금, 물, 이스트 등을 반죽기에 넣고 저속 3분, 중고속 10분 정도 친 다음 곱게 다진 당근을 넣고 살짝 섞어 준다. 이때 반죽온도는 26℃가 이상적이다.

2. 따뜻한 상온(25~27℃)에서 마르지 않도록 하여, 60분간 발효시킨다.

3. 반죽을 꺼내어 덧가루를 뿌려가면서 250g 정도씩 분할하여 2차 발효시킨 다음 성형한다.

4. 유니랩으로 덮어 마르지 않도록 하여, 상온에서 35분 정도 3차 발효시킨다.

5. 상단 190℃, 하단 180℃ 오븐에서 색을 보아가면서 30분 정도 구워낸다.

cf) 당근 대신에 로즈메리(rosemary)를 첨가할 수도 있다.

Walnut bread

호두를 넣은 빵

재료

1400g hard flour

35g salt

400g 로겐픽스

1060g water

200g 그라프트 콘 믹스

70g yeast

180g sugar

20g S-500 (제빵개량제)

160g soft butter

400g walnuts

1. 강력분, 설탕, 버터, 소금, 물, 이스트, 제빵개량제, 로겐픽스, 그라프트 콘 믹스 등을 반죽기에 넣고 저속 3분, 중고속 10분 정도 친 다음 호두를 넣고 살짝 섞어 준다. 반죽온도는 26℃로 한다.

2. 따뜻한 상온(25~27℃)에서 마르지 않도록 하여, 60분 간 발효시킨다.

3. 반죽을 꺼내어 덧가루를 뿌려가면서 250g 씩 분할하여 2차 발효시킨 다음 길게 성형한다.

4. 유니랩으로 덮어 마르지 않도록 하여, 상온에서 45분 정도 3차 발효시킨다.

5. 스팀을 주입한 180℃ 오븐에서 색을 보아가면서 30분 정도 구워낸다.

Artemisia soft roll

쑥 향미의 소프트 롤

재료

1000g hard flour
25g dry milk
100g sugar
50g yeast
100g soft butter
4 ea eggs
15g salt
500g water
20g artemisia powder (쑥가루)

1. 강력분, 설탕, 버터, 소금, 쑥가루, 분유, 물, 이스트, 계란 등을 반죽기에 넣고 저속 3분, 중고속 10분 정도 친다. 이때 반죽 온도는 26℃가 이상적이다.

2. 따뜻한 상온(25~27℃)에서 마르지 않도록 하여, 60분간 발효시킨다.

3. 반죽을 꺼내어 덧가루를 뿌려가면서 25~30g 씩 분할하여 둥글게 성형한다.

4. 유니랩으로 덮어 마르지 않도록 하여, 상온에서 35분 정도 2차 발효시킨다.

5. 180℃ 오븐에서 색을 보아가면서 30분 정도 구워낸다.

Pane alla marina

마리나라 브레드 Submarine bread

재료

2.5kg hard flour
1250g milk
50g sugar
125g yeast
150g soft butter
8ea eggs
50g salt

1. 강력분, 설탕, 버터, 소금, 우유, 이스트, 계란을 반죽기에 넣고 저속 3분, 중고속 10분 정도 친다. 이때 반죽온도는 26℃가 이상적이다.

2. 따뜻한 상온(25~27℃)에서 마르지 않도록 하여, 60분간 발효시킨다.

3. 반죽을 꺼내어 덧가루를 뿌려가면서 250g 씩 분할하여 2차 발효시킨 다음 길게 성형한다.

4. 유니랩으로 덮어 마르지 않도록 하여, 상온에서 45분 정도 3차 발효시킨다.

5. 스팀을 주입한 180℃ 오븐에서 색을 보아가면서 30분 정도 구워낸다.

Pane ciabatta

이태리식 빵 *Italian bread*

빌 이탈리안 레스토랑 김중서 조리장
추천요리 02) 3217-1090 신라호텔의 파견근무

재료

4kg hard bread
70g dry yeast
1kg soft bread
60g fresh yeast (S-500)
80g salt
3.5 lt water
400ml olive oil

1. 반죽기에 강력분, 중력분, 소금, 올리브유, 드라이이스트, 생이스트, 물 등 모든 재료를 넣고 친다.

2. 팬에 비닐을 깔고 준비된 반죽을 부어 올리브유를 바르고 비닐로 덮은 다음,

35~38℃에서 약 30분 정도 1차 발효시킨다.

3. 1차 발효 후 기포 속의 공기를 빼내고, 1차 발효와 같은 조건으로 2차 발효시킨다.
4. 2차 발효 후 기포를 죽이지 않은 상태로 절각하여 모양을 낸다.
5. 프렌치 브레드 굽는 조건의 오븐에서, 스팀을 넣고 위 250℃, 아래 190℃로 7~8분 베이킹한다.

Focaccia alle cipolle

이태리식 양파 빵 Italian onion bread

재료(약 200인분)

4kg hard bread
240g fresh yeast
4kg soft bread
160g sugar
500g soft margarine
6 lt water
240g salt
1kg sliced onion

1. 강력분, 중력분, 마가린, 소금, 이스트, 설탕, 물 등 모든 재료를 반죽기에 넣고 고속으로 4~5분 정도 끈기가 나도록 친다.
2. 양파의 반을 위의 반죽에 넣고 40초 정도 돌려서 반죽을 잘 섞는다.
3. 넓은 사각 베이킹용 쉬팬에 올리브유를 바르고 반죽을 펴고, 나머지 양파를 뿌린다.
4. 실온에서 1~1 1/2시간 발효시킨다(35℃에서 40분 기준) .
5. 건열 오븐의 위 210℃, 아래 185℃에서 30분 정도 베이킹한 후 식으면 절각하여 사용한다.

Ciabatta

이태리식 빵 치아바따 Italian bread

재료

1kg hard flour
30g olive oil
30g fresh yeast
20g S-500 제빵개량제
20g salt
750ml water (30℃)
10g sugar

1. 강력분, 생이스트, 소금, 설탕, 올리브유, 제빵개량제, 물 등을 반죽기에 넣고 저속 3분, 중고속 10분 정도 친다. 이때 반죽 온도는 26℃가 이상적이다.

2. 따뜻한 상온에서 올리브유를 발라 마르지 않도록하여, 90분간 발효시킨다.

3. 반죽을 꺼내어 덧가루를 뿌려가면서 30~300g씩 성형한다.

4. 길고 넓게 밀대로 밀면서, 포크로 위를 찍으면서 공기를 뺀다.

5. 성형한 그대로 21℃에서 20분 정도 2차 발효시킨다.

6. 210℃ 오븐에서 40분 동안 구워낸다.

Pane casareccia

가정식 둥근 브레드 *Italian homemade bread*

로튼다 이탈리안 레스토랑 김경석 조리장
추천요리 02) 792-4123~4

재료

1kg hard bread
20g sugar
10g fresh yeast
20~40g salt
900ml warm water

1. 이스트를 따뜻한 물에 넣어 풀고, 강력분, 설탕, 소금을 넣어 반죽을 한다.
2. 반죽이 매우 질어 거의 흐르므로 조심스레 다룬다.
3. 상온에서 2시간 30분 정도 발효하여, 둥글게 성형한다. 이때 밀가루를 뿌려 준다.
4. 2차 발효시킨 다음 210~230℃ 오븐에서 1시간 내지 1시간 30분을 베이킹한다.
5. 따뜻하게 올리브유에 찍어 먹는다.

전 채

전채의 개요

원래부터 이태리 요리의 antipasto(appetizer)와 primo(first course)는 특성이 서로 다른 것이었다.
안티파스토(antipasto)는 식탁에서 본 식사가 제공되기 이전에 먹는 것으로 맛이 있으며 특별한 요리였으나, 다음 코스에 제공되는 향과 맛이 풍부한 요리의 primo(first course)에 비하면 기대와는 달리 보잘 것 없고 빈약하게 보이는 경우도 가끔 있다. 그러나 대부분의 antipasto는 식탁에서 남겨지는 경우가 거의 없을 만큼 정갈하고 맛이 있다. antipasto는 구강을 자극하는 특별한 감미와 향미(flavor)로 심리적 분위기를 고취시켜 맛을 돋구거나 만족감을 극대화하고자 하는 의도로 만들어지는 요리에 해당된다.

지역에 따라 이용하는 식재료나 만드는 방법 또한 천차만별이며, Piedmonte와 Puglia에서는 안티파스토가 전형적인 식사로 역할을 하였는 데 비하여 Liguria와 Emilia-Romagna에서는 적은 양만이 제공되었다. 피에몬테(Piedmonte)와 풀리아(Puglia), 리구리아(Liguria) 지역에서는 주로 야채를 이용하며, 에밀리아-로마냐(Emilia-Romagna) 지역에서는 다양한 종류의 소금에 절이거나 말린 육류가공품을 함께 이용한다.

반대로 primo는 식사의 꽃이었다. 이것은 칼로리와 영양가를 다량 제공할 수 있는 파스타, 리조토, 폴렌타나 수프 형태로 제공되었고, 만드는 사람이나 먹는 사람 모두에게 상당히 중요시되는 음식이었다. 두 번째로 제공되는 primo는 정신적인 만족감을 주기 위한 것이며, antipasto와 대조적인 것으로 제공되었다.

현대 이태리 식탁의 큰 변화는 antipasto가 이태리 식사에 있어 중요한 역할을 차지하게 되었다는 것이다. primo는 secondo(주요리)의 위치를 위협할 정도로 중요하게 되었다. 그러나 최근 이태리 요리의 antipasto의 본질은 입맛을 돋구는 전채요리부터 주요리(secondo)까지 다양하게 발전하고 변화를 거듭하고 있다.

야채를 기본으로 하는 antipasto인 경우에 이것은 더 이상 단순히 얇게 썬 계절 야채요리나 또는 오일이나 비네거에 양념한 것만은 아니다. 더욱 진보된 타르트(tart)나 샐러드, 또는 스터프드나 베이크드로 조리된 야채요리를 포함한다. 생선과 해산물 요리에 냄새를 제거하기 위해 레몬주스나 올리브유로 양념을 하고, 여기에 콩이나 감자요리를 곁들이기도 한다. 그리고 대부분의 야채 요리는 antipasto 또는 contorno(side dish)로 제공된다.

antipasto의 지위상승으로 대부분의 primo는 더 정교하게 되었다. 더 많은 양을 의미하는 것은 결코 아니며, 파스타나 리조토에 더 좋은 재료들을 사용한다는 것이다. 토마토 소스를 곁들인 스파게티는 음식의 형태는 변하지 않는다고 하더라도, 파스타나 리조토의 독특한 맛을 강화하고 더 극적인 맛을 연출하여 새로운 antipasto를 개발하는 방안을 강구해야 할 것이다. 야채로 만든 antipasto는 육류로 만든 파스타 소스와 함께 제공되고 있다. antipasto에 이용되는 허브는 리조토나 파스타 소스에 재등장할 수 있다. 생선을 antipasto로 제공했다면 갑각류를 primo로 제공할 수 있다.

늦가을철에 많이 생산되는 계절성 버섯이 primo 요리로 인기가 있으며, 다른 계절에도 건조버섯을 이용하여 언제든지 primo 요리를 만들어 먹을 수 있다. 때로는 오래 가열해야 하는 경우도 있으나, 대부분 간편하고 쉽게 야채소스와 함께 파스타 위에 곁들여 먹는다. 버섯과 같은 천연 식재료에서 우러나는 자연의 맛과 향은 거의 모든 antipasto에 잘 어울린다.

단순한 antipasto와 primo로 구성된 점심식사를 먹는 이태리인의 수가 늘어가고 있다. 이러한 현상은 균형이 antipasto로 옮아가고 있어 주요리가 가벼워진 것이지만, 그렇다고 그들의 식탁문화가 변한 것이라고 보지는 않는다

Spaghetti al tonno

스파게티와 참치 Spaghetti with tuna fish

Lazio 지역의 기초 스파게티 조리법으로 시간이 많이 걸리지 않는 즉석요리로 각광을 받고 있다. 로마인들은 여기에 말린 버섯(funghi porcini secchi)을 첨가하기도 한다.

재료(12인분)

180ml olive oil
120ml white wine
240g tuna in can
200g chopped onion
1 bunch chopped Italian parsley leaf
salt & pepper
300g chopped tomato
1kg spaghetti

1. 소스팬에 올리브유를 넣고 가열하고, 다진 양파를 은근하게 3분 정도 볶는다.
2. 다진 토마토(원하면 잘게 부순 참치와 함께)를 넣고, 백포도주를 넣는다.
3. 중불에 약 10분 정도 가열하며 가끔씩 저어 준다.
4. 불에서 내리고 이태리 파슬리를 뿌려 준다.
5. 소금을 약간 넣은 물에 스파게티를 넣고 알덴테(al dente)로 익을 정도로 삶는다. 물에서 건져 소스팬에 넣는다. 이때 참치를 넣기도 한다.
6. 낮은 불로 가열하며, 스파게티 삶은 물을 한 국자 넣고 잘 저어 주어야 하며, 소금과 후추로 간을 하고, 2분 이내 뜨거운 접시에 담아 제공한다.

Orecchiette con i rapini

오레끼에떼 파스타와 브로콜리

Orecchiette with broccoli rabe

Campania의 이 요리는 Puglia 지역의 전통요리로 특히 Napoli에서 인기가 많다. 이태리의 남부에서 이 요리에 브로콜리처럼 연하고 부드러운 야채를 즐겨 사용하며, Puglia인들은 작은 귀모양의 orecchiette 파스타를 주로 사용한다.

재료(12인분)

1kg cooked broccoli
60ml fresh double cream
salt & pepper
2cloves garlic, chopped
1kg orecchiette or other small pasta
80ml olive oil
a little red pepper powder
100g grated parmesan cheese

1. 잘 다듬은 브로콜리를 소금을 넣은 물에 10분 정도 삶아 찬물에 식혀 놓는다.
2. 고춧가루와 다진 마늘을 올리브유에 은근하게 볶다가 브로콜리를 넣고 잘 저어 주면서 갈색이

나게 10분 정도 볶는다.

3. 생크림을 넣고 3분 정도 은근하게 졸이면서 수시로 잘 저어 준다.
4. 소금을 약간 넣은 물에 orecchiette pasta를 넣고 알덴테(al dente)로 익을 정도로 삶는다. 물에서 건져서 소스팬에 넣는다.
5. 파르메산 치즈를 넣고 소금과 후추로 간을 한다.
6. 2분 정도 은근하게 가열하면, 소스가 파스타에 잘 묻어 날 정도로 졸여지며, 뜨거운 접시에 담아 제공한다.

Conchiglie con salsa di cozze e pomodori

해산물과 토마토 소스를 곁들인 파스타

Conchiglie with mussel and tomato sauce

이 요리는 Sicilia – Mediterranean의 전통요리로 알려져 있으며, 홍합은 바다의 향취와 맛이 듬뿍 담긴 특이한 해산물로 각광을 받고 있으나, 세심한 주의를 기울여 씻어야 한다.

재료(6인분)

160ml olive oil
600g conchiglie or other small pasta
2 cloves garlic
salt & pepper
1kg tomato concasse
100g onion, carrots, celery
2kg mussel in shells
1/4 each lemon
100ml white wine

1. 팬에 올리브유를 두르고 은근한 불에 다진 마늘을 잘 저으면서 볶는다. 토마토를 넣고 뚜껑을 덮어 중불에 가끔씩 저으면서 익힌다. 약 30분 정도 지나면, 소금과 후추로 간을 한다.
2. 홍합을 물에 잘 씻어 소스팬에 야채를 볶다가 넣고 백포도주와 레몬을 넣어 뚜껑을 덮고, 3분 정도 가열하여 홍합이 벌어지면 알맹이를 골라내어 깨끗이 씻어둔다. 지저분하고 더러운 일부홍합을 손질하여 껍질이 있는 상태로 골라둔다.
3. 소금을 약간 넣은 물에 conchiglie나 또는 다른 pasta를 넣고 알덴테(al dente)로 익을 정도로 삶아 건져낸다.
4. 소스에 홍합과 삶은 스톡을 약간 넣고 2~3분 정도 가열하여 맛과 향이 배어 나오게 한다.
5. 삶은 파스타와 소스를 잘 섞어 뜨거운 접시에 담아 제공한다.

Verdure all`acciugata

앤초비 소스를 넣은 야채

Vegetables with anchovy sauce

초여름의 점심식사나 채식주의자에게 적합하며, 여러 가지 생야채와 토스트, 치즈, pungent dipping sauce와 함께 제공되는 이 요리는, Campania – Toscana 지역에서 전채요리로 각광을 받고 있다. 특히 나폴리인들에게 pinzimonio로 알려져 있으며 즐겨 먹는다.

재료(6인분)

4 pc anchovy fillets
1 ea yellow or green pimento
240ml olive oil
1each cucumber
4 cloves chopped garlic
6 slice coarse country bread
15g chopped fresh basil
300g pecorino cheese
15g chopped fresh Italian parsley
2 ea red tomatoes
15g chopped caper
1 bulb fennel
20ml red wine vinegar

1 bunch celery
1 ea red pimento
6 pc green spring onion

1. 깨끗한 믹싱볼에 앤초비, 마늘, 베질, 파슬리, 케이퍼를 다져 넣고, 올리브유와 식초 그리고 소금과 후추로 간을 한다.
2. 토마토는 웨이지, 피망과 오이, 실파, 샐러리, 펜넬은 손가락 굵기로 다듬어 접시에 둘러 놓는다.
3. 식빵은 토스트로 만들어 치즈와 함께 제공한다.

Risotto al funghi

버섯을 넣은 리조토

Risotto with dried mushrooms, Veneto style

이태리 북동부 지역의 Veneto요리로 버섯의 특이한 향미가 이 요리의 특징이며, 송아지고기를 드라이 햄으로 싸매고 세이지를 넣어 익힌 요리와 함께 제공되기도 한다. meat stock 대신 vegetable stock을 사용하면 채식가용으로 제공될 수 있다.

재료(6인분)

30g dried mushroom
600g rice
1500ml meat stock
120 ml white wine
60g unsalted butter
50g parmesan cheese
60ml olive oil
20g chopped fresh Italian parsley
3 pc garlic
salt & pepper

1. 건송이를 따뜻한 물에 30분 이상 불려서 물기를 짜내고 다진다. 스톡을 끓인다.
2. 소스팬에 버터와 올리브유를 두르고 씻은 쌀을 넣고 잘 젓는다.
3. 다진 송이와 백포도주를 넣고, 잠시 후에 스톡을 한두 국자 넣고 가열하면서 자주 저어 준다. 저을 때마다 물기가 가시지 않도록 스톡을 조금씩 넣어 준다.
4. 15분쯤 후에는 리조토가 거의 익고 되직하게 되도록 스톡 양을 조절해야 한다.
5. 파르메산 치즈와 다진 파슬리를 넣고 소금과 후추로 간을 하고 잘 저어 준다.
6. 잠시 후에 제공한다.

Minestra di carciofi e pomodori

아티초크와 토마토로 만든 수프

Artichoke and tomato soup, Toscana style

Toscana의 이 수프에 사용되는 아티초크는 연해서 날것으로도 그냥 먹을 수 있는 어린 싹의 작은 것일수록 좋다. 이태리 이외의 지역에서 구하기가 어려우며, 큰 아티초크는 꼭지와 잎을 잘 제거해야 한다.

재료(6인분)

1ea lemon
1 pc bayleaf
6 artichokes
300g tomato concasse
90ml olive oil
1500ml vegetable or chicken stock
3 cloves chopped garlic
some salt & pepper
10g chopped fresh thyme

1. 프레시 아티초크는 밑 둥지와 윗부분을 잘라내고 속만 다듬는다. 레몬즙을 내어 물에 타서 준비하고, 다듬은 아티초크를 넣어 갈변을 방지한다. 물에서 꺼내어 얇게 결을 꺾어 슬라이스한다.
2. 수프 포트에 올리브유를 두르고 다진 마늘을 볶다가 아티초크와 월계수 잎을 넣고 볶는다.

3. 토마토와 스톡을 넣고 아티초크가 연해질 때까지 은근하게 30분 이상 가열하여 한다.

4. 소금과 후추로 간을 하고 다진 백리향을 뿌려 바로 제공한다.

Scarpassa

리구리아식 가지요리 Ligurian eggplant

재료

500g eggplant
60g parmesan cheese
100g salt
60g dry bread crumb
500ml olive oil
4g chopped fresh marjoram
1 ea egg

1. 가지를 길게 반으로 잘라 1cm 두께로 슬라이스하여 소금을 뿌려 40분 정도 절인다.

2. 오븐은 30분 전에 230℃로 조절해 놓는다.

3. 절인 가지의 물기를 수건으로 닦아내고 쿠킹 호일로 싸서, 오븐에 약 20분 정도 베이킹하여 식혀 곱게 다진다.

4. 계란, 파르메산 치즈, 빵가루, 마조람을 넣고 잘 섞으며, 빵가루로 물기를 조절한다.

5. 호두 크기 덤블링으로 만들어 냉장고에서 냉각시킨다.

6. 빵가루 위에 굴려 묻히고, 기름에 금빛이 나도록 튀겨 종이 흡수지로 기름을 닦아내고, 접시에 담아 뜨거울 때 제공한다.

Frittelle di zucchine

청호박 프리터 Zucchini fritters

재료

500g fresh young zucchine
a little grated nutmeg
80g flour
some salt & pepper
60g grated parmesan cheese
500ml oil for fry
1 ea big egg

1. 호박을 씻고, 양끝을 절각해 버리고, 긴 쪽으로 잘라 씨부분을 파낸다.

2. 구멍이 큰 고기가는 기계에 갈아 내린다. 볼에 넣고, 파르메산 치즈, 밀가루, 계란, 넛멕, 소금, 후추로 양념하여 버무린다. 밀가루로 농도를 조절한다.

3. 기름을 160℃ 정도로 조절하고, 양념된 호박을 숟가락으로 퍼서 덤블링하는 방법으로 기름에 넣어, 엷은 갈색으로 튀긴다. 약 2분 정도 소요되며, 튀기면서 뒤집어 주어야 골고루 색이 난다.

4. 기름에서 건져, 흡수지로 기름을 빼내고, 소금을 뿌려 간을 하고 뜨거울 때 제공한다.

Funghi fritti alla sarda

살데냐식 튀김버섯

Crispy fried mushroom, Sardinian style

재료

380g any wild mushroom
some salt & pepper
125g grounded semolina flour
50g chopped parsley
500ml olive oil for fry

1. 버섯을 다듬고 적절한 크기로 썬다. 기름을 160℃ 정도로 조절한다.

2. 버섯에 밀가루를 약간 묻혀서 기름에 8분 정도 튀겨 낸다. 버섯이 익어야 한다.

3. 건져서 기름을 흡수지에 빼내고, 소금후추로 간을 하고, 접시에 담아 파슬리를 뿌려 뜨거울 때 제공한다.

Cipolline in agrodolce

새콤달콤한 양파요리 Sweet & sour onion

재료

60ml white wine vinegar
750g small onion
15g white sugar
30ml olive oil
4g salt
2 cloves crashed garlic
6 whole black pepper corn
6 whole cloves
60ml water

1. 양파 껍질을 벗기고, 끓는 물에 3분 정도 데쳐서 바로 찬물에 식혀야 한다.
2. 올리브유로 마늘, 양파를 색이 나지 않도록 주의하면서 5분 정도 볶는다.
3. 물, 정향, 식초, 설탕, 소금, 후추를 넣고, 뚜껑을 덮어 10분 정도 시머링한다. 물론 가끔 저어 주어야 한다. 불이 세지 않도록 주의한다.
4. 하루 정도 식히는 게 좋다. 2주 정도는 냉장보관할 수 있으며, 향미가 배어나와 맛이 더 좋아진다.

Castellana di peperoni

로스트 피망 샌드위치

Stuffed roasted pepper sandwiches

피에몬뜨식 요리로, 피망을 숯불 위에서 구워 껍질을 벗기면 향미가 더 좋다.

재료(6인분)

6 large red or yellow pimento
6 thin sliced prosciutto
6 thin sliced fontina
30ml olive oil

1. 오븐(200℃)에 피망을 넣고 속까지 부드럽게 될 때까지 베이킹한다.
2. 꺼내어 껍질을 벗기고, 길게 반으로 잘라 씨를 제거한다.
3. 반쪽의 피망 위에 로-햄과 폰티나 치즈를 놓고, 다른 반쪽의 피망으로 덮는다.
4. 치즈가 녹을 때까지 넣어둔다. 뜨거울 때 바로 제공한다.

Peperoni ripieni

쌀과 고르곤졸라로 채운 피망

Stuffed peppers with rice & gorgonzolla

재료(6인분)

90ml olive oil
some salt & pepper
8 red or yellow pimento
250g sweet Italian pork sausage
1 onion chopped
120g gorgonzolla, crashed
2 cloves garlic, chopped
30g parmesan cheese
150g rice
5g fennel seed

1. 피망을 올리브유의 팬에서 7분 정도 은근하게 소테한다.
2. 꼭지부분을 뚜껑으로 이용할 수 있을 만큼 자른다. 꼬투리, 씨, 속을 제거하여 놓는다.
3. 올리브유에 마늘과 양파를 부드럽게 볶는다. 쌀을 넣고 5분 정도 부드럽게 볶는다. 물(350ml)과 소금을 넣고 끓으면, 뚜껑을 덮고 약 10분 정도 가열한다.
4. 다른 팬에 올리브유로 잘게 부순 소시지를 색이 나도록 4분 이내로 볶다가, 쌀에 펜넬 시드, 치즈와 함께 넣고 식힌다.
5. 준비된 피망 속에 채우고 피망 뚜껑을 덮는다. 베이킹 팬에 가지런히 담고 물을 약간 부은

다음, 쿠킹호일로 씌워서 200℃ 오븐에 30분 정도 베이킹한다.

6. 꺼내어 15분 정도 따뜻하게 유지하여, 쌀이 퍼지도록 한 다음 따뜻하게 제공한다.

Melanzane ripiene

리구리아식 가지요리

Stuffed eggplant, ligurian style

재료(6인분)

4 eggplant
120g prosciutto, chopped
some salt
2 eggs
250g mushroom
20g bread crumbs
30ml olive oil
40g grated parmesan or pecorino
1 onion, chopped
10g chopped fresh majoram
1 cloves garlic, chopped

1. 가지를 길게 반으로 절단하여, 속을 파낸다. 이때 껍질이 약 1cm 두께로 남도록 한다.
2. 파낸 속을 다지고 소금을 뿌려 두면 물이 생기므로 물기를 짜낸다.
3. 양송이는 물에 씻지 말고 깨끗한 타월로 닦아서 반으로 자른 다음 얇게 슬라이스한다.
4. 팬에 올리브유를 넣고, 은근하게 마늘과 양파를 볶는다.
5. 양송이와 로-햄을 넣고 약 2분 정도 가열한 다음, 물 뺀 가지 속을 넣고 1분 후에 꺼내어 식힌다.
6. 다 식으면 볼에 넣고 계란, 소금, 후추, 빵가루, 파르메산 치즈, 마조람을 넣어 잘 섞는다.
7. 가지 껍데기에 볼록하지 않도록 스터핑한다.
8. 베이킹 팬에 담고 물을 약간 붓고 쿠킹호일로 씌운 다음 180℃ 오븐에서 약 45분 동안 베이킹하여, 가지가 무르도록 한다.
9. 따뜻하게 제공한다. 리구리아의 제노아 요리다.

Zuppa di mitili alla pugliese

풀리아식 백포도주의 홍합요리

Mussels in white wine, Puglian style

재료(4 secondo, 8 starter 인분)

3kg fresh mussels
10g chopped fresh thyme
60ml olive oil
1 bay leaf
1 ea onion chop
350ml dry white wine
30g chopped parsley
some salt & pepper

1. 홍합을 물에 담갔다가 깨끗이 솔로 닦아 씻고, 벌어진 것은 버린다.
2. 큰 포트에 올리브유, 양파, 마늘, 파슬리를 차례대로 엷은 갈색으로 볶다가, 홍합을 넣는다.
3. 타임, 월계수잎, 와인, 후추를 넣고 잘 섞어서 뚜껑을 덮고 3분 정도 가열한다.
4. 벌어지지 않은 홍합은 사용하지 않는 것이 좋으며, 벌어진 홍합을 넓은 수프 볼에 담는다.
5. 국자로 스톡을 홍합 위에 끼얹어 준다.

Cozze arrancanti

푸리아식 홍합구이 Baked mussels, Puglian style

재료(2인분)

12 ea fresh large mussels or long clams
little hot red chilly
1 lemon, cut into wedge
10g parsley, chopped
50ml olive oil
5g fresh oregano, chopped

40g fresh white bread crumbs
1 cloves garlic, chopped

1. 홍합을 3시간 정도 물에 담갔다가 깨끗이 씻은 다음 뜨거운 물에 5~10분 정도 삶는다.
2. 홍합껍질을 반으로 가르면서 국물을 받아 놓는다. 반쪽 껍데기 위에 속살을 놓고, 다른 반쪽 껍질은 버린다.
3. 빵가루, 고춧가루, 파슬리, 오레가노, 올리브유, 마늘을 잘 섞어 홍합 위에 토핑한다.
4. 홍합 국물을 한 숟갈 끼얹어 주고, 올리브유를 약간 뿌려 준다.
5. 브로일러 위에 올려 익히면서, 내용물이 타지 않도록 주의하고, 5분 정도 가열하며, 필요하면 홍합국물을 조금씩 더 넣어 준다.
6. 조개접시에 담거나 접시에 굵은 소금을 담고, 홍합을 그 위에 담은 다음 레몬 웨지를 곁들여 제공한다.

Frittata agli asparagi

아스파라거스와 양송이 튀김요리

Asparagus & mushroom fritters

재료(6인분)

500g asparagus, trimmed
30ml olive oil
some salt & pepper
6 scallion with green, sliced
120g small mushroom, trimmed
40g parmesan cheese
20g butter
5 eggs

1. 아스파라거스를 다듬고 껍질을 벗겨 소금을 약간 넣은 물에 5분 정도 삶은 다음, 찬물에 식히고, 부드럽고 연한 아스파라거스를 5cm 길이로 자른다. 양송이는 얇게 슬라이스한다.
2. 팬에 올리브유와 쪽파, 양송이를 2분 정도 볶아 식힌다.
3. 계란에 치즈와 소금 후추를 잘 섞고, 아스파라거스와 볶아 식힌 양송이를 넣고 잘 섞는다.
4. 오믈렛용 프라이팬에 올리브유를 넣고 충분하게 뜨거우면, 위의 내용물을 넣고, 갈색이 나도록 중불에 10분 정도 익힌다. 이때 너무 익지 않도록 주의한다.
5. 만약 갈색으로 색은 났는 데도 속이 익지 않았으면, 230℃ 오븐에 넣어 잠시 익힌다.
6. 완성된 프리타타는 5 ~10분 후에 약간 식으면 웨지로 썰어, 따뜻한 상온으로 제공한다.

Polpettine alla'Umbra

움브리아식 미트볼

Small meatball, Umbrian style

재료(6인분)

2 slice bread, removed crust, cubes
10g fresh marjoram, chopped
120ml milk or stock
1 zest of lemon
60g chopped prosciutto
some salt & pepper
1 small onion, grated
750g beef or beef and pork mixture
1 egg
grounded

1. 빵의 흰색 속을 우유나 스톡에 담아 적시고, 부드럽게 되면 물기를 따라낸다.
2. 여기에 로-햄, 양파, 계란, 마조람, 레몬 제스트, 소금, 후추, 고기를 골고루 잘 섞는다.
3. 서브할 코스에 따라 프리모는 작게(60g) 또는 세콘도는 크게(180g) 미트볼을 만든다.
4. 요리는 다음의 4가지 방법 중 한 가지 방법을 선택한다.

① 기름에 바삭바삭하게 튀기기(fried in a crispy coating)

먼저 오일을 튀길 수 있을 만큼 데우면서, 작은 미트볼에 빵가루를 묻히고, 그 위에 빵가루를 묻힌다. 기름에 갈색으로 튀겨, 익었는지 확인하고 뜨겁게 제공한다.

② **토마토 소스에 요리하기(cooked in tomato sauce)**

둥근 볼에 밀가루를 묻히고, 팬에 오일을 넣고 가열하여 진한 갈색으로 소테한다. 다른 소스팬에 곱게 간 당근 한 개, 잎과 함께 다진 샐러리 줄기 한 개, 곱게 다진 양파 한 개를 넣고 볶는다. 다진 토마토 1.2kg를 넣고 소금 후추로 간을 하고 10분 정도 시머링한다. 여기에 소테한 미트볼을 넣고, 뚜껑을 덮어 12분 정도 가열한 다음 뜨겁게 제공한다.

③ **와인에 요리하기(cooked in wine)**

미트볼에 밀가루를 묻히고 오일에 소테한다. 다른 팬에 백포도주 120ml를 넣고 2분 정도 가열하여 알코올 성분을 휘발시킨다. 갈색의 미트볼을 넣고 8분 정도 시머링한 다음 뜨겁게 제공한다.

④ **육수에 요리하기(cooked in broth)**

2.5 lt의 치킨 또는 미트 브로스를 작은 포트에 끓이고, 미트볼을 넣고, 미트볼이 다 익으면 위로 뜬다. 떠오르는 것을 건져서 서빙 접시에 담아, 브로스와 함께 제공한다.

Crespelle

샌드위치 모양의 튀긴 피자 Tiny fried pizzas

도우를 기름에 튀겨서 반으로 접은 다음 내용물을 넣어 샌드위치 형태로 만든다. 살라미, 볶은 야채, 소프트 치즈 등을 필링한다.
리구리아(Liguria)에서는 도우에 세이지(sage)를 첨가하고, 핑커 모양의 프리터(fritter)로 스카베이(scabei)라고 한다.

재료(8인분)

700g pizza dough
some salt & pepper
olive oil for frying
salami
prosciutto
soft or semi - soft cheese

1. 도우(80~90g)를 1cm 두께의 ∮15cm 크기로 둥글게 밀어 부풀어 오르도록 발효시킨다.
2. 올리브유에 갈색으로 튀기고 흡수지로 기름을 닦아낸다.
3. 반으로 접어 신선한 내용물을 샌드위치 모양으로 만들어, 따뜻하게 제공한다.

Crostini con fegatini di pollo alla salvia

투스카니식 세이지향의 닭간요리

Sauted chicken livers with sage on crostini toasts

재료

10g fresh sage leaves
40ml dry white wine
11 slice French or Italian bread
40g butter
250g chicken liver
some salt & pepper
30ml olive oil
1 clove garlic, crashed

1. 닭간을 깨끗이 다듬어 겉이 갈색이 나도록 버터에 살짝 볶아낸다.
2. 남은 국물에 와인을 넣고 세이지, 소금, 후추를 넣고 졸이다가 다시 닭간을 넣고 졸인다.
3. 마늘 버터를 만들어 빵에 바르고 황금 갈색으로 구워 마늘 빵을 만든다.
4. 접시에 마늘 빵을 놓고 그 위에 닭간을 얹어 제공한다.

Panzerotti alla pugliese

풀리아풍의 감자 빵으로 싼 돼지고기요리

Pulian potato bread turnovers stuffed with pork

턴오버(turnover)란 송편처럼 싼 요리를 말하며, 이태리 요리에서 피자의 일종인 깔조니(calzoni)와 피젤레(pizzelle)가 있다. 판제로띠(panzerotti)는 피자 도우를 사용하기도 하며, 필링으로 단순하게 앤초비 한 가지만 넣기도 하고, 살라미와 모차렐라를 섞어 넣기도 한다.

재료

dough

250g potatoes

10g fresh yeast

380ml water

650g flour

40g salt

40ml olive oil

garnishing

2 egg white, beaten

1 lt olive oil for fry

filling

40ml extra-virgin olive oil

100g onion, chopped

750g ground pork

120g bread crumbs

120ml meat broth

20g chopped Italian parsley

30g grated pecorino cheese

2 egg yolks

12g salt

some pepper

5g fresh rosemary leaves, chopped

5g fresh sage leaves, chopped

도우만들기

1. 감자를 삶아 껍질을 벗기고 으깬 다음, 이스트와 따뜻한 물을 넣고 따뜻한 상태에서 믹싱한다.
2. 밀가루와 소금을 넣고 잘 섞다가, 물을 넣고 밀가루가 수분을 쉽게 흡수하도록 잘 섞는다.
3. 충분하게 반죽이 되면, 도우를 그릇에 담아 표면에 올리브유를 바르고 상온에서 두 시간 정도 발효시킨다.

필링 만들기

4. 버터와 올리브유를 두른 팬에 양파를 볶다가 돼지고기를 넣고 살짝 볶은 다음 타월에 부어 물기를 완전히 뺀다.
5. 빵가루에 스톡을 부어 촉촉하게 적신 다음, '4'의 볶은 돼지고기, 다진 파슬리, 페코리노 치즈가루, 난황, 소금과 후추, 세이지와 로즈메리 등을 잘 섞는다.

완성하기

6. 부풀어 오른 도우를 툭 쳐서 공기가 빠지면, 25쪽으로 나눈 다음, ∮10cm 정도의 크기로 둥글게 밀어 한쪽에 후추를 뿌린다.
7. 가운데 필링을 놓고 가장자리에 난백을 바른 다음, 가장자리를 가운데로 모아 붙인다. 이때 모양은 다양하게 할 수 있으나, 반달모양으로 만들기를 선호한다.
8. 베이킹 시트팬(baking sheet pan)에 옮기고, 도우의 표면이 마르지 않도록 조치한다.
9. 170℃의 올리브유에 황금갈색으로 양면을 튀긴 다음 소금을 약간 뿌려 뜨겁게 제공한다.

Insalata al fumetto di granchio

셀러리 소스의 게살 샐러드

Crab meat salad with celery sauce

재료(1인분)

40g fresh crab meats

5ml mustard

5g chopped bacon

5g curry powder

5g celery, chopped

2 slice bacon bits, chopped
5g caper, chopped
10g red beet root, julienne
5g onion, chopped
1 celery leaf
5g fennel, chopped
40ml celery sauce
5g anchovy, chopped
some salt & pepper
15ml mayonnaise
5g chive, chopped

1. 잘게 자른 싱싱한 게살에 다진 베이컨, 셀러리, 케이퍼, 양파, 회향, 앤초비, 겨자, 마요네즈, 카레가루, 소금, 후추로 샐러드를 만든다.
2. 접시 중앙에 셀러리 소스를 깔고 그 위에 둥근 링을 이용해 게살 샐러드를 담는다.
3. 오븐에 구워 슬라이스한 베이컨, 채 썬 비트, 셀러리 잎, 처빌을 이용해 장식한다.

Risotto alla mela e salmone all'Arancia

오렌지 소스의 연어와 사과 리조토

Apple & salmon risotto with orange sauce

I.C.I.F 리조토 경진대회 출전작 인터컨티넨탈 박창우 추천요리

재료(6인분)

300g rice
100g parmesan cheese
20g white roux
50g butter
500ml chicken stock
3 sh sea laver
50g chopped onion
some salt & pepper
100g spring cabbage
120ml white wine
10ml lemon juice
6ea red chilli
1 egg
50ml tomato sauce
300g apple slice
20g salmon roe
120g fresh salmon
100ml apple juice
500ml orange juice
30ml fresh cream
10ml brandy
20ml grand marnier

1. 버터(50g)에 다진 양파(20g)를 볶다가 쌀(300g)을 넣고 살짝 볶아 백포도주(100ml)를 넣고 졸인다. 나무주걱으로 잘 저으면서 스톡을 조금씩 첨가하여 약한 불에 약 10분간 조리해서 Basic risotto를 준비해 둔다.
2. 연어, 생크림(120ml), 브랜디, 백포도주(20ml), 레몬주스와 소금, 후추를 브랜더에 넣고 곱게 갈아 무스를 만들고, 붉은 고추를 기름에 튀겨 껍질은 벗기고, 씨는 모두 제거한다.
3. 버터를 두른 팬에 양파를 볶다가 슬라이스한 사과를 넣고 볶는다. 앞에서 준비한 리조토와 사과주스, 치킨 스톡을 넣고 은근히 끓인다. 파르메산 치즈, 버터, 연어알을 넣고 소금과 후추로 간하여 마무리한다.
4. 배추를 살짝 데쳐 물기를 제거하고 리조토와 연어를 섞어 타원모양으로 싸서 계란물을 묻혀 기름에 튀긴다.
5. 또다른 것은 김을 깔고, 데친 배추를 깔고 리조토와 연어를 섞어 원모양으로 말면서 가운데 연어알을 넣는다. 끈으로 묶어 약한 스팀에 약 10분 간 쪄서 가운데를 자른다.
6. 또다른 것은 리조토와 연어를 섞어 체리 토마토

속을 채워 같이 찐다.

7. 오렌지 소스를 만들어 접시에 보기 좋게 끼얹고 토마토 소스를 몇 방울 떨어 뜨린다. 튀긴 것과 찐 것을 보기 좋게 놓는다. 고추를 중앙에 놓고 사과를 슬라이스해서 밀가루 묻혀 기름에 튀긴 것으로 장식한다.

Involtini con maiale e formaggio

돼지고기로 싸서 튀긴 햄과 치즈 볼

Breaded pork, ham, cheese ball

재료(8인분)

900g sliced pork meat
salt & pepper
6 slice cheese
100g bread crumbs
3 slice cooked ham
1 lt salad oil for fry
2 eggs

1. 2mm 두께로 얇게 슬라이스한 돼지고기를 6×12cm 크기로 절각하여 소금과 후추로 간한다.

2. 햄과 치즈를 3×3cm 크기로 절각하고, 햄의 양면에 치즈를 대고, 돼지고기로 싼다.

3. 밀가루, 계란물, 빵가루를 묻혀 기름에 튀긴 다음, 흡수지에 기름을 빼고 접시에 담아 제공한다.

Frittelle di formaggio

튀김 치즈 볼 *Fried cheese ball*

재료(4인분)

10 slice cheese
2 stalk parsley
30g chopped onion
12 cherry tomatoes
30g chopped celery
40g flour
30g chopped carrots
80g bread crumb
5g chopped parsley
1 lt oil for fry
1 egg

1. 오일 두른 팬에 양파, 당근, 셀러리를 살짝 볶아내어 식힌다.

2. 치즈를 잘게 다지거나 으깨서 계란, 다진 파슬리와 함께 '1'에 넣고 잘 섞는다.

3. 2.5cm 크기의 볼로 만들어 밀가루, 계란물, 빵가루를 묻혀 기름에 황금색으로 튀겨낸다.

4. 흡수지에 기름을 빼내고, 접시에 담아 체리 토마토와 파슬리로 장식하여 제공한다.

Bruschetta con salsa tartaraal tonno affumicato e'nsalata di avocado

참치와 아보카도를 곁들인 브루스케타

Bruschetta with tuna tartar & avocado salad

호텔 스위스 그랜드 이탈리안 레스토랑 그랜드 그릴

민계홍 조리장 추천요리 02) 2287-8368

재료

1 slice focaccia bread
1/6 fresh lemon
50g tomato concasse
20ml olive oil
20g chopped onion
3g caper
5g chopped garlic
60g tuna
10ml white wine
some salt & pepper
1/4 avocado

1. 토마토 콩카세에 마늘, 양파, 다진 베질, 올리브유, 소금, 후추로 소스를 만든다.

2. 포카치오 빵을 샐러맨더에 약간 구워 앞의 소스를 얹는다.

3. 접시에 아보카도를 썰어 놓고 올리브유와 후추를 뿌려 접시에 담아 제공한다.

Insalatina tricolore

모짜렐라 치즈와 토마토를 곁들인 샐러드

Salad avocado, tomato, Italian mozzarella cheese with olive oil and basil

재료(1인분)

40g sliced avocado
20ml olive oil
40g sliced Italian tomatoes
some salt & pepper
40g sliced mozzarella cheese
50g mixed salad
5g sliced fresh basil
20ml balsamic vinegrette

1. 아보카도의 씨와 껍질을 제거하고 얇게 슬라이스한다.

2. 이태리 모차렐라 치즈, 잘 익은 토마토를 5mm 정도의 두께로 슬라이스한다.

3. 위 재료를 접시에 예쁘게 놓는다. 믹스 샐러드도 담는다.

4. 샐러드 위에 발사믹 드레싱을 끼얹고 베질을 그 위에 뿌려 제공한다.

Frittelle di mozzarella

모짜렐라 치즈 튀김

Deepfat fried mozzarella cheese with tomato sauce

이탈리안 레스토랑 두오모 송태열 조리장 추천요리

02) 3461-7100 (전 인터컨티넨탈 호텔 근무)

재료(8인분)

250 mozzarella cheese, block
100g bread crumbs
3 ea eggs
1 lt olive oil for fry
100g flour
300ml tomato sauce

1. 모자렐라 치즈를 사각형의 막대 모양으로 손가락 크기로 자른다.
2. 치즈에 밀가루를 묻히고, 계란물을 골고루 묻힌 다음, 빵가루를 묻힌다.
3. 3회 정도 묻힘을 반복한다.
4. 160~170℃의 기름에서 황금색으로 튀겨, 소스를 곁들여 제공한다.

Insalata mista ai frutti di mare

토마토 소스의 해산물 샐러드

Mixed seafood with tomato sauce

재료(1인분)

2 pc scallops, trimmed
10g mushroom
50g salmon, trimmed
10g broccoli
50g topshell, trimmed
1 pc endive
10g carrots
30ml tomato sauce
10g celery
2 chive
30ml white wine
1 leaf fresh dill
10ml olive oil
some salt & pepper
10g onion

1. 올리브유에 다진 양파를 볶다가 가리비, 연어, 소라를 넣고 백포도주를 넣은 다음 뚜껑을 덮고 약 20초 후에 뚜껑을 연다.
2. 당근, 샐러리, 양송이, 브로콜리를 피클을 만든다.
3. 소스와 야채, 생선을 접시에 담는다.
4. 앤다이브와 딜, 차이브로 장식하여 제공한다.

Carpaccio di manzo al parmigiano e funghi

파르메산 치즈와 양송이를 곁들인 얇게 썬 쇠고기

Thiny sliced raw beef with Parmesan cheese & mushrooms

재료(1인분)

50g sliced beef tenderloin
5 g sliced celery
15g parmesan cheese, sliced
some salt & pepper
3 leaves iceberg lettuce
2 lemon wedge
8ml olive oil
1 sliced mushroom

1. 접시 중앙에 양상추를 깔고, 안심을 얇게 썰어 올려놓는다.

2. 소금, 후추로 간을 하고, 파르메산 치즈를 뿌려 주고, 셀러리를 뿌려 준다.

3. 버섯을 올려 준 다음 올리브유를 뿌려 준다.

4. 레몬 즙을 약간 뿌려 주고, 옆에 레몬 웨지를 올려서 서브한다.

Funghi farciti con mozzarella e verdure

치즈와 야채로 속을 채워 구운 양송이와 마늘 소스

Stuffed mushroom with garlic sauce

레스토랑 이탈리아니스 김홍근 조리장 추천요리, 02) 548-1611

재료

5 fresh mushroom, some salt & pepper
50g mozzarella cheese
30ml tomato sauce
100g cooked broccoli
5g chopped parsley
1g nutmeg powder
20ml tomato sauce
4 cloves garlic in the peel

mushroom stuffing

200g mushroom, 100g Italian sausage
5ml olive oil, 4g chopped fresh oregano
4g chopped spinach
50g bread crumb
some salt & pepper
40g parmesan cheese
5g chopped parsley

1. 스터핑 만들기 : 다진 소시지는 볶아 기름을 걸러내고, 다진 양송이를 볶다가 앞의 소시지와 오레가노를 첨가하고, 잠시 후에 시금치, 빵가루, 소금, 후추를 가미하고 시금치가 풀이 죽을 때까지 가열한 후에 시트팬(sheet pan)에 넓게 펴서 식으면 파르메산 치즈, 파슬리를 넣고 잘 섞는다.
2. 마늘을 껍질째 오븐에 구워서 껍질을 벗겨내고 알맹이를 문질러 크림에 넣고 졸이다가 소금과 후추를 가미하여 마늘 소스를 만든다.
3. 준비된 스터핑에 푹 익힌 브로콜리나 다른 야채를 다져 넣고, 넛멕과 소금후추로 양념하여 양송이의 꼬투리를 절각하고 그 위에 토핑하고, 치즈를 덧씌워, 200℃ 오븐에서 10분 정도 베이킹한다. 양송이의 내부가 60℃ 정도로 유지되어야 한다.
4. 따뜻한 접시 바닥에 마늘소스를 넓게 펴고, 양송이를 군데군데 놓은 다음 토마토 소스를 토핑한다. 다진 파슬리로 장식하여 따뜻하게 제공한다.

Prosciutto e melone

달콤한 멜론과 이태리 정통햄 프로슈토

Italian raw ham with musk melon

힐튼호텔 이탈리안 레스토랑 일-폰테 (Il Ponte) 강원철 조리장

추천요리 02) 317-3217

재료(1인분)

6 pc musk melon

50g fruits cocktail

10 thin slice prosciutto or raw ham

1 stalk mint or basil leaf

1. 머스크 멜론을 길게 12쪽을 내어 접시에 6쪽을 놓는다.

2. 그 위에 얇게 썬 이탈리안 프로슈토를 놓는다.

3. 중앙에 과일 칵테일을 담아 놓고 민트나 베질로 장식하여 제공한다.

cf) 프로슈토와 멜론의 짜고 단맛 그리고 특유의 향취가 서로 어우러져 특별한 맛을 느낄 수 있으며, 이태리 전채요리를 대표한다고 한다.

Gamberi e Capesante all aglio e pomodoro

새우와 가리비에 베질 토마토 소스

Shrimps & scallops with garlic , basil & tomato sauce

호텔롯데월드 이탈리안 레스토랑 베네치아

김원규 조리장 추천요리 02) 411-7738

재료(6인분)

18 whole prawn, medium
50ml olive oil
18 pc fresh scallops
1 cloves garlic
120ml tomato sauce
50g butter
6 leaves fresh cresson or basil
60ml white wine
60g chopped onion
some salt & pepper
150g marinated herb salad

1. 팬에 버터와 올리브유를 넣고 살짝 으깬 마늘을 볶은 다음 꺼내버리고, 와인을 넣고 새우와 가리비를 익힌다. 소금과 후추로 간한다. 너무 익지 않도록 주의한다.
2. 서빙 접시에 토마토 소스를 넓게 끼얹고 새우와 가리비를 보기 좋게 놓는다.
3. 가리비 위에 페스토 소스를 토핑한다.
4. 베질 잎과 크레송으로 예쁘게 장식한다.
5. 중앙에 허브 샐러드를 제공한다.

Lumache alla piemontese al burro e aglio

이태리식 달팽이 요리

Snails with ham, mushroom & tomato sauce or garlic sauce

재료(10인분)

300g snail (6ea per person)
10 leaves watercress
80ml white wine
1g nutmeg
500ml tomato sauce
10 leaves fresh basil
1 cloves garlic, chopped
some salt & pepper
50g chopped onion
200g champignon mushroom
20ml olive oil
200g black mushroom
10g chopped parsley
100g sliced ham
10g chopped basil

1. 팬에 올리브유와 버터를 넣고 마늘과 양파를 살짝 타지 않도록 볶는다.
2. 달팽이를 넣고 10여 초 볶은 다음, 와인을 넣고 살짝 졸인다.
3. 양송이, 햄을 넣고 더 볶은 다음, 토마토 소스를 넣고 베질과 넛멕을 넣는다.
4. 소금과 후추로 간을 하고 서빙용 달팽이 접시에 예쁘게 담아 제공한다.

cf) 달팽이 껍질이 있으면 사용하는 게 좋다.

Insalata caprese

카프리 섬의 토마토와 모짜렐라 치즈 샐러드

Tomato & mozzarella salad with balsamico vinegrette

이탈리안 레스토랑 일-비노로소 김명환 조리장

추천요리 02) 754-011~3

재료(1인분)

5 slice tomato

some salt & pepper

5 slice mozzarella cheese

20ml olive oil

2 springs fresh basil leaves, sliced

2 green olive

5ml balsamico vinegar

2 black olives

1. 토마토와 모차렐라를 사이사이에 끼워 넣는다.

2. 발사미코, 올리브유, 베질, 소금, 후추를 뿌려 준다.

3. 올리브로 장식한다.

Spaghetti di grano saraceno al tonno

메밀국수를 곁들인 참치와 호스레디쉬 드레싱

Tuna with buckwheat noodles

재료(4인분)

320g fresh tuna fishes
10g sugar
400g buckwheat spaghetti, cooked
30g honey
1 pc cucumber
2 ea egg yolk
4 pc sea weed
200ml peanut oil
50g red pimento chopped, sauted
30g roasted peanuts
50g horseradishes cream
20ml lemon juice
10ml salad oil

1. 레몬주스, 꿀, 호스레디쉬 크림, 난황, 땅콩기름을 블렌더에 넣고 곱게 갈아, 소금으로 간하여 드레싱을 만든다.
2. 오이를 얇게 썰어 소금에 2~3시간 정도 절인 뒤 물기를 짜고 약간의 설탕을 넣는다.
3. 참치를 8조각 내어 프라이 팬에 오일을 두르고 약간 익힌다.
4. 삶은 메밀국수는 포크로 동그랗게 말아 접시에 놓고 위에 오이와 참치를 놓는다.
5. 김으로 장식하고 주위에 땅콩을 놓아 제공한다.

Carpaccio di manzo

쇠고기 까르파초와 파르메산 치즈

Finely sliced beef tenderloin

르네상스 서울 호텔 이탈리안 레스토랑 토스카나

이종찬 조리장 추천요리 02) 2222-8691

재료(10인분)

600g beef tenderloin
20g parmesan cheese
200g rucola salad
200ml olive oil
200g black olives, mashed
2g salt
1/2 fresh lemon juice

1. 소 안심을 손질하여 비닐로 둥글게 말아 냉동시킨다.
2. 적당히 냉동된 안심을 슬라이스 머신에 얇게 썰어 접시에 담고 소금후추를 뿌린다.
3. 곱게 간 블랙 올리브, 올리브유, 레몬주스를 잘 섞어 소스처럼 만들어 살짝 끼얹어 준다.
4. 루콜라 샐러드를 슬라이스하여 얹고, 파르메산 치즈를 슬라이스하여 보기 좋게 장식하여 제공한다.

수 프

수프의 개요

이태리 수프(Zuppa, Soups)는 두 가지, 즉 계절적 요인과 지역적 요인으로 특징지워진다. 진정한 의미의 수프라기 보다는 생선 코스에 보다 더 가깝다고 말할 수 있는 생선이나 해산물 수프를 제외하고, 수프에 사용하는 야채와 허브 등 대부분의 식재료는 계절과 지역에 따라 생산 종류는 물론이며, 향취가 달라지기 때문이다.

또한 같은 식재료를 사용한다고 하더라도 지역에 따라 수프를 만드는 스타일이 확연히 다르게 나타난다. 야채수프를 보더라도 지역마다 차이가 나는 것을 쉽게 알 수 있다. 남부 지역에서는 토마토, 마늘, 올리브유, 파스타를 많이 넣으며, 투스카니(Tuscana)의 교외지역에서는 빈스와 빵을 넣어 진하게 만들며, 북부지역의 쌀을 넣고 향을 즐기는 리비에르(Riviera) 마을은 양상추와 프레시 허브를 넣는다.

같은 수프라 하더라도 진하게 아니면 묽게, 내용물을 잘게 부수거나 아니면 거칠게 자르는 정도 등의 미미한 차이를 느끼는 경우도 있다. 콩류나 감자로 만드는 수프는 곱게 갈아 만드는 경우도 있는데, 사실 크림수프와 프로세서에 곱게 간 수프가 전통 이태리 요리에는 없었다는 사실을 우리는 알아야 할 것이다.

이탈리안 수프의 용어

brodo
또뗄리니(tortellini) 같은 파스타를 넣은 '맑은 브로스(clear broth)' 수프.

minestra
야채를 조금 넣은 수프(light).

minestrone
야채, 콩, 파스타, 쌀 등을 많이 넣은 수프.

minestrina
야채를 퓌레(purée)한 라이트(light) 수프.

zuppa
진하고 풍성한 야채나 생선 또는 해산물 수프

Brodo di carne

육류 브로스 수프 Meat broth

이 수프는 만들기 시작하는 초기가 복잡하며, 진한 소스나 스튜에도 이용된다. 향미를 극대화하려면 고기에 야채를 섞어 사용하고, 찬물에 넣고 가열하여 만들어야 한다. 쇠고기와 가금을 혼합하여 사용하는 것이 좋다.

재료(8인분)

1kg chicken bone, cut into small
1 large carrot, cut into small
1kg beef, cub size
1 stalk celery with leaves
750g beef shank marrow bones
1 bunch parsley, cut into small

1 ea fresh tomato, cut into small
3 ea black pepper corn
1 ea onion, cut into small
10g salt
3 liters water

1. 닭뼈와 소뼈를 씻고 기름을 제거한다. 냄비에 넣고 쇠고기, 양파, 당근, 셀러리, 파슬리, 토마토, 통후추 등을 넣는다. 찬물을 넣고 뚜껑을 덮어 끓인다.
2. 끓기 시작하면, 불을 낮추어 은근한 불에서 약 3시간 동안 시머링한다. 기름이나 거품은 스키머(skimmer)로 수시로 떠낸다. 끓지 않도록 세심한 주의를 하여야 한다.
3. 뼈와 고기는 건져내어, 고기를 잘게 찢어 레몬주스와 올리브유, 파슬리 등으로 양념하여 샐러드로 사용하고, 브로스는 소창에 거른다.
4. 브로스 수프를 제공하기 바로 전에 소금으로 간을 한다. 가니시는 야채와 살코기를 잘게 썰어 사용할 수 있다.

Minestrone alla Romagnola

로마냐식 야채 수프 Vegetable soup

로마냐에서는 당근, 양파, 감자 등 계절성 야채를 브로스에 넣어 만든다. 먼저 양파를 볶아 냄새를 없앰으로써 다른 야채에 양파냄새가 배어드는 것을 방지한다. 처음 수프를 끓일 때 야채는 모두 익힐 필요는 없으며, 냉장보관 후에 꺼내어 사용할 때 다시 가열하면서 완전히 익히는 것이 좋다.

재료(8인분)

450g zucchini
100g sliced onion
100ml olive oil
100g white cabbage
50g butter
100g kidney beans, cooked
100g carrots, diced
1.5 lt meat broth
100g celery, diced
50g grated parmesan cheese
200g potatoes, diced
100g tomatoes, diced
100g fresh green bean, diced
some salt & pepper
300g cheese crust, parmesan

1. 주키니는 소금에 절여 씻은 다음 다이스한다. 포트에 버터와 올리브유를 넣고 먼저 양파를 살짝 볶는다. 여기에 당근, 셀러리, 감자의 순서로 넣으면서 각각 2분 정도 은근하게 소테한다.
2. 그린 빈스 넣고 2분, 주키니 넣고 2분, 양배추 넣고 5분 정도 살살 볶은 다음, 브로스를 붓는다.
3. 파르메산의 단단한 껍데기를 넣고 토마토와 주스, 소금을 약간 넣는다. 은근하게 시머링한다. 이때 뚜껑을 덮어 준다.
4. 2시간 정도 끓이고 나서, 삶은 강낭콩을 넣고, 30분 후에 치즈 껍데기를 건져내고 불을 끈다.
5. 파르메산 가루를 넣고 잘 저어 준다. 마지막으로 소금과 후추로 간을 조정한다.

Pastina in Brodo di pollo

파스타를 넣은 닭고기 브로스
Chicken broth with pasta

재료(6인분)

1 bayleaf
1 large carrot, cut into small
3 lt cold water
1 ea tomato, cut into small
1.7kg chicken
1 stalk celery with leaves
170g any small soup pasta
1 bunch parsley, cut into small
50g grated parmesan cheese

5 each black pepper corn
10g salt

1. 닭은 3cm 크기로 자르고 깨끗하게 씻어낸다. 찬물에, 월계수잎, 당근, 토마토, 셀러리, 파슬리, 통후추를 넣고 끓으면 불을 낮추고 은근하게 약 1시간 정도 시머링한다.
2. 스키머로 표면으로 떠오르는 기름이나 거품 등 찌꺼기를 수시로 걷어 낸다. 물이 끓지 않도록 세심한 주의를 기울인다.
3. 소창으로 깨끗하게 거르고 다시 끓이면서, 파스타를 넣고 약 5분 정도 지나면 소금과 후추로 간을 한다.
4. 파르메산 치즈와 다진 파슬리를 가니시로 넣어 제공한다.

Crema di spinaci

시금치 크림 수프 Spinach soup

재료(6인분)

1kg fresh spinach leaves
4g nutmeg
some salt & pepper
70g grated parmesan cheese
60g chopped onion
6 pc crostini, fried bread squares
500ml meat or chicken broth
500ml milk
60g butter

1. 시금치를 깨끗하게 씻은 후 소금을 약간 넣은 물에 데쳐 찬물에 식히고 물기를 짜서 다진다.
2. 버터에 양파를 연한 갈색이 나게 볶고, 시금치를 넣고 3분 정도 은근하게 잘 저으면서 소테한다.
3. 브로스, 우유, 넛멕을 넣고 시머링하면서 자주 저어 준다.
4. 파르메산 치즈를 넣고, 소금과 후추로 간을 조절하고 불을 끈다.
5. 접시에 담고 크로스티니(bread crouton)를 별도로 함께 제공한다.

Minestra di primavera alla Milanese

쌀과 베질을 가미한 밀란식 여름 야채수프
Summer vegetable soup with rice and basil, milan style

밀란의 여름철 식당에서 맨 먼저 이 수프를 만들며, 딥(dips)을 곁들인 야채와 함께 제공되며, 멜론이나 달콤한 무화과에 파르마햄을 곁들여 함께 아침으로 먹는다. 12시나 1시쯤 되면 야채에서 진한 국물이 배어나와 진해진다. 야채수프는 식은 다음 다시 데워야 제맛이 나기 때문에 하루 전에 만들어 놓으면 더 좋다. 여름철에는 냉 수프로 제공되기도 한다.

재료(6인분)

4 cup vegetable soup, romagna style
80g Parmigiano-Reggiano cheese, grated
4 cup water
10 leaves fresh basil
some salt & pepper
50ml extra virgine olive oil
1 cup rice

1. 야채수프와 물을 넣고 가열한다.
2. 쌀을 넣고 나무주걱으로 잘 젓는다.
3. 끓으면 소금과 후추를 약간 넣고, 뚜껑을 덮고 시머링(simmering)한다.
4. 가끔 저어 주며, 12분이 지나야 쌀이 익는다. 치즈를 넣어 잘 저어 주고, 간을 조절한다.
5. 제공하기 10여 분 전에 프레시 베질을 얇게 썰어 넣는다.
6. 뜨겁거나 차지 않게 상온으로 제공하며, 접시바닥에 올리브유를 약간 뿌리고 수프를

담는다.

cf) 이 수프는 그날그날 만들어 사용해야 하며, 페스토(pesto)를 첨가하여 향미를 더하는 경우에는 베질을 넣지 말아야 한다.

Minestra di manzo e verdura con orzo

보리와 야채의 쇠고기 수프

Beef soup with barley & vegetables

추운 겨울날 가정식으로 적합하며, 프리모로 제공하거나 점심이나 저녁에 가볍게 한끼 식사로 대용하기도 한다. 쇠고기는 사태나 방심, 갈비살, 뼈 등을 사용한다.

재료(6인분)

1.5kg beef short rib
1 ea onion cut into half
2 bay leaves
370g finely shredded cabbage
1 stalk celery with leaves
1 large potato, diced
100g barley
1 small carrot, cut into small
20g salt
250g rutabaga, small diced
2.5 lt cold water
3g grounded black pepper
50g grated Parmesan cheese for serve

1. 찬물(2.5lt), 잘게 자른 쇠고기, 월계수잎, 양파, 셀러리를 넣고 끓으면, 불을 줄이고 은근하게 시머링한다. 이때 끓지 않도록 세심한 주의를 하여야 하며, 표면으로 떠오르는 거품, 찌꺼기, 기름 등을 걷어낸다.

2. 또 다른 포트에 보리를 30분 정도 삶으면서 소금을 약간 넣어 준다. 물을 걸러 준비해 둔다.

3. 고기를 한 시간 정도 시머링하고 양배추, 감자, 당근, 황색순무, 소금(15g)을 넣는다.

4. 30분 정도 지나면 삶은 보리를 넣고 후추로 양념하여 5분 후에 불을 끈다.

5. 양파와 월계수잎을 건져서 버리고, 익은 쇠고기는 건져서 기름을 제거하고, 적당한 크기로 썰어 수프에 다시 넣고, 소금과 후추로 간을 조절하여 뜨겁게 제공한다.

6. 파르메산 치즈는 테이블 서비스한다.

Risi bisi

쌀과 완두콩 수프 Rice and peas

사실 이태리에서 3월 25일은 독일이 나치와 파시스트 독재로부터 해방된 날이며, 베니스에서는 산마르코 사도의 1000번째 즈음하는 탄신기념일이기 때문에 그들에게 전통적으로 이 축제일은 특별한 날이다. 특히 베니스인들은 이날 첫번째 식사로 쌀과 완두콩으로 만든 수프를 먹음으로써 다시 찾아온 봄을 맞이한다. 이 수프를 만드는 데 반드시 완두콩이 필요한 것은 아니며, 맛과 향을 내면 되기 때문에 콩깍지를 삶아 그 물로 만드는 경우도 있다. 농도는 한국요리의 미음이나 죽 정도면 족할 것이다.

재료(4인분)

900g fresh young peas with the pods
some salt & pepper
30g chopped onion
900ml meat broth
100g grated parmesan cheese
200g rice
60g butter
20g chopped parsley

1. 깍지콩을 반은 통째로 사용하고, 나머지 반은 콩길이로 자른다.

2. 버터로 양파를 갈색이 나게 볶는다. 콩과 깍지콩을 넣고 소금을 약간 넣고 3분 정도 잘

볶는다.

3. 브로스(700ml)를 넣고 10분 정도 은근하게 시머링한다.
4. 쌀과 나머지 브로스를 넣고 쌀이 부드럽게 익을 때까지 약 20분 동안 가열한다.
5. 쌀이 익으면, 다진 파슬리와 파르메산 치즈를 넣고, 소금과 후추로 간을 조절하여 제공한다.

Minestra di gamberetti e bietole

새우와 근대로 만든 수프

Swiss chard & shrimp soup with rice

재료(8인분)

500g medium raw shrimp
60ml olive oil
1kg white fish bones including head
250g boiled potato, diced
2 small onion
10g tomato paste
2 large carrots, grated
100g rice
1 stalk celery
1kg Swiss chard, chopped
3 white pepper corn
3g ground black pepper
20g salt

1. 새우의 머리, 내장, 껍질을 제거하고 긴쪽 반으로 잘라, 다시 짧은 쪽 반으로 자른다.
2. 새우 껍질과 생선뼈를 물(3lt)에 넣고 양파, 당근 1개 분량, 셀러리, 흰통후추를 넣고 끓으면 불을 낮추고 30분 정도 시머링하며, 부상하는 찌꺼기와 거품을 떠내고, 소창에 거른다.
3. 감자를 올리브유와 함께 프라이팬에 엷은 갈색이 나도록 볶는다. 곱게 다진 양파를 약간 넣고, 당근 1개 분량을 마저 넣어 익힌다.
4. 토마토 페이스트를 풀어 넣고 스톡, 쌀을 넣고 잘 저어 10분 정도 끓인다. 근대를 넣고 10분 정도 더 가열하고, 불을 끈 다음 새우를 넣는다.
5. 소금과 후추로 간을 하고 뜨겁게 제공한다.

Minestra di primavera

봄철의 야채 수프 Spring vegetable soup

이 수프는 오래 끓이지 않기 때문에 진하지도 않으며, 야채 본연의 싱싱한 맛을 그대로 느낄 수 있다. 아티초크와 완두콩에서 배어나오는 감미를 맛볼 수 있으며, 감자를 베이스로 마늘과 올리브유로 만든다.

재료(6인분)

3 pc fresh artichokes
450g boilded potatoes, cut into small
20ml lemon juice
some salt and pepper
450g fresh peas
20g chopped parsley
50ml extra virgin olive oil
6 pcs garlic toasted crusty bread
2 cloves chopped garlic

1. 아티초크를 다듬고, 슬라이스하여 레몬주스를 가미한 물에 담는다.
2. 다진 마늘을 올리브유에 갈색으로 볶다가 슬라이스한 감자를 넣고, 은근한 불에 10분 정도 가열한다. 콩깍지와 콩을 분리하여 올리브유에 3~4분 정도 볶다가 물을 붓고 20분 정도 삶는다.
3. 아티초크를 채에 걸러 물기를 빼내고 포트에 넣고 소금 후추를 약간 넣고 3~4분 정도 익힌다. 위에서 준비한 콩과 감자를 넣고 30분 정도 익힌다. 특히 아티초크가 완전히 무르도록 해야 한다.
4. 다진 파슬리를 넣고 서빙 접시에 다진 마늘 빵과 함께 바로 제공한다.

Minestra di lenticchie

렌틸 수프 Lentil soup

재료(4인분)

60g butter
150g chopped tomato
60g salad oil
220g dried lentil
30g chopped onion
1 lt meat broth
50g pancetta or prosciutto ham, chopped
some salt & pepper
30g chopped carrots
50g grated Parmesan cheese
30g chopped celery

1. 버터와 식용유로 판체타 햄을 볶다가, 양파를 넣고 갈색이 나게 볶는다.
2. 당근과 셀러리를 넣고 저으면서 3분 정도 은근하게 익히다가, 토마토와 그 주스를 넣고 25분 정도 익힌다. 렌틸을 물에 씻어 넣고, 잘 저은 다음 브로스를 넣고, 소금과 후추를 약간 넣는다.
3. 렌틸은 종류에 따라 농도나 맛이 다르므로 수시로 점검하면서, 45분 정도 은근하게 시머링한다. 브로스의 양은 농도에 따라 가감한다.
4. 마지막으로 버터(30g)와 파르메산 치즈, 소금과 후추로 마감한다. 파르메산 치즈는 테이블에도 제공한다.

Zuppa di scarola

엔다이브 수프 Escarole soup

에스커로울(escarole)이나 엔다이브(curly endive)를 주재료로 사용한다. 가니쉬로 곁들여진 올리브유로 튀겨 낸 크루통(croutons)이 향취를 더해 준다.

재료(6인분)

1 litter chicken borth
250g bread, cubed, remove crust
500g escarole or curly endive
90ml olive oil
some salt & pepper
50g parmesan cheese, grated

1. 치킨 브로스를 끓이고, 잘 씻은 엔다이브를 2cm 정도 크기로 잘라 넣고, 20분 정도 끓인다.
2. 올리브유로 브레드 크루통을 만든다.
3. 수프에 소금과 후추로 간을 하고, 서빙 볼에 담아 크루통과 파르메산 치즈를 띄워 바로 제공한다.

Minestra con pasta e fagioli

파스타와 콩을 넣은 수프 Pasta and bean soup

재료(6인분)

60ml olive oil
900g cranberry bean or kidney
40g chopped onion
800ml meat broth
60g chopped carrots
some salt & pepper
60g chopped celery
200g small macaroni or maltagliati
150g chopped tomato with juice
30g grated parmesan cheese
300g pork ribs or ham bone
20g butter

1. 올리브유로 다진 양파를 연한색이 나게 볶는다. 당근, 셀러리, 돈갈비를 넣고 잘 저으면서 10분 정도 볶는다.
2. 토마토와 주스를 넣고 10분 정도 더 시머링한다.
3. 물에 씻은 콩을 넣고 5분 정도 볶은 다음,

브로스를 부어 은근하게 시머링한다.

4. 콩을 반 컵 정도 꺼내어 블렌더에 곱게 갈아 다시 넣는다. 파스타를 넣는다. 이때 필요하면 브로스를 더 넣는다. 소금과 후추로 간을 조절한다.
5. 파스타가 어느 정도 익으면 불을 끄고, 버터와 파르메산 치즈를 넣는다.
6. 이 수프는 뜨겁게 제공하는 것이 아니라 따뜻한 상태로 제공해야 한다.

Minestrina di zucchine

파란 애호박 수프 Zucchini soup

생선이 제공되는 메뉴에 적격이다.

재료(6인분)

1kg small zucchini
5g chopped fresh majoram
60g butter
30g flour
1 ea onion, chopped
250g milk
1 stalk celery with leaves, chopped
750g chicken broth
2 ea bay leaves
some salt & pepper

1. 호박을 다듬고 씻어 곱게 다지거나 기계로 간다.
2. 버터(30g)와 올리브유를 팬에 녹이고, 양파를 4분 정도 볶다가 셀러리, 호박, 월계수잎, 마조람을 넣고 20분 정도 은근한 불로 볶는다.
3. 버터(30g), 밀가루(30g), 우유(250g), 베샤멜 소스를 만들고, 여기에 치킨 브로스(750ml)를 넣는다.
4. 볶은 야채와 만든 소스를 블렌더에 곱게 간다.
5. 다시 소스 포트에 넣고 끓지 않도록 가열하면서, 소금과 후추로 간을 하여 제공한다.

Acquacotta

토스카나 양배추와 콩으로 만든 수프

Toscana peasant soup with cabbage and beans

재료(6인분)

2 ea onion, diced
200g tomato, diced, peeled
some salt & pepper
3 pc fresh basil leaves, slice
100ml olive oil
100g cannellini bean, cooked
2 stalk celery with leaves, chopped
12 pc toasted bread
100g sliced cabbage
100g parmesan cheese
100g kale leaves, chopped
100ml fresh lemon juice
6 eggs
1 lt broth

1. 올리브유에 양파를 약간의 소금을 넣고 볶다가, 셀러리를 넣고 2분 정도 더 볶는다.
2. 다진 케일, 다진 토마토, 베질을 넣고 살짝 볶은 다음, 브로스를 넣는다.
3. 뚜껑을 덮고 두세 시간 은근하게 익히고, 졸아들면 물을 보충한다. 여기까지는 미리 대량으로 만들어 저장했다가 사용하기도 한다. 삶은 콩을 넣고 소금과 후추로 간을 한다.
4. 세라믹 볼에 토스트를 깔고 나머지 올리브유를 빵에 붓는다. 여기에 수프를 떠 넣고, 파르메산 치즈를 뿌려 준다.
5. 다른 소스팬에 레몬주스와 물을 은근하게 가열한다. 끓지 않도록 하며, 계란 6개를 하나하나 3분씩 포치하여, 구멍난 스푼으로 건져 세라믹 볼에 담겨진 수프 위에 통째로 띄워 준다. 소금과 남은 파르메산 치즈를 계란 위에 뿌려서, 200℃ 오븐에 10분 정도 베이킹한다.
6. 서빙 수프 볼에 계란과 빵 조각이 각각 들어가도록 담아 제공한다.

Minestra di zucca

노란 호박 수프 Pumpkin soup

주카(zucca)라고 하는 노란 호박은 색, 조직, 당도가 버터넛 호박(butternut squash)과 너무나 비슷하다. 주카는 뇨끼, 파스타 스터핑, 리조토, 야채요리, 프리터, 디저트 등에 널리 쓰인다. 이 수프를 만들 때 양파를 볶는 시점에서 펜넬 줄기를 함께 볶아 향미나는 수프를 만들기도 하며, 이때 펜넬의 파란 잎을 곱게 다져 수프에 뿌려 준다.

재료(6인분)

1kg pumpkin or butternut squash
120ml milk
50g butter
3g grated nutmeg
1 ea grated small onion
1/2 ea orange zest
500ml chicken broth
some salt & pepper

1. 노란 호박을 반으로 절각하여 팬에 얹어 놓고 200℃의 오븐에서 40분 정도 베이킹한다. 이것을 식혀 껍질과 씨를 제거하고, 250g 정도는 남겨두고 나머지는 다이스한다.
2. 소스팬에 버터로 양파를 볶다가 다이스한 호박을 넣고 볶는다.
3. 브로스, 우유, 넛멕, 오렌지 제스트, 소금을 넣고 2분 정도 시머링하여 식힌다.
4. 블렌더에 퓌레로 갈아 다시 포트에 담고, 남겨둔 호박을 다이스보다 작게 썰어 수프에 넣고 소금과 후추로 간하여 제공한다.

Passatelli

계란과 파르메산 치즈를 넣은 브로스

Egg and Parmesan straінds in broth

재료(6인분)

1.5 lt meat broth
a little nutmeg
100g grated parmesan cheese
1 ea grated lemon peel
40g bread crumbs
2 eggs

1. 진한 브로스를 은근하게 가열한다.
2. 넛멕, 치즈, 빵가루를 잘 섞는다. 레몬 제스트, 계란을 잘 섞어 그라눌라(granular) 도우를 만든다. 이때 농도를 잘 조절해야 한다.
3. 구멍이 큰 푸드밀(감자 으깨는 것)에 넣고 돌려서, 끓는 브로스에 바로 떨어지게 한다.
4. 2분 정도 가열하다가 불을 끄고 5분이 지나면, 파르메산 치즈와 함께 제공한다.

Knödl alla tirolese in brodo

브레드 덤블링을 넣은 브로스

Bread dumpling in broth

남은 빵 조각으로 브레드 덤블링을 만들며, 브레드 덤블링은 티로리안 스타일이며, 무설탕 빵과 함께 제공된다.

재료(8인분)

1.2 lt meat or chicken broth
2 eggs
250g stale bread
5g salt
60g butter
3g ground pepper
1 onion, chopped
125ml milk

40g chopped parsley
3g baking powder
30g flour

1. 소스팬에 버터를 녹이고, 양파와 파슬리를 살짝 볶다가, 잘게 부순 빵 조각을 넣는다. 약 7분 정도 잘 볶아 식힌다.
2. 계란, 소금, 후추, 우유, 체에 친 밀가루와 베이킹파우더를 잘 섞어서, 식혀진 위의 '1'에 넣고 3시간 정도 지난 후에 덤블링을 만든다.
3. 브로스를 은근하게 가열하고, 덤블링을 큰 사이즈의 올리브만 하게 만들어 브로스에 넣고, 5분 정도 약하게 시머링한다. 간이 맞으면 뜨겁게 제공한다.

Zuppa di vongole

모시조개 수프 Clam soup

사실 이태리에서 모시조개 수프는 가난한 서민들이 주로 먹는 싸구려 음식(poveracce)이라고 한다. 그러나 본 레시피는 개선된 것으로 이제는 더 이상 싸구려 요리가 아니다. 벌어지지 않은 삶은 조개는 이태리에서는 버린다. 살아 있는 조개는 입을 꼭 다물고 있으나 삶아 익으면 입이 벌어진다.

재료(4인분)

40 pc clam
10g cornstarch
100ml olive oil
150ml white wine
30g chopped shallots
a little hot chilly pepper, chopped
2 cloves garlic, chopped
4 slice grilled bread, crusty
20g chopped parsley
some salt & pepper

1. 모시조개를 물에 담가 두었다가, 솔로 문질러 깨끗하게 씻는다.
2. 조개가 벌어지면 부피가 3배 정도 많아지므로 큰 통을 준비하여, 올리브유에 양파를 볶다가 마늘을 넣고 갈색이 나면 파슬리를 넣는다. 와인에 전분과 고춧가루를 개서 붓는다.
3. 조개를 넣고, 흔들어 잘 섞어 준다. 뚜껑을 덮고 불을 세게 한다. 자주 저어 준다.
4. 조개가 다 벌어지면 다른 그릇에 주스와 함께 옮긴다.
5. 서빙볼에 나누어 담아 마늘빵과 함께 제공한다.

Zuppa di cozze

홍합 수프 Mussel soup

재료(6인분)

1kg mussel in the shall
200g chopped fresh tomato
80ml olive oil
a little hot chilly powder
2 cloves garlic, chopped
6 slice bread, crusty
10g chopped parsley

1. 홍합을 10분 정도 물에 담가 두었다가 깨끗하게 솔로 문질러 닦는다.
2. 올리브유에 마늘, 양파를 넣고 연한 갈색이 나도록 볶는다. 토마토, 파슬리, 고춧가루를 넣고, 잠시 후에 잘 씻은 홍합을 넣고 잘 저은 다음 뚜껑을 덮는다.
3. 홍합이 다 벌어지면, 빵을 수프 볼 바닥에 놓고, 홍합과 국물을 끼얹어 바로 제공한다.

Zuppa alle vongole

와인과 레몬 맛의 모시조개 요리

Fresh clams with white wine

재료(1인분)

200g fresh clams in the shell
30ml white wine
10ml olive oil
5g chopped parsley
1 cloves garlic, chopped
1/2 fresh lemon juice
1 peperrocino, chopped, chilli
10ml garlic oil
10ml virgin olive oil

1. 모시조개를 물에 담가 짠물을 뺀다.
2. 소스팬에 올리브유를 두르고 마늘과 고추를 넣어 색이 나지 않도록 은근하게 볶는다.
3. 모시조개를 넣고 잘 섞은 후에 백포도주를 넣고 뚜껑을 덮는다.
4. 마늘오일, 버진 올리브유, 레몬주스, 파슬리를 넣고 소금과 후추로 가미하여 잘 섞는다.
5. 접시에 담아 제공한다.

Minestra di pasta e fagioli

파스타와 강낭콩을 넣은 수프 *Pasta & bean soup*

로톤다 이탈리안 레스토랑 김경석 조리장 추천요리
02) 792-4123~4

재료(10인분)

40ml virgin extra olive oil
2 lt chicken or beef broth or water
20g chopped garlic
5g chopped fresh sage or dry
15g grounded chilli pepper
5g chopped fresh rosemary or dry
100g bacon
some salt & pepper
500g chopped tomatoes in can
small soup pasta for garnish
1kg pink Italian bean or kidney bean

1. 올리브유를 두른 소스 팬에 마늘과 베이컨을 굵게 간 고춧가루를 넣고 볶는다.
2. 스톡과 로즈메리, 세이지, 강낭콩, 토마토를 넣고 중불에 은근하게 가열한다.
3. 강낭콩이 익을 때쯤, 수프의 1/3 정도를 떠내어 브랜딩한 다음 파스타를 넣고 끓인다.
4. 파스타가 알덴테로 익어 농도가 적당하면 소금과 후추로 간을 조절한다.
5. 수프 볼에 담고 엑스트라-버진-올리브유를 토핑하여 제공한다.

cf) 파스타는 따로 삶았다가 서빙하기 바로 전에 넣어 제공하기도 한다.

Minestrone di verdure alla Genovese

제노바식 전통 이태리 야채 수프

Traditional Italian vegetable soup

이탈리안 레스토랑 일-비노로소

김명환 조리장 추천요리 02) 754-011~3

재료(1인분)

150ml chicken broth
5g white cabbage, diced
5g carrots, diced
10g tomato, diced
5g onions, diced
5g chopped garlic
5g celery, diced
20ml olive oil
5g zucchini, diced
5g pasta
5g leek, diced
2g chopped fresh basil
5g potatoes, diced
some salt & pepper
1 bay leaf

1. 소스팬에 올리브유를 두르고, 마늘을 볶다가 각종 야채를 함께 볶는다.

2. 브로스를 넣고, 월계수잎과 토마토를 넣고 은근하게 시머링한다.

3. 소금, 후추로 간하고 삶은 파스타와 베질 소스(Pesto Sauce)를 첨가하여 제공한다.

Crema di spinaci

이태리식 시금치 수프 *Spinach cream soup*

이탈리안 레스토랑 뽀뽈로 이성택 조리장 추천요리 02)764-3201

재료(5인분)

300g spinach leaf, cooked
50g butter
50g onion
50g flour
50ml fresh cream for whipping
1 cloves chopped garlic
1 bay leaf
1 egg yolk
some salt & pepper
50g parmesan cheese, grated
100ml fresh milk
30g bread croutons
50ml fresh cream
600ml chicken broth

1. 버터와 밀가루로 화이트 루(white roux)를 만들어, 덩어리가 지지 않도록 잘 저어가면서 닭국물로 푼다.
2. 팬에 버터를 두르고 양파와 마늘을 색이 나지 않도록 볶다가 데친 시금치와 우유를 넣은 다음, '1'에 넣고 가열하여 끓인다.
3. 끓으면 블렌더에 곱게 간다. 다시 소스팬에 넣고, 월계수잎과 파르메산 치즈를 넣어 끓인다.
4. 불을 끄고 난황과 생크림을 잘 섞어 넣고 소금과 후추로 간을 조절한다.
5. 월계수잎을 꺼내버리고, 수프 볼에 담은 다음, 휘핑크림과 크루통을 띄워 제공한다.

Zuppa di pesce alla mediterranea

지중해식 해산물 수프

Mediterranean style seafood soup

신라호텔 이탈리안 레스토랑 서상호 조리장 추천요리

02) 2230-3408

재료(4인분)

12 ea cleaned fresh mussel in shells
5g fresh basil sliced
80g crab, cleaned
10g chili slice
30g salmon, diced
1 clove chopped garlic
20g turbot, diced
some salt & pepper
4 shrimp, cleaned
40ml white wine
10g cepe, diced
150ml tomato sauce
10ml pernod wine (French liquor)
40g black mushroom, sliced
500ml clam broth

1. 올리브유를 두른 팬에 마늘, 베질, 고추를 볶다가, 꽃게를 넣고 타지 않도록 볶다가 페르노 와인을 넣고 플랑베한다.
2. 다른 팬에 올리브유를 두르고 마늘, 베질, 고추를 볶다가, 홍합, 연어, 농어, 새우, 한치의 살을 넣고 볶다가 페르노 와인을 넣고 가열한 후, 백포도주를 넣고 플랑베한다.
3. 모시조개 스톡을 중불에 은근하게 가열하면서 위의 '1'과 '2'를 넣고 계속 끓인다.
4. 끓기 시작하면 토마토 소스, 표고버섯을 넣고 소금과 후추로 간을 한다.
5. 모든 재료가 골고루 담기도록 수프볼에 담아 제공한다.

Brodo di carne al ravioli

라비오리를 넣은 맑은 쇠고기 수프 *Beef broth with ravioli*

TITANIC
19
12
LONDON

소 스

소스의 개요

이태리 소스(salsa, sauce)는, 장시간 시머링하고 곱게 거르며 졸이는 프랑스 소스에 비하여, 단순하며 다양하지 않다. 크림과 버터를 사용하는 소스가 몇 가지 있기는 하지만, 이태리 소스는 대부분 요리하는 과정에 소스가 만들어진다. 이태리 소스는 올리브유로부터 시작하며, 너트, 허브, 치즈, 빵가루 등을 첨가하여 만들며, 와인을 첨가하기도 한다.

토마토 소스는 조리법이 조리사와 지역에 따라 각양각색이며, 즉석에서 만든 토마토 소스는 토마토 특유의 맛과 향이 가득하다. 또한 선-드라이-토마토로 만든 토마토 소스는, 태양 빛에 말린 토마토와 과일 향이 가득한 올리브유, 각종 허브, 케이퍼와 올리브 등을 섞어 가열하지 않고 만든다. 여기서는 기본적인 소스만 기술하였다.

이태리 요리는 그리 많은 양의 소스를 요리에 첨가하지는 않는다. 만약 안티파스토를 소스와 함께 제공했다면 다음 코스에 소스가 없는 요리를 제공하는 경우가 많다. 육류나 야채요리는 그 자체 향을 최대로 살려 소스 없이 제공되기도 한다. 물론 16세기 이태리에서 'Vavor'는 지금의 프랑스 요리의 기본이 된 소스를 비롯하여 다양한 소스가 요리에 사용되었다. 프랑스 요리의 bechamel sauce는 이태리의 besciamella sauce에서, veloute는 salsa bianca에서 유래되었다는 일설이 있다.

파스타, 육류, 생선류 등의 요리에 다양한 종류의 소스가 사용되고 있는 것은 주지의 사실이며, 튀김 요리에는 소스를 거의 사용하지 않고 있다. 각종 허브를 이용한 salsa verde(green sauce)와 fresh tomato를 이용하여 만든 salsa di pomodoro(tomato sauce)는 대표적인 소스 중의 하나다.

Salsa verde (I)

그린 소스 Green sauce

재료

1 bn Italian parsley
2 cloves garlic
1 hard boiled egg yolk
66ml wine vinegar
1 sl Tuscan bread
some salt & pepper
250ml olive oil

1. 빵을 식초에 약 20분간 적신다.
2. 곱게 다진 파슬리와 마늘을 빵과 함께 주걱으로 혼합한다.
3. 계속 저으면서 올리브유를 첨가한다.
4. 준비한 계란 노른자를 잘게 부수어 넣고 소금과 후추로 마감한다.

Sugo di pomodoro (I)

날 토마토 소스 Fresh tomato sauce

재료

1000g very ribe plum tomato
some salt
10 leaves fresh basil

1. 잘 익은 토마토의 꼬투리를 따내고, 끓는 물에 살짝 튀겨 껍질을 벗겨낸다.
2. 소스팬에 준비한 토마토와 베질을 넣고 1시간 정도 시머링한다.

3. 블렌더에 넣고 곱게 간 다음 채로 거른다.
4. 소금과 후추로 가미한다.
cf) 토마토의 순수한 맛이 그대로 살아 있으며, Basil은 토마토 향을 강화시켜 주는 효과가 있다. 이 basic sauce는 pasta, rice, soup 등에 이용할 수 있다.

Pommarola

토마토 소스 *Tomato sauce*

재료

700g very ribe plum tomato
20g chopped Italian parsley
70g red onion
3 leaves fresh basil
100g carrots
1 stalk celery
1 clove garlic
some salt & pepper

1. 잘 익은 토마토의 꼬투리를 따내고, 끓는 물에 살짝 데쳐 껍질을 벗겨낸다.
2. 당근, 양파, 셀러리, 마늘을 거칠게 썬다.
3. 위의 재료를 모두 스톡 포트에 넣고 90~120분간 시머링한다. 이때 올리브유나 물을 사용하지 않는다. 블렌더에 갈아 포트에 다시 넣고 소금과 후추로 마감한다.

cf) 다른 요리에 사용할 때 올리브유이나 버터를 첨가한다. 잘 익은 신선한 토마토를 선택하여야 한다.

Sugo scappato o di magro

겨울철에 만드는 토마토 소스
Winter tomato sauce

재료

100g red onion
250ml tomato concasse
100ml olive oil
2 stalks celery
180ml red wine
3 leaves basil
1 clove garlic
6 spring Italian parsley
200g carrots
some salt & pepper
250ml beef or chicken broth

1. 당근, 양파, 셀러리, 마늘, 파슬리, 베질 등의 재료를 곱게 다지고, 올리브유에 연한 갈색으로 볶는다.
2. 적포도주를 첨가한 다음 완전히 졸인다.
4. 스톡을 붓고, 약 15분 간 끓인 다음 토마토를 첨가하고 약 20분 간 시머링한다.
5. 소금과 후추로 양념을 한다.

cf) 보통 겨울철에는 잘 익은 프레시 토마토가 없으므로 통조림 제품을 이용하거나 설익은 토마토를 사용하므로 맛을 내기가 어려워, 이를 보강하기 위하여 wine이나 stock을 첨가한다.

Sugo di carne

투스칸의 미트 소스 *Meat sauce, Tuscan style*

재료(500ml 분량)

100g carrots
30g tomato paste
10g Italian parsley
500g Italian plum tomato
1 fresh lemon for zest
500ml beef broth
1 garlic cloves
60ml olive oil
250g ground of beef
70g red onion
250ml dry red wine

80g celery
30g dried porcini mushroom

1. 건조 이태리 버섯을 따뜻한 물에 담가 불린다.
2. 당근, 셀러리, 양파, 파슬리, 마늘, 레몬 껍질을 다지고 올리브유에 볶는다.
3. 다른 팬에 갈은 쇠고기를 넣고 볶다가, 토마토 페이스트와 와인을 첨가하고, 약 15분 정도 볶는다.
4. 볶은 야채와 토마토를 혼합하고, 버섯과 스톡을 부어 10분 정도 시머링한다.

cf) 이 조리법은 Tuscan 지방을 중심으로 한 북부지역의 meat sauce이며, 우리가 알고 있는 Bolognese Sauce에도 여러 가지가 있다. Bologna 지역의 Bolognese Rag는 우유나 크림을 첨가한다.

Pesto (I)

베질 소스 Basil sauce

재료

100g grated parmesan cheese
30g pine nut
10 ea walnut
3 garlic cloves
10g salt
400ml olive oil
200ml fresh basil
4 ea crashed pepper corn

1. 호두, 잣, 통후추, 마늘, 올리브유, 소금, 베질을 블렌더에 곱게 간다.
2. 파르메산 치즈 가루는 제공할 때 첨가하여 제공한다.

cf) pesto란 조리하지 않은 Genoese style의 전형적인 sauce로, lasagne, minestrone, fish soup, boild potato와 같은 요리에 함께 제공되기도 한다. basil, garlic, olive oil, cheese를 기본으로 하여, nuts, butter 등이 첨가된다.

Besciamella

베샤멜 소스 Bechamel sauce

베샤멜 소스의 원조논쟁은 프랑스와 이태리 사이에 오랫동안 이어져 왔다. 루이 14세 때 이태리 북부의 호화스런 호텔 마르크스 베샤멜(Marquis di Bechamel)로부터 유래한 것으로 추정된다. 그러나 북부에 치우쳐 있었고, 이태리 요리명에서 먼저 베샤멜이라는 말이 나타났다. 이태리 요리에 있어서 베샤멜 소스는 토마토 소스 만큼이나 중요한 기본적인 소스다. 이 소스는 필링이나, 라자냐, 크로켓, 야채 그라탱에 사용되며, 다른 소스와 혼합하여 사용하기도 한다.

재료

550ml milk
60g butter
50g flour
3g salt

1. 우유를 비등점에 미치지 않을 만큼 데운다. 밀가루와 버터를 소스팬에 넣고 가열한다.
2. 나무주걱으로 잘 저으면서, 색이 나지 않도록 고소하게 볶는다.
3. 우유를 조금씩 넣으면서 잘 저어야 덩어리가 생기지 않는다.
4. 만약 덩어리가 생기면, 불을 끄고 잘 문질러 덩어리를 없애 주어야 한다.
5. 우유를 다 부으면 15분 정도 은근하게 끓인다.
6. 소금간을 하고 소창으로 걸러 식혀 냉장 4일까지 보관했다가 사용할 수 있다.

cf) 파스타 요리에 사용하려면 넛멕을 넣고, 다른 요리에 사용하려면 우유를 데울 때 월계수잎을 넣어 데우고, 소스가 끝나면 건져낸다.

Bagna caöda

따뜻한 앤초비 소스

Hot anchovy sauce, Piedmont style

딥(dip)으로 애용되기도 하는 따뜻한 소스다. 즉석에서 만들며 마늘이 많이 들어가고 카둔, 피망, 셀러리, 얇게 썬 단단한 빵 등에 잘 어울린다. 스파게티 소스로 사용하기도 하며, 계란 스크램블을 만들 때 조금 넣으면 아주 특이한 맛을 즐길 수 있다. 버터와 올리브유를 동량 사용하며, 250ml 정도의 소스라면 파스타 250g에 적당한 양이다.

재료

6 cloves garlic, finely chopped
40ml milk
90ml extra-virgin olive oil
120g butter
120g anchovy fillet
10ml truffle or truffle oil

1. 마늘을 우유에 2시간 정도 담가 두었다가 우유를 따라내고, 남은 마늘을 찬물에 조심스레 씻어낸다.
2. 약한 불로 소스팬에 올리브유, 앤초비와 오일, 위의 마늘을 넣고, 나무주걱으로 휘저어 준다.
3. 마지막으로 버터, 트러플과 오일을 넣어 만들어진 소스는 따뜻하게 유지한다.
4. 여러 가지의 모듬 생야채와 딱딱한 빵을 곁들여 먹는다.

Sugo di pomodoro (III)

뜨거운 생토마토 소스

Fresh tomato sauce

이태리 토마토 소스의 특이한 감미로운 맛과 향미는, 유일하게 여름철에 지중해 농장의 밭에서 완전히 익은 플럼 토마토를 사용하거나 이것을 통조림한 토마토 제품을 사용했을 때 느낄 수 있다. 이 토마토 소스는 토마토 소스나 파스타 요리에 잘 어울린다.

재료

1.2kg chopped tomatoes
10g chopped parsley
70ml olive oil
5g salt & pepper
4 cloves garlic
6 leaves fresh basil, shredded
50g onion, slice

1. 콜랜더(colander)에 토마토를 걸러 물기를 뺀다.
2. 올리브유에 마늘을 넣고 가열하고, 양파, 파슬리를 넣고 계속 소테한다.
3. 양파가 부드럽고 엷은 갈색이 나면 토마토와 약간의 소금을 넣고, 충분하게 가열되면, 감자 으깨는 기구(potato masher)로 토마토를 갈아내린다.
4. 다시 소스를 20분 정도 시머링하면서 자주 저어 준다.
5. 베질을 넣고 소금과 후추로 간을 한다.

Salsetta rossa alla ligure

블랙 올리브를 넣은 찬 토마토 소스

Uncooked tomato sauce with black olives

재료

750g peeled tomatoes, seeded
60g sliced black olives
1 clove chopped garlic
10g chopped fresh basil
1 fillet mashed anchovy
60ml olive oil
some salt & pepper

1. 다진 토마토를 콜랜더에 담아 물기를 빼고,

다진 마늘, 앤초비, 슬라이스 올리브, 다진 베질을 넣고 소금과 후추로 간한 다음 잘 혼합한다.

2. 두세 시간 동안 그대로 두면 향과 맛이 토마토에 배어들고, 이때 꺼내어 사용하면 된다.
3. 생선요리에 적합하다.

Sugo di pomodoro (II)

뜨거운 토마토 소스 Tomato sauce

파스타나 베이킹하는 요리에 적합하며, 다른 소스와 혼합하는 경우에도 적합하다. 블렌딩하거나 스트레이너에 걸러 퓌레 타입으로 만들어 사용하면 좋다. 약 1kg의 파스타에 알맞은 양이다. 마스카포네(mascarpone) 크림 치즈나 생크림(fresh cream)을 첨가하여 사용하기도 한다.

재료(10인분)

1kg tomatoes with juice, chopped
1 carrots chopped
70ml olive oil
10g chopped parsley
1 cloves garlic crashed
some salt & pepper
1 chopped onion
4 leaves basil chopped

1. 토마토를 걸러 주스를 빼내고 으깨거나, 주스와 함께 블렌더에 곱게 간다.
2. 마늘을 올리브유에 연한갈색으로 볶다가 양파, 마늘, 파슬리를 넣고 색이 나지 않도록 약한 불에 10분 정도 볶는다.
3. 토마토, 소금, 후추, 베질을 넣고 20~25분 정도 시머링하고, 올리브유를 표면에 바르고 불을 끈다. 블렌더에 곱게 갈거나 걸러 사용한다.
4. 향미를 배가시키려면 제공하기 바로 전에 올리브유를 첨가한다.
5. 제공하기 전에 끓지 않도록 따뜻하게 데워 사용해야 한다.

Salsetta rossa cruda

찬 토마토 소스 Uncooked cold tomato sauce

생선이나 육류에 잘 어울리는 전통 이태리 소스 중의 하나로 알려져 있으며, 사용한 토마토에 따라 향미가 달라지므로 양질의 토마토를 선택해야 한다. 제공하기 여러 시간 전에 미리 만들어야 놓아야 향미가 좋으며, 파스타에 곁들이는 경우에는 파르메산 치즈를 곁들이지 않아야 한다.

재료

750g chopped tomatoes
1 cloves garlic
7 leaves fresh basil, shredded
some salt & pepper
60ml olive oil

토마토를 콜랜더에 30분 정도 걸러 물기를 빼내고, 다진 베질, 다진 마늘, 소금, 후추로 양념을 한다. 3시간 전에 미리 만들어 향미가 배어들도록 해야 한다.

cf) 응용법 : 위의 레시피에서 마늘을 넣지 말고, 강판에 간 양파, 케이퍼, 빵가루를 넣기도 한다.

Salsa verde (II)

파슬리 그린 소스 Green sauce

올리브유와 허브를 기본으로 하는 소스로, 생선과 육류 요리에 곁들여진다. 그릴한 새우, 그릴한 가금, 다른 그릴 요리와 함께 제공되는 감자요리에 잘 어울린다. 흰백색의 무설탕 빵을 넣어 농도를 진하게 할 수 있다.

재료

60ml fresh lemon juice
40g caper chopped
1 cloves chopped garlic
15ml dijon mustard

40g chopped parsley
120ml olive oil
30g minced onion
some salt & pepper

1. 믹싱볼에 레몬주스, 마늘, 파슬리, 양파, 케이퍼, 겨자를 넣고 잘 섞는다.
2. 소금과 후추로 간을 한다. 적어도 제공하기 3시간 또는 하루 전에 미리 만들어 맛이 베이게 하는 것이 좋다.

응용 소스

1. 육류용으로 사용하려면 레몬주스 대신에 화이트와인식초를 넣는다.
2. Salsa verde con peperoni(Green sauce with green pepper) : 다진 청피망 피클(1개)과 삶아 으깬 난황(boiled egg yolk)을 첨가한다.
3. Salsa verde alla mollica(Green sauce with bread) : 앤초비(20g)와 피클(40g)을 곱게 다져 첨가한다. 바게트같은 흰색 빵 껍질을 벗겨내고 흰 빵을 물에 흠뻑 적셔 블렌더에 넣고 곱게 갈아 첨가한다.
4. Salsa verde al rafano (Green horsradish sauce) : 레몬주스 대신에 적포도식초를, 마늘은 넣지 말고, 호스레디시를 첨가한다.

Peperonata

피망을 넣은 토마토 소스

Tomato sauce with sweet pepper

쇠고기와 돼지고기에 잘 어울리며, 2~3일 전에 미리 만들어 냉장 보관했다가 사용하면 맛과 향이 더욱 향상된다.

재료

750g tomatoes, chopped
2 cloves garlic, chopped
1 ea red & yellow pimento
little hot chilly powder
60ml olive oil
20g chopped parsley
1 small onion, chopped

1. 토마토를 콜랜더에 걸러 물기를 뺀다. 노란색과 빨간 피망을 불에 그을리거나 기름에 튀겨 껍질을 벗겨내고, 내부의 씨를 제거하고, 다이스 크기로 썬다.
2. 양파, 마늘, 올리브유(40ml)를 팬에 넣고, 색이 나지 않도록 가열한다.
3. 고춧가루와 피망을 10분 정도 볶는다.
4. 토마토를 넣고 다시 8분 정도 은근한 불에 가열한다.
5. 불을 끄고 파슬리와 남은 올리브유를 넣는다.
6. 뜨겁게 또는 따뜻하게 아니면 상온으로 제공한다.

응용 소스

Mandorlata di Peperoni (Pepper and Almond Sauce, Basilicata style) : 생선요리에 잘 어울린다. 적포도식초를 가미하고, 파슬리는 넣지 않아야 한다. 제공하기 바로 전쯤에 소스를 곁들인 요리 위에 아몬드 가루를 뿌려 준다. 아몬드는 볶지 않은 가루이어야 한다.

Maionese

마요네즈 Mayonnaise

기존의 조리법에서 마요네즈를 만들 때, 난백은 버리고 난황으로 만들었다. 그러나 난백과 난황을 함께 섞어 만들어도 무방하나, 단지 약간 더 묽다.

재료

120ml salad oil
some salt & pepper
60ml olive oil
5g dijon mustard
1 egg
30ml fresh lemon juice

1. 올리브유와 샐러드유를 잘 섞어 놓는다.
2. 블렌더에 소금과 계란을 깨 넣고, 약간 돌려 잘 섞이게 한다.
3. 섞은 오일을 조금씩 넣으면서, 블렌더를 살살 돌려 준다. 겨자, 레몬주스, 후추를 넣는다.
4. 다시 남은 오일을 넣고 마무리한다.
5. 바로 사용하거나 아니면, 냉장상태에서 일주일 정도 보관하며 사용할 수 있다.

Pesto (II)

베질향의 그린소스

Pounded basil and pine nut sauce

페스토 소스는 제노아(Genova)가 원조이며, 이곳에서 생산되는 베질(Italian riviera basil)로 만든 페스토가 가장 맛있다고 한다. 사용되는 올리브유와 파르메산 치즈 향이 매우 중요하다. 때로는 강한 맛을 내기 위하여 파르메산 대신에 페코리노(pecorino) 치즈를 사용하기도 한다. 올리브유가 많이 들어간 끈끈한 페스토는 딱딱한 파스타와 잘 어울리기 때문에, 제노아에서 트레네떼(trenette)와 페투치니(fettuccine)에 제공한다. 또한 스파게티(spaghetti), 린귀니(linguine), 부카티니(bucatini)와도 잘 어울린다.

재료(5인분)

70g basil leaves
some salt & pepper
3 cloves garlic, chopped
45g parmesan cheese, grated
45g pine nut, lightly toasted
20g pecorino cheese, grated
120g olive oil
30g soft butter

1. 베질, 마늘, 잣, 올리브유, 소금, 후추를 블렌더에 넣고 곱게 간다(이때 치즈 가루를 넣고 갈아도 되지만, 치즈가 칼날에 엉겨 붙을 수 있기 때문에 주의해야 한다).
2. 믹싱볼에 옮겨 담고, 버터와 치즈 가루를 넣고 나무주걱으로 잘 섞는다.
3. 서너 시간 전에 미리 소스를 만들어 놓으면 향미가 증가된다.
4. 파스타 소스로 사용하려 할 경우에는 물(30ml)을 약간 넣고, 데워서 파스타와 함께 섞어 제공한다.

cf) 페스토를 저장하려면 플라스틱에 조금씩 담아 냉동시키거나, 병에 담아 표면에 올리브유로 코팅하여 유니랩으로 싸서 냉장고에 보관해야 한다. 이때 랩이 페스토에 닿아야 페스토의 색이 변하지 않는다.

Salsa verdi (III)

프레시 베질로 만든 그린 소스

Green sauce with fresh basil & fresh herbs

르네상스 서울 호텔 이탈리안 레스토랑 토스카나
이종찬 조리장 추천요리 02) 2222-8691

재료

100g fresh basil
20g pickle
40g chopped parsley
20ml white wine
30g anchovy fillet
20ml balsamico vinegar
30g cocktail onion
10ml red wine vinegar
20g green onion
some grounded pepper

1. 베질과 파슬리를 먼저 블렌더에 넣고 간다.
2. 앤초비, 칵테일 오니언, 그린 올리브, 피클, 와인 식초를 첨가하면서 곱게 간다.
3. 올리브유와 발사믹코 식초를 첨가하여 살짝

간다.

4. 후추를 약간 가미하여 완성한다.

cf) ① 쇠고기와 우설찜 요리에 곁들여 먹기도 한다.

② 소금간은 별도로 할 필요 없으며, 앤초비가 짜기 때문에 앤초비 양으로 간을 조절한다.

Hollandaise sauce

홀렌데이즈 소스

재료(500ml)

6 ea egg yolk
600g butter
1 ea lemon fresh juice
40ml white vinegar
15g fresh tarragon
50g chopped onion
5g black pepper corn
5 pc bay leaf
50ml white wine
1st parsley stalk

1. 버터를 뱅 마리(bain-marie)나 스토브에서 녹여 정제한다.

2. 정제 버터는 60°C 정도로 유지한다.

3. 계란 노른자를 제외한 레몬주스, 식초, 타라곤, 다진 양파, 통후추, 월계수잎 등의 나머지 재료를 넣고 반 정도로 졸인 다음 걸러낸다.

4. 볼에 노른자와 '3'을 두 숟가락 정도 넣고 거품기로 잘 젓는다.

5. 정제 버터와 '3'을 번갈아 넣으면서 마요네즈처럼 만든다. 간을 맞춘다.

Demi glace sauce

데미그라스 소스

재료(10 lt)

15kg chicken or beef bone & meat
15 lt water or beef stock or brown stock
1kg onion
0.5kg celery
1kg carrots
2kg tomato
200g parsley
300g leek
10 pc bayleaf
10g thyme
10g cloves
500g tomato paste

1. 뼈는 잘게 잘라서 잡고기와 함께 오븐에서 볶는다.
2. 다진 마늘을 넣고 갈색이 나게 볶다가 야채는 잘게 썰어서 넣는다.
3. 토마토 페이스트를 넣어 볶다가, 포트(pot)의 육수에 향신료와 함께 넣는다.
4. 은근하게 시머링하며, 표면으로 부상하는 거품과 기름 등의 이물질을 제거한다.
5. 5~6시간 정도 지난 후에 천으로 걸러낸다.

Sauce Béchamel

베샤멜 소스

재료(2 lt)

130g butter
130g flour
2 lt milk
10g sliced onion
5g fresh thyme
2g ground nutmeg

1. 버터와 밀가루로 흰색 루를 만든다.
2. 우유에 끓인다.
3. 버터에 양파를 살짝 볶는다. 갈색이 나지 않도록 주의한다.
4. 타임과 넛맥을 넣고 소금과 후추로 간을 하여 소스에 넣는다.
5. 한 시간 정도 은근하게 졸이다가 거른다.

Jessica's Pizzeria

파스타

파스타 요리의 개요

Marco Polo가 중국에서 이태리로 소개했다는 설이 있으며, 로마제국의 잉여 밀을 이용하여 파스타를 만들어 건조시켜 저장했다는 기록이 있다. 13~14세기 생면(fresh pasta)이 보급되기 시작했으며, 건조 파스타는 18세기경 남부지방을 중심으로 이탈리아 전역에 보급되기 시작했다고 한다. 19세기 이태리 북부에서 파스타가 antipasto 다음 첫 코스로 정착되었으며, 19세기 초 무렵에는 수프(minestra, soup)에 가니쉬로 이용되었다.

남부는 건조 파스타를, 북부는 생면을 주로 애용하며, 파스타를 만들지 못하는 처녀는 며느리로 받아들이지 말라는 말이 전해 내려오는 것만 보아도 이탈리아 사람들이 면 뽑는 것을 얼마나 중요시하는가를 알 수 있다.

또한 속을 채운 만두같은 stuffed 파스타는 르네상스 시대에 벌써 등장했다고 한다. 파스타의 영양학적 성분은 거의 탄수화물로 이루어졌으며, 약간의 단백질, 비타민, 미네랄과 지방을 포함하고 있다. 가장 양질의 파스타는 소맥(drum wheat)으로 만들어진다. 이 밀은 거의 캐나다에서 수입되고 있다. 소맥(drum wheat)은 밀의 일종으로 딱딱한 것이 특징이며 배젖(씨눈)을 이용한다.

즉석에서 만든 파스타든 아니면 건조 파스타이든 삶아야 요리를 할 수 있다. 파스타를 삶을 냄비(pot)는 가벼운 알루미늄 재질로 된 것이 끓는 물과 파스타를 쉽게 움직일 수 있다. 물을 걸러 낼 콜랜더(colander)는 가깝고 안전한 싱크대나 큰 대야에 미리 준비하였다가 삶은 파스타를

zitoni tagliati

festonati

rigatoni

mezzi festonati

elicoidali

millerighe

mezzi rigatoni

rigatoncello

걸러야 한다. 찬물에 식혀서 물기를 완전히 빼내고, 오일을 약간 발라 두어야 서로 달라붙지 않으며, 쉽게 건조하지 않는다.

파스타를 삶을 물은 파스타가 불어도 물에 잠길 수 있을 만큼 충분한 양을 준비해야 하며, 물이 너무 적으면 끈적거려 잘 삶아지지 않을 수도 있다. 물이 끓으면 파스타 1kg 당 약 40g의 소금을 넣고, 파스타를 넣어 삶는다. 스파게티(spaghetti)와 페르치아텔리(perciatelli)와 같이 긴 파스타를 삶을 때 부러뜨리지 않도록 한다. 바닥에 붙지 않고 골고루 익히기 위하여 삶는 동안 가끔씩 저어 주어야 한다.

스터핑 파스타를 삶을 때는 오일을 넣는데, 파스타끼리 마찰을 적게 하여 디짐을 방지할 수 있다. 제공되는 코스와 식성에 따라 차이는 있으나 대개 건조한 파스타 80~120g이 1인분의 분량으로 적절하다. 파스타를 너무 오래 삶으면 불어터져 쫄깃쫄깃한 맛이 없어지기 때문에 너무 오래 삶지 않도록 주의한다.

알덴테(al dente)는 파스타를 먹을 때, 꼬들꼬들하고 쫄깃쫄깃하게 씹히도록 삶는 것으로, 페투치네(futtuccine)와 즉석 파스타는 스파게티나 건조 파스타만큼 쫄깃쫄깃하게 삶아지지는 않는다. 그렇다고 불어터진다는 의미는 아니다. 이렇게 삶는 방법은 파스타를 즐기는 이태리인들이 좋아하며, 먹을 때 씹는 재미와 식후 포만감을 더 많이 느낄 수 있다고 한다.

스파게티는 10~11분, 푸실리는 12분 정도가 적당하며, 시중에 유통되고 있는 건조 파스타인 경우에는 포장지에 표시된 시간보다 짧게 삶아야 한다. 알덴테로 삶으려면 6~7분 정도가 적당하며, 삶아 뜨거운 파스타의 물기를 완전히 빼고 올리브유나 식용유를 바른 후 상온에서 식힌다. 미리 삶아 놓은 파스타를 사용하는 경우에는 뜨거운 물에 20~30초 정도 데친 후에 건져 소스에 버무린다. 면을 삶거나 데친 물은 면의 맛과 간이 배어 있어, 소스가 뻑뻑할 때 첨가하는 국물로 사용하면 좋다.

가장 좋은 파스타 조리법은 바로 삶아 오일이나 버터에 살짝 볶아, 따뜻한 소스에 잘 섞어 바로 제공한다. 치즈를 원하면 이때 치즈를 첨가한다. 오일이나 버터는 먹을 때 소스와 파스타가 서로 달라붙어 떨어지지 않아 함께 한입에 먹을 수 있도록 한다. 파스타는 먹을 때나 제공할 때 소스가 잘 섞이도록 상하로 잘 섞어 주어야 한다. 건조 파스타는 즉석 파스타보다 흡수력이 크므로 버터나 올리브유를 더 많이 넣어 주어야 한다. 일단 만들어진 파스타 요리는 시간을 지체하지 말고 바로 먹어야 제 맛을 느낄 수 있다.

일반적으로 가장 많이 소비되는 건조 파스타는 스파게티(spaghetti)와 펜네(penne) 그리고 푸실리(fusilli)다.

cannaroni

tufoli

chifferi lisci

mezzi tufoli

fusilli

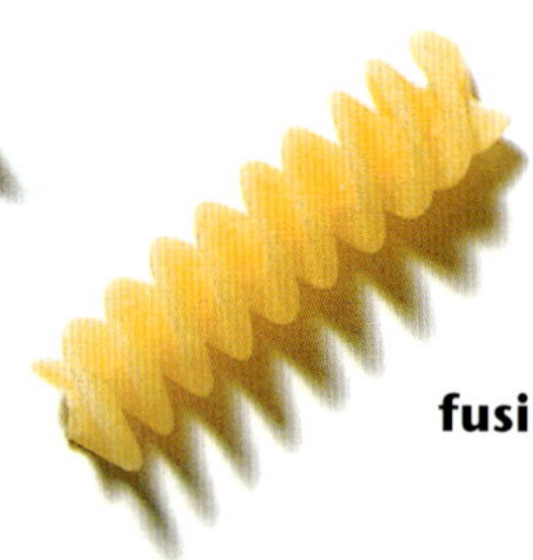
fusilli

rotelle

cavatappi

penne a candela

penne piccole

※ 사진의 파스타는 실물 크기임

pennette

lumache rigate grandi

lumache medie

gnocchi

gnocchi piccoli

gnocchi

conchiglie rigate

conchigliette rigate

파스타 만들기

밀가루(소맥분)는 일반적으로 강력과 박력을 반반 섞는 것이 좋다. 물을 사용하지 않으며, 밀가루 100g당 한 개의 계란을 넣어 만든다. 계란의 양을 증가시키면 만들기에 용이하다.

파스타는 건조 파스타를 사용하기도 하지만 즉석에서 만든 프레시 파스타를 사용하면 다른 맛을 느낄 수 있다. 파스타를 만드는 순서는 ① 재료 혼합하기 ② 반죽하기 ③ 숙성시키기 ④ 넓게 펴 말기 ⑤ 자르기이다. 탄력 있고 쫄깃쫄깃한 면발을 만들려면 충분하게 반죽하여 글루텐 조직이 잘 형성될 수 있도록 하여야 하며, 도우를 얇게 펴 밀어 자른 다음, 즉시 삶아 요리해야 한다.

기본적인 재료는 강력분(375g), 계란(4개), 소금(10g), 올리브(15ml)이며, 계절이나 기후 또는 밀가루의 수분 함량, 반죽방법에 따라 배합비는 달라질 수 있다. 또한 다양한 색상의 파스타나 특유한 맛과 향을 파스타에 구현하고 싶다면, 반죽을 시작하는 단계에서 필요한 내용물을 첨가하면 된다. 그러나 이때에도 다른 배합재료와의 상관관계를 고려하여야 할 것이다.

토마토 페이스트를 넣으면 붉은색의 토마토 파스타, 데친 시금치를 블렌더에 갈아 넣으면 파란색의 시금치 파스타, 허브를 블렌더에 갈아 넣으면 허브 파스타, 사프란 우려낸 물을 넣으면 노란색의 사프란 파스타, 오징어 먹물을 넣으면 검정색의 파스타가 만들어진다. 파스타는 만드는 방법도 중요하나, 이미 만들어진 파스타를 너무 오래 삶으면 오히려 맛이 떨어지고 소화도 잘 되지 않으므로 알덴테로 쫄깃쫄깃하게 삶는 것이 매우 중요하다.

수프 파스타

말타리아띠(maltagliati)

빈 수프(bean soup)처럼 진한 수프에 적합하며, 도우를 얇게 밀어 마름모 꼴로 자른 다음 반으로 접어 만든다. 어떤 도우라도 이와 같은 방법으로 만들 수 있으며, 건조 저장할 수 있다.

꽈드루치(quadrucci)

딸리아뗄레(tagliatelle) 넓이로 도우를 만들어 직사각형이 되도록 짧게 자른 것이다. 그린피스와 닭간을 곁들인 브로스 수프(meat broth with peas and saued chicken livers)에 주로 사용한다.

만프리굴(manfrigul)

아드리아해의 해안과 로마지역에서 즐겨 먹는 것으로 파스타를 잘게 잘라 수프에 첨가하는 요리법으로 수프에 다른 재료에서는 느낄 수 없는 씹는 맛을 더해 준다. 파스타 도우를 얇게 밀어 상온에서 20~30분 정도 건조시킨 다음 칼로 잘게 썰어 사용한다. 건조시킨 다음 병에 담아 저장하여 사용하기도 하며, 야채수프, 쌀이나 보리를 첨가하는 어떤 수프에 넣어도 좋다.

pappardelle

fettuccine con spinaci

tagliatelle

capelli d'angelo

tripoline

스터핑 파스타

스터핑파스타(stuffed pasta)란 도우를 넓게 펴서 내용물을 만두처럼 속에 넣은 것을 말한다. 삶거나 요리하는 도중에 터져 내용물이 밖으로 나오지 않도록 주의해야 한다.

또뗄리니(tortellini)
볼로냐(Bologna) 덤블링(dumpling)의 일종으로, 라벤나(Ravenna), 포를리(Forlì), 리미니(Rimini)에서는 까펠레띠(cappelletti)라고 한다. 도우를 4cm 내외로 절각하고 각각의 도우에 내용물을 넣고, 도우를 접어 싸매는데, 싸매는 모양을 잘 만들어야 한다. 한 가지 방법은 도우의 중앙에 내용물이 위치하도록 하고 도우 잎은 위로 향하게 하여 손가락으로 꼭 쥐면 된다. 또 다른 방법은, 내용물을 도우 중앙에 놓고, 도우를 대각선으로 접어 삼각형 모양으로 반으로 접어 누른 다음, 뾰족한 양 도우 끝을 뒤로 돌려 붙인다. 일단 만들어진 또뗄리니는 마르지 않도록 깨끗한 건조 타월로 덮어 두어야 한다. 많은 양을 만들 때는 서루 붙지 않도록 밀가루를 덧칠해 주거나 층층마다 타월을 깔아 준다. 일단 삶으면 바로 사용하거나 적어도 24시간 이내에 사용해야 한다.

라비올리(ravioli)
일명 또뗄로니(tortelloni) 또는 또뗄리(tortelli)라고도 하며, 4cm 내외의 도우 양면 사이에 내용물을 넣는 방식이다. 많은 양을 만들 때는 널빤지에 도우를 펴고, 일정한 간격으로 내용물을 놓고, 다시 그 위에 넓게 편 도우를 덮고 살짝 눌러 상하의 도우가 서로 잘 붙도록 한 다음, 내용물 사이사이를 페이스트리 휠로 밀어 잘라 주면 쉽게 만들 수 있다. 표면이 건조하지 않게 보관하거나 바로 삶아야 한다.

가르가넬리(garganelli)
로마지역에서 주로 만들어 먹으며,

펜네(penne)와 모양이 비슷하다. 즉석에서 만든 도우를 사용해야 좋다. 4cm 내외의 도우를 연필 두께의 가벼운 핀으로 말아 머리빗 모양의 울퉁불퉁한 판에 굴려 겉모양이 선이 가도록 한 다음 빼낸 것이다.

스트리케띠(stricchetti)
모양이 나비넥타이(bow ties)처럼 생겼으며, 파르팔리네(farfalline)라고도 한다. 로마의 교외에서 나온 것으로, 손으로 만들기에 가장 쉬운 파스타다. 도우의 가로세로를 각각 2.5cm와 4cm 정도 크기로 준비한 다음, 긴 면의 중앙을 나비처럼 손가락으로 눌러 만든다. 양끝은 엄지와 검지 손가락으로 약간 펴서 접히지 않도록 한다. 스터핑 파스타는 여타 다른 파스타와 마찬가지로 건조시켜 저장할 수 있으나, 내용물이 변질되기 쉬우므로 세심한 주의가 필요하다.

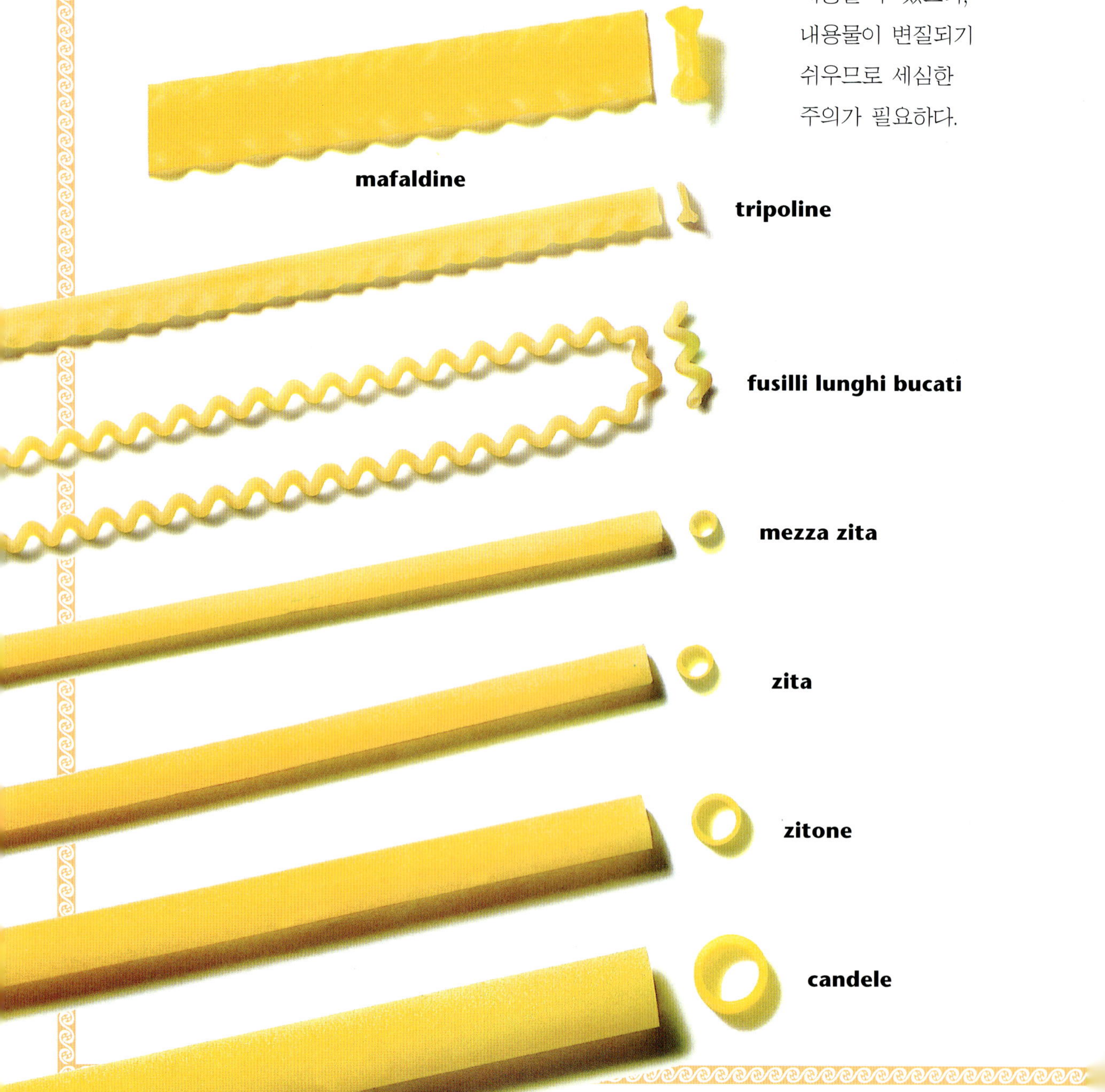

farfalloni

lumaconi rigati

nastrini

farfalle

paccheri

farfalline

funghini

파스타 종류

파스타를 대별하면 여러 범주로 나눠볼 수 있다.

첫째, 기계로 뽑아 건조시킨 스파게티, 마카로니 등이 있으며,

둘째, 손으로 직접 썰고 말려 물기가 약간 있는 라자니아, 라비올리 같은 샐 파스타,

셋째, 감자와 밀가루 또는 노란 호박으로 만든 작은 수제비 모양의 뇨끼,

넷째, 옥수수 가루로 만드는 폴렌타나 케이크, 디저트 용의 토리치네 등이 있다.

기본적인 파스타 소스

토마토 소스

파스타 소스에 마늘, 올리브유, 베질, 고추, 이탈리안 파슬리 등은 빼 놓을 수 없는 양념들이다. '식재료편' 을 참고하여, 이들의 특성과 용도에 대하여 숙지하고 난 후에

파스타 소스에 접근하여야 할 것이다.

이태리 요리의 특징은 토마토를 많이 사용하는 것이며, 이태리의 모든 지역에서 만들어지는 빨간 토마토 소스로 낸 맛은 거친 요리의 대명사가 되어 왔다. 그러나 지금은 이에 대한 재평가가 진행되고 있다.

사용하는 토마토의 품종에 따라 향미가 달라지므로, 레스토랑에서 소스를 만들 때는 한가지 토마토를 지속적으로 사용해야 요리의 맛을 일정하게 유지할 수 있다. 잘 만들어진 토마토 소스를 첨가할 때보다 파스타 요리를 만족스럽게 할 다른 대체품은 없다고 이태리인들은 생각한다. 날 토마토로 만든 소스가 가공 토마토로 만든 것보다 향미를 더해 주며, 다른 어떤 소스보다도 파스타와 가장 잘 어울리며, 오묘한 맛을 더해 준다. 토마토 소스를 기본으로 여기에 야채, 치즈, 생선, 육류 등을 각각의 기호도에 따라 조금씩 첨가하면서 그 응용 범위를 한층 확대하였다.

토마토 소스는 4분 이내에 빨리 만드는 방법과 4시간 이상 오래 가열하여 만드는 방법이 있으나, 어떤 방식으로 만들더라도 토마토의 향미를 그대로 유지할 수 있는 조리법으로 발전하고 있다. 물론 적은 양을 만들 때보다 많은 양을 만들 때 더 오래 가열하는 것은 당연하기 때문에 만드는 양에 따라 요리시간이 달라진다는 것은 두말할 필요가 없다. 소스를 끓일 때는 뚜껑을 열고 끓여야 불순물질 등이 휘발하며 은은한 맛을 낼 수가 있다.

파스타 소스는 파스타와 섞기 전에 간과 향 및 농도의 테스트를 거쳐야 하며, 적절한 맛을 내기 위해서 가장 중요한 것은 소금을 충분하게 넣어야 한다. 이때 주의할 사항은 파스타에 얼마만큼의 소금을 넣은 것인지 아니면 넣지 않은 것인지를 먼저 알아야 할 것이다. 냉동 토마토 소스를 사용할 경우에는 10분 이상 끓이고 나서 테스트를 해야 한다. 토마토 소스가 떫은 맛이 나면 올리브유를 첨가하고, 떫은 맛이 없으면 버터를 약간

lasagna larga doppia riccia

첨가하면 좋다.

소스를 만들기 위해 토마토를 준비하는 방법은 두 가지가 있다. 하나는 토마토의 꼬투리를 따내고 꼭지부분에 칼집을 내어, 끓는 물에 데쳐 껍질을 벗겨 내고 알맹이를 잘게 다져 소스를 만드는 방법으로, 토마토 씹히는 맛이 있으며, 이태리 교외지역의 조리법이다. 다른 방법은 토마토를 씻고 다듬어 껍질째 끓인 다음 곱게 갈아 고운 체에 거르는 방법으로 소스가 부드럽고 스무스하다.

페스토 소스

사실 페스토 소스는 만드는 방법이 너무나 다양하여 어느 것이 진짜 전통적인 소스 조리법인지 알 수가 없다. 페스토는 제노바(Genova)에서 베질(basil)의 향을 근간으로 올리브유, 잣, 버터, 로마노 치즈(Romano Parmigiano - Reggiano) 등을 첨가하여 프로세서에 곱게 갈아 만들고 있다. 페스토 자체는 요리에 첨가되지 않는 한 끓이거나 가열하지 않는다. 가끔 야채수프에 첨가되기도 하는 페스토 소스는 다른 어떤 소스보다 매혹적이라고 평가하고 있다.

리비에라에서는 로마노(Romano) 치즈 대신 보다 덜 거칠거칠한 피오레 사르도(fiore sardo)로 알려져 있는 뻬꼬리노(pecorino) 치즈를 사용한다. 그러나 적어도 지금까지는 로마노(Romano) 치즈를 더 많이 사용하고 있다.

tacconelli

rigatoni Napoletani

orecchiette

gramigna

conchiglioni rigati

어울리는 파스타와 소스

건조 파스타와 잘 어울리는 소스

사실 수백 종에 이르는 파스타와 소스가 어떻게 잘 어울린다고 단언하기는 어렵다. 그러나 아무리 파스타를 알덴테(al dente)로 잘 삶고, 소스를 향미 가득하게 만들어 잘 버무려 그릇에 담고, 치즈를 적절히 뿌려 제공했다 하더라도, 파스타의 모양과 파스타에 첨가된 식재료의 향미가 소스와 어울리지 않는다면, 파스타 요리를 잘 만들었다고 말할 수는 없을 것이다.

파스타를 구분할 때 기본적인 것은 계란을 넣지 않은 건조 유통 파스타와 계란을 넣고 만든 즉석 파스타의 차이를 먼저 알아야 한다. 결이 치밀하게 꽉차 있는 건조 유통 파스타는 올리브유를 곁들인 해산물 소스와 야채소스 같은 가벼운 소스와 잘 어울린다. 물론 버터를 가미한 경우도 없지는 않다.

부카티니(bucatini) : 페르치아텔리(perciatelli)라고도 알려져 있으며, 두껍고 빈속에 꼬여 있다. ◆ tomato with olive oil and chopped vegetables ◆ tomato with sauted vegetables & olive oil ◆ tomato with pancetta and chili pepper ◆ Sicilian sardine

루에떼 디 까로(ruote di carro, cartwheels, 바퀴모양), 콘낄리에(conchiglie, shells, 조개껍질모양), 푸실리(fusilli, corkscrews, 송곳나사모양, 가늘고 긴 것과 두껍고 짧은 것이 있다). ◆ tomato with olive oil and chopped vegetables ◆ tomato with pancetta and chili pepper ◆ tomato with porcini mushroom ◆ mushroom with ham & tomato ◆ peas, bacon and ricotta sauce ◆ broccoli & anchovy ◆ sausage & cream ◆ Bolognese meat ◆ Sicilian eggplant & ricotta

푸실리(fusilli) ◆ fried zucchini with garlic & basil ◆ zucchine with basil & beaten egg yolk

마케론치니(maccheroncini, 마카로니, 짧고 좁은 튜브형태), 펜네(penne, quills; 마카로니보다 약간 굵은 모양), 지티(ziti) ◆ tomato with onion & butter ◆ tomato with olive oil & chopped vegetables ◆ tomato with sauted vegetables & olive oil ◆ tomato with pancetta and chili pepper ◆ tomato with porcini mushroom ◆ spinach with ricotta & ham ◆ mushroom with ham & tomato ◆ peas, peppers, and prosciutto with cream ◆ califlower with garlic, oil & chili pepper ◆ tuna with tomatoes & garlic ◆ fish sauce ◆ gorgonzola cheese sauce ◆ asparagus with ham and cream

리가토니(rigatoni) : 마카로니 같은데 아주 굵고 짧은 형태 ◆ tomato with onion and butter ◆ tomato with sauted vegetables & olive oil ◆ tomato with pancetta and chili pepper ◆ fish sauce ◆ prosciutto and cream ◆ peas, bacon and ricotta sauce ◆ spinach with ricotta & ham ◆ roasted red & yellow pepper with garlic & basil ◆ tuna with tomatoes & garlic ◆ with Bolognese meat sauce ◆ Sicilian eggplant & ricotta ◆ red and yellow bell pepper

스파게티(thick spaghetti) : 베르미첼리(vermicelli)라고도 한다. ◆ tomato with onion

gnocchetti sardi

trivelli

conchigliette

casareccia

rotelline

ditaloni lisci

ghiottole

ditaloni rigati

spaccatella

tubetti

fedelini tagliati

rombi

& butter ♦ pesto ricotta ♦ tuna with tomatoes & garlic ♦ scallop with olive oil, garlic and hot pepper ♦ fish sauce ♦ butter and parmesan cheese ♦ carbonara sauce ♦ pesto ♦ roman garlic & oil ♦ butter & rosemary ♦ onion sauce ♦ tomato with olive oil and chopped vegetables ♦ Sicilian eggplant & ricotta ♦ fried zucchine with garlic and basil

가는 스파게티(thin spaghetti) ♦ tomatoes with garlic and basil ♦ eggplant with tomato and red chili pepper ♦ raw version with fresh tomato and basil ♦ tomato and anchovy ♦

black truffle ♦ clam with tomato ♦ tomato with olive oil and chopped vegetables ♦ white clam ♦ scallop with olive oil, garlic and hot pepper

프레시 파스타와 잘 어울리는 소스

여기서 말하는 즉석 파스타란 도우에 계란이 들어간 파스타를 의미한다. 말리거나 저장할 수도 있다.

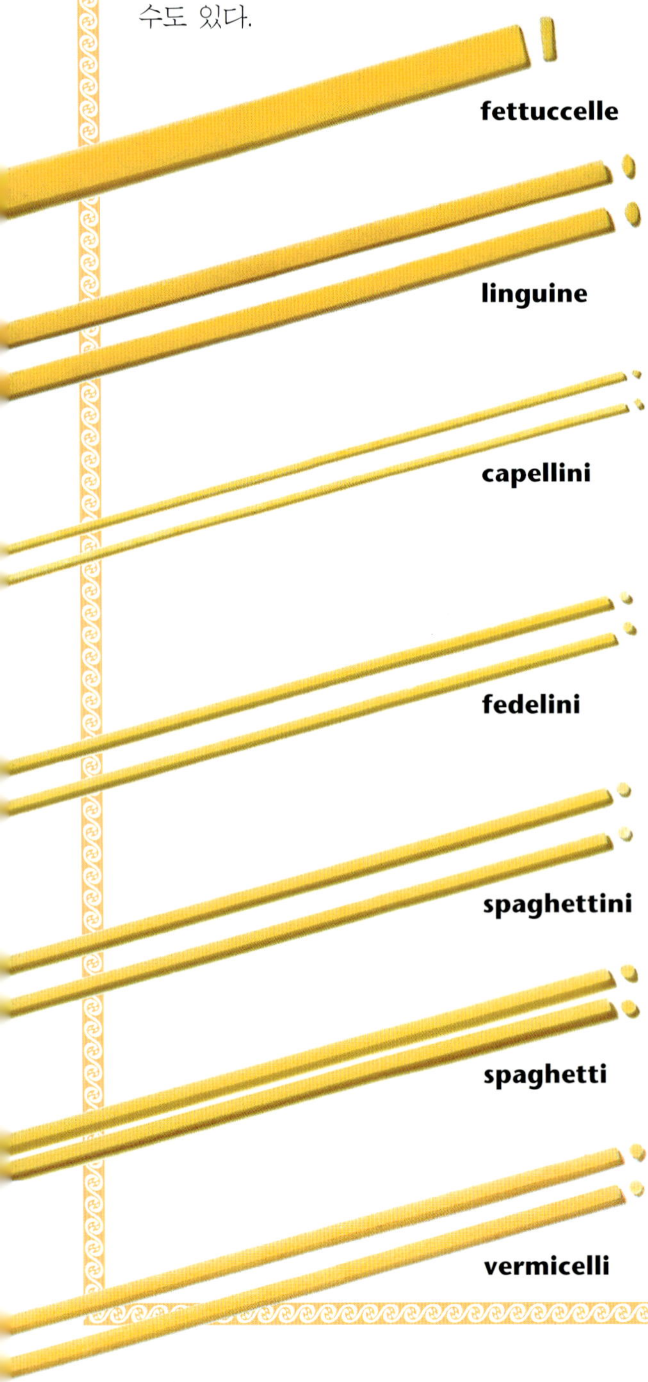

까펠리 단젤로(capelli d'angelo, angel hair) : 가늘고 긴 파스타로 치킨이나 쇠고기 브로스(broth)에 제공한다.

까펠라띠(cappellacci, pumpkin-filled ravioli) : 호박으로 속을 채운 라비올리 ♦ butter & parmesan cheese ♦ cream and butter

페투치네(fettuccine) ♦ fried zucchini with garlic and basil ♦ butter & rosemary ♦ pesto ♦ whit clam ♦ pink shrimp with cream ♦ butter and sage ♦ cream and butter ♦ Gorgonzola ♦ mushroom, ham and cream

갈가넬리(garganelli, hand-turned maccheroni) : 손으로 만든 마카로니 ♦ peas, peppers and prosciutto with cream ♦ Gorgonzola ♦ asparagus with ham and cream

라자냐(lasagne) ♦ meat sauce Bolognese style ♦ Bechamel sauce ♦ mushroom and ham ♦ artichoke sauce ♦ ricotta pesto

말타리아티(maltagliati, short, irregularly cut soup noodles) : 불규칙적으로 짧게 자른 수프용 국수

오레끼에떼(orecchiette) ♦ broccoli and anchovy

파파르델레(pappardelle) : 칼국수처럼 넓은 파스타 ♦ tomato with porcini mushrooms ♦ pink shrimp with cream ♦ red and yellow bell pepper with sausage ♦ cranberry bean, sage and rosemary ♦ chicken liver

bricchetti

lucciole

anelloni

anellini

riso

lancette

quadretti

occhi di pernice

fettuccine

tagliolini

피조케리(pizzoccheri) : 짧은 메밀국수 ♦ toasted with sage, and garlic, and gratined with soft cheese

딸리아뗄레(tagliatelle noodles) : 페투치네(fettuccine)보다 넓다. ♦ Bolognese meat sauce(Ragŭ alla Bolognese)

톤나넬리(tonnarelli) : 두꺼운 사각형 국수 ♦ tomato with porcini mushroom ♦ smothered onion ♦ butter and rosemary ♦ pesto ♦ Sardinian bottarga ♦ prosciutto and cream

또르뗄리니(tortellini) ♦ tomato with heavy cream ♦ pink shrimp with heavy cream ♦ cream and butter ♦ prosciutto and cream ♦ Bolognese meat sauce(Ragŭ alla Bolognese)

또르뗄로니(tortelloni) ♦ tomato with heavy cream ♦ butter and Parmesan cheese ♦ butter and sage

Spaghetti alla salsa di pomodoro e pepperoni

피망과 토마토를 넣은 마늘크림 소스의 스파게티 Spaghetti with pimento and tomato & alfredo sauce

Salsa di pomodoro con olio d'oliva e verdure

올리브유와 야채를 넣은 토마토소스 Tomato sauce with olive oil and chopped vegetable

당근의 감미로운 맛과 셀러리의 향미는 날 토마토 소스의 향미를 더해 주므로 볶지 말고 날 것을 사용해야 한다. 건조 파스타 요리에 적합하다.

재료(6인분)

2 lb fresh ripe tomato
100g chopped onion
100g chopped carrots
10g salt
100g chopped celery
1kg dry pasta

1. 준비된 토마토나 캔 토마토를 소스팬에 넣고 가열한다.
2. 당근, 셀러리, 양파, 소금을 넣고 은근한 불에 토마토가 완전히 무르익을 정도, 즉 30분 정도 가열한다.
3. 바닥이 눌거나 타지 않도록 자주 저어 주어야 하며, 올리브유를 넣는다.
4. 프로세서에 곱게 갈거나 아니면 체에 거른다.
5. 소금간을 맞춘다.
6. 파스타를 삶아 소스와 섞는다.

Salsa di pomodoro con cipolla al burro

토마토 소스

Tomato sauce with onion and butter

단순하고 순순한 토마토 소스로 감미로운 맛이 나기 때문에 파스타를 섞지 않고도 곧바로 먹을 수 있다. 이 소스는 potatoes gnocchi에 적합하다. 파스타는 스파게티(spaghetti), 펜네(penne), 리가토니(rigatoni)와 잘 어울린다.

재료(6인분)

2 lb fresh ripe tomato
10g salt
5 TS butter
1kg dry pasta
50g onion
some grated Parmigiano-Reggiano cheese

1. 준비된 토마토나 캔 토마토를 소스팬에 넣고 가열한다.
2. 버터, 양파, 소금을 넣고 은근한 불에 토마토가 완전히 무르익을 정도, 즉 30분 정도 가열한다.
3. 바닥이 눌거나 타지 않도록 자주 저어주어야 하며, 프로세서에 곱게 갈거나 아니면 체에 거른다.
4. 소금간을 맞춘다. 파스타를 삶아 소스와 섞는다.
5. 접시에 담아 치즈를 뿌려 먹는다.

Pasta alla Genovese

감자와 번스를 넣은 페스토 소스의 스파게티

Pasta & pesto sauce with potato & green beans

제노바(Genova)에서는 페스토 스파게티를 먹을 때 삶은 감자와 그린빈을 곁들인다. 단순한 파스타와 소스보다는 맛이 한결 좋아진다.

재료(6인분)

2 cups fresh basil leaf
1/2 cup grated ricotta cheese
1/2 cup extra virgin olive oil
3 TS soft butter
3 TS pine nuts
2 small new potatoes
2 cloves chopped garlic
1/2 lb young green beans
some salt
600g spaghetti or fettuccine pasta

1. 주어진 재료로 페스토 소스를 만든다. 단지 치즈를 리꼬따 치즈로 바꿨다.
2. 감자를 껍질째 삶아 껍질을 벗겨내고 얇게 슬라이스한다.
3. 그린빈스는 다듬어 소금을 넣은 물에 연하게 삶아낸다.
4. 준비된 페스토 소스, 감자, 그린빈스, 파스타를 데우면서 잘 섞는다.
5. 바로 제공하여 먹어야 한다.

Salsa di pesto

페스토 소스 Pesto sauce

페스토 소스를 냉동 저장하려면, 곱게 간 상태에서, 치즈나 버터를 넣지 말고 냉동시켰다가 사용할 때 치즈나 버터를 첨가하여 사용하여야 한다. 페스토 소스는 스파게티와 감자로 만든 뇨끼(gnocchi)가 가장 잘 어울린다.
제노아(Genova)의 트레네떼(trenette) 파스타도 고급요리로 알려져 있다. 그 외에 페투치네(fettuccine), 토나넬리(tonnarelli)도 적합하다. 아래의 두 가지 치즈 대신에 새콤한 맛이 나면서 향미가 부드러운 리꼬따(ricotta) 치즈를 사용할 수 있다.

재료(6인분)

2 cups fresh basil leaf
1/2 cup parmigiano - reggiano
1/2 cup extra virgin olive oil
2 TS romano cheese
3 TS pine nuts
3 TS soft butter
2 cloves chopped garlic
1kg dry pasta
some salt

1. 베질을 씻어 물기를 빼고 씻는다.
2. 베질, 올리브유, 잣, 다진 마늘, 소금을 넣고 프로세서에 곱게 간다.
3. 볼에 옮겨 두 가지 치즈를 넣고 주걱으로 잘 섞는다.
4. 치즈가 잘 섞이고 나면 부드럽게 녹은 버터를 넣고 잘 섞는다.
5. 페스토 만큼 물이나 스톡을 혼합하여 소스를 끓이고, 삶은 파스타에 끼얹어 제공한다.

Lasagne alla Bolognese

볼로네스 소스의 라자냐

Baked lasagne with meat sauce, Bolognese style

재료(6인분)

400ml Bolognese meat sauce
100g butter
400ml Bechamel sauce
100g grated parmigiano - reggiano
600g pasta dough

1. meat sauce를 준비하거나 냉동된 것을 미리 끓여 적절하게 준비하여 놓는다.
2. bechamel sauce 또한 미리 만들어 준비하여 놓는다.
3. 도우는 10×30cm 크기로 절각하여 익혀 놓는다. 물기는 타월로 닦아 준다.
4. 오븐을 200℃ 정도로 조정해 놓는다.
5. 라자냐 볼에 버터를 바르고, 바닥에 베샤멜 소스를 조금 놓는다. 도우를 틈이 없이 덮고, 미트소스로 도우를 완전히 덮는다. 다시 도우, 베샤멜소스, 도우, 미트소스, 도우를 반복한다. 이런 식으로 6층까지 만들어도 된다. 이렇게 미리 만들어 2일까지 냉장보관할 수 있다.
6. 맨 위에 베샤멜과 미트소스를 섞어 커버하고 버터를 약간 바르고 치즈를 뿌려 준다.
7. 10~15분 정도 오븐에 넣어 두면 표면이 갈변한다. 꺼내어 10분 정도 놔둔다.
8. 바로 제공하여 먹는다.

Lasagne imbottite

나폴리식 라자냐

Stuffed lasagne in the style of Naples

축제요리의 하나로, 천주교의 이스터데이(부활절) 직전 일주일 간의 축제 마지막 날 목요일에 제공되던 요리다. 미트볼과 소시지가 곁들여지며, 어떤 때는 슬라이스한 삶은 계란이 첨가되기도 한다.

재료(8인분)

900g meat ball (Polpettine meat ball)
1 small onion, chopped
500g pasta dough
500g sweet pork sausage
850g tomato, chopped, with juice
370g pork and beef grounded, mixture
70ml olive oil
some salt & pepper
60g pancetta or prosciutto, chopped
60g tomato paste
20g chopped parsley
170ml dry red wine
1 chopped carrots
750g ricotta cheese
1 stalk celery with leaves, chopped
150g grated pecorino or parmesan
2 cloves garlic, chopped
600g shredded mozzarella cheese

1. 미트볼을 올리브유에 갈색을 낸다. 토마토는 씨, 껍질을 제거하고 다져서 주스를 걸러 놓는다.
2. 팬에 올리브유로 로-햄을 갈색으로 볶고, 파슬리, 당근, 셀러리, 마늘, 양파를 부드럽게 10분 정도 볶는다. 소시지 3개와 쇠고기와 돼지고기를 곱게 다져 넣고, 소금과 후추로 간하고 7분 정도 더 볶는다.
3. 다른 소스팬에 페이스트와 와인을 넣고 3분 정도 시머링하고, 토마토주스를 넣고 뚜껑을 덮어 한 시간 정도 은근한 불에 계속 가열한다.
4. 얇고 넓게 밀은 라자냐 도우를 소금을 약간 넣은 물에 삶아 찬물에 식힌다.
5. 파스타 삶은 물을 약간 넣고 리코타 치즈를 블렌더에 곱게 갈아, 볼에 파르메산 치즈와 같이 넣고 잘 섞는다. 여기에 남은 소시지는 팬에 갈색으로 소테하여 식힌 다음 길고 얇게 썰어 넣고, 준비된 미트볼의 반을 넣어 잘 섞는다.
6. 라자냐 볼에 미트소스를 깔고, 도우를 그 위에 덮고, 리코타 믹스를 다시 덮고, 파르메산 치즈를 위에 뿌려 준다. 다시 소스를 끼얹고, 소시지와 미트볼 섞은 것을 덮고, 모차렐라 치즈를 뿌려 준다.
7. 이런 순서를 계속하여 파스타가 3층 정도되면, 마지막으로 미트소스를 끼얹고, 슬라이스 소시지, 미트볼을 얹고 모차렐라 치즈와 페코리노 치즈를 토핑한으로써 마감한다.
8. 220℃ 오븐에 약 25분 정도 베이킹하여 표면이 진한 골든 브라운 색이 되면, 꺼내어 10분 정도 지나 제공한다.

Orecchiette con salsiccia e cime di rapa

그린 소스를 곁들인 풀리아식 파스타

Orecchiette with sausage and broccoli rape

재료(6인분)

70ml olive oil
1kg broccoli or kale, steamed
370g pork sausage
500g orecchiette pasta (귀 모양의 파스타)
4 cloves chopped garlic
some salt & pepper
5g hot chilly powder

1. 소시지 껍질을 벗기고 올리브유 팬에 10분 동안 갈색을 낸다. 마늘과 후추를 넣고 3분 정도 은근하게 가열한 후, 2.5cm로 다듬은 브로콜리와

물(120ml)을 넣고 뚜껑을 덮어 10분 정도 가열하면서 가끔씩 저어 주면서 소스를 만든다.

2. 오레끼에떼 파스타를 소금 물에 알덴테(al dente)로 삶는다.
3. 완성된 소스와 삶은 파스타를 잘 혼합하고, 고춧가루와 후추로 간을 하여 제공한다.

Bucatini all'amatriciana

토마토 베이컨 소스를 곁들인 파스타

Bucatini with tomatoes and bacon sauce

재료

2000g tomato with juice, chopped
60g slice bacon or pancetta
20g butter
5g hot chilly powder
20ml olive oil
500g bucatini or spaghetti
1 chopped onion
50g grated parmesan or pecorino cheese
2 cloves chopped garlic
some pepper & salt

1. 캔 토마토와 날 토마토를 섞어 사용하는 것이 좋으며, 씨와 껍질은 제거하여 다지고, 주스는 걸러서 따로 준비한다.
2. 소스팬에 올리브유와 버터로 마늘과 양파를 연한 갈색으로 소테하고, 뜨거운 물에 살짝 데친 판체타나 베이컨을 다지거나 줄리앵으로 썰어 넣고 5분 정도 소테한다.
3. 토마토와 주스를 넣고 소금과 후추로 간을 한다. 30분 정도 가끔 저어 주면서 시머링하고, 마늘은 제거할 수 있으면 제거한다.
4. 그러는 동안 스파게티 또는 부카티니 파스타를 알덴테(al dente)로 삶는다.
5. 파스타와 소스를 잘 섞고, 접시에 담아 파르메산 치즈를 뿌려 뜨거울 때 제공한다.

Conchiglie alla puttanesca

찬 토마토 소스의 파스타

Pasta with harlot's sauce, Tuscan style

같은 파스타 요리라 하더라도 나폴리에서는 끓인 소스와 함께 뜨겁게 제공한다. 그러나 투스칸은 익히지 않은 토마토 소스로 차갑게 제공하며, 선 드라이 토마토를 사용하면 더욱 좋다.

재료

620g fresh tomatoes, chopped, peeled
45g sliced black olive
120ml olive oil
15g small capers, drained
2 cloves garlic, chopped
some salt & pepper
8 leaves fresh basil, shrelled
500g spaghetti or conchiglie pasta
10g chopped parsley

1. 토마토, 올리브유, 마늘, 베질, 파슬리, 올리브, 케이퍼, 소금, 후추를 잘 섞어 적어도 사용하기 한시간 전에 소스를 만들어 놓아야 향미가 베어들어 제 맛이 난다.
2. 스파게티 또는 콘낄리에 파스타를 알덴테(al dente)로 삶는다.
3. 파스타와 소스를 잘 섞어 바로 제공한다.

Spaghetti alla carbonara

계란과 베이컨의 소스를 곁들인 스파게티

Spaghetti with eggs and bacon

재료(6인분)

150g bacon or slab pancetta
30ml fresh cream
40ml olive oil
20g grated pecorino or parmesan cheese
5 cloves garlic, brunoised

some salt & pepper
90g dry white wine
500g spaghetti
4 egg

1. 물에 데친 슬라이스한 판세타나 베이컨을 다지거나 줄리앵으로 썰어, 팬에 넣고 물(40ml)을 부어 서서히 가열하고 계속 저어 주면, 기름이 나온다. 기름을 따라내고, 대신에 올리브유와 으깬 마늘을 넣고, 중불에 갈색으로 볶는다. 와인을 넣고 졸이고, 마늘은 건져내고, 팬을 불에서 내린다.

2. 다른 볼에 계란, 생크림, 치즈가루, 소금을 잘 섞는다.

3. 스파게티 또는 콘낄리에 파스타를 알덴테(al dente)로 삶는다.

4. 스파게티가 아직 뜨거울 때, 볶은 판체타와 계란 혼합물을 넣어 잘 섞는다. 뜨거운 물을 넣어 농도를 조절하고, 소금과 후추로 간하여 바로 제공한다.

Ciceri e tria

칙 피스와 양파로 만든 소스의 페투치니 파스타

Salentine fettuccine with chickpeas and onions

살렌토(Salento)는 이태리 최북단의 산악지역으로 야채, 콩, 해산물을 이용한 요리가 주류를 이루며, 순수하고 순진한 스파르타 사람들이 사는 지역이다. 부드러운 맛과 바삭이는 맛을 동시에 느낄 수 있는 독특한 파스타 요리이다.

재료

120ml olive oil
15g chopped fresh rosemary leaves
1 chopped onion
some salt & pepper
1 stalk celery with leaves, chopped
370g dried fettuccine or tagliatelle pasta
1 grated carrots
20g chopped fresh Italian parsley
3 cloves chopped garlic
some salt & pepper
200g dried chickpeas, soaked, cooked

1. 팬에 올리브유(90ml), 양파, 셀러리, 당근, 마늘을 넣고 10분 정도 살짝 볶다가, 삶은 콩, 로즈메리, 소금을 약간 넣고 콩이 반 정도 으깨지도록 부수어, 콩 삶은 물(400ml)을 붓고 8분 정도 시머링한다.

2. 드라이 파스타(250g)는 소금을 약간 넣은 물에 삶아 걸러 식혀서, 파슬리와 함께 소스에 넣고 잘 저으면서 농도를 조절하고, 필요하면 물을 더 넣는다. 이때 소스의 물기는 바닥이 거의 마르도록 조정해야 한다.

3. 드라이 파스타는 8분 정도, 즉석 파스타는 2분 정도 삶아, 올리브유(30ml)를 넣고 가열한 팬에 넣고, 갈색으로 잘 볶아지면, 오일과 함께 소스에 넣고, 잘 섞어 소금과 후추로 간한 다음 제공한다.

Tagliatelle con ragu alla Bolognese

볼로네제 소스와 파스타

Tagliatelle with with Bolognese sauce

이태리 밖에서 볼로네스 소스는 막연하게 미트 소스와 토마토 소스를 섞은 것으로 혼돈하고 있으나, 정확한 정설은 아니다. 실제 정통 볼로네제 소스는 쇠고기는 물론이며, 스모크드-로-햄(cured meat), 셀러리, 토마토, 양파, 백포도주가 들어가는 크림 타입의 소스이다. 감미로운 리치한 맛이 나기 때문에 때로는 돼지고기를 첨가하기도 한다. 향미를 증가시키기 위하여 모타델라(mortadella) 소시지를 넣기도 한다.

재료(8인분)

250g drained tomato, chopped

30g mortadella sausage, chopped
40g butter
some salt & pepper
30ml olive oil
90ml dry white wine
30g pancetta or bacon, chopped
90ml milk
1 small onion, chopped
a little grated nutmeg
1 stalk celery with leaves, chopped
40g tomato paste
1 small carrots, chopped
170g meat broth soup
15g chopped Italian parsley
750g tagliatelle or fusilli or orecchiette
170g ground beef
50g grated parmesan cheese
90g ground pork

1. 토마토의 껍질과 씨를 제거하여 다지고, 주스는 따로 받아둔다.
2. 두껍고 깊은 소스팬에 버터와 올리브유를 조금씩 넣고 다진 베이컨을 갈색으로 볶는다.
3. 양파, 셀러리, 당근, 파슬리를 넣고 색이 나지 않도록 10분 정도 중불에 볶는다. 쇠고기와 돼지고기, 모타델라 소시지와 소금을 가미하고, 갈색이 나도록 충분히 볶는다.
4. 와인을 넣어 3분 정도 시머링하여 알코올성분이 충분히 휘발되도록 하고, 우유와 육두구(nutmeg)를 넣고, 페이스트 넣고 잘 저어 준다. 토마토와 토마토주스를 넣는다.
5. 브로스 수프를 넣고 불을 약하게 조절하여 3시간 정도 시머링하고, 가끔씩 저어 준다.
6. 남은 버터와 소금 후추로 간을 조절한다.
7. 소금을 약간 넣고 끓인 물에, 파스타를 넣고, 다시 물이 끓으면, 잠시 후 물을 걸러 낸다. 이때가 알덴테(al dente)로 삶아진 상태이다.
8. 삶은 파스타를 소스와 잘 혼합하여, 서빙 접시에 담고, 파르메산 치즈를 뿌려 뜨겁게 바로 제공한다.

Maccheroni alla barese con cavolfiori

양파와 콜리플라워로 만든 소스의 펜네
Penne with cauliflower and onions, Bari–Puglia style

재료(6인분)

1300g cauliflower trimmed, cut into small
500g penne rigate
120g olive oil
15g chopped Italian parsley
some salt & pepper
a little red hot chilli powder
2 onion sliced

1. 꼬투리를 따내고 위에서 아래로 길게 슬라이스한 양파를 올리브유의 팬에 갈색으로 볶는다.
2. 소금을 약간 넣은 끓는 물에 콜리플라워를 5분 정도 데쳐 낸다. 물은 다시 끓이고 파스타를 넣고 7분이 지나면, 콜리플라워를 다시 넣고 1분 후에, 두 가지를 함께 건진다.
3. 양파소스에 파스타와 콜리플라워를 넣고 삶은 물을 한 컵 정도 부은 다음, 파슬리, 고춧가루, 소금과 후추로 간하여 제공한다.

Crespelle

크레이프 Crepes

이태리 전역에서 만들며, 토스카니(Toscana)는 손수건이라는 뜻의 fazzoletti라 하고, 칼라브리아(Calabria)는 작은 걸레라는 의미의 manicotti라고 한다. 육류, 해산물, 야채, 치즈 요리를 넣고 말아서, 토마토소스나 베샤멜소스를 곁들여 베이킹한다. 크레이프는 얇고 연하여 터지거나 찢어지기 쉽다.

재료(20개 분량)

4 eggs
5g salt
600ml milk
170g white flour
some sugar
1 lt olive oil for fry

1. 계란, 우유, 설탕, 소금을 잘 섞고, 밀가루를 넣고 거품기로 잘 저어 반죽을 만든다.
2. 계란용 프라이팬에 올리브유를 두르고 지단 만드는 방법으로 얇은 크레이프를 만든다.
3. 물론 뒤집어 가열해 주어야 한다. 한 번에 하나씩 만든다.
4. 만들어진 것은 겹쳐지지 않도록 사이사이에 기름종이나 플라스틱을 끼워 넣는다.

Manicotti

리꼬따 치즈를 스터핑한 크레이프

Crepes stuffed with ricotta, Calabrian style

이태리 남부 칼라브리아의 전통 요리로, 육류의 취식이 금기시되어 있는 크리스마스 이브나 일요일과 공휴일에 즐겨 먹는 요리다.

재료(6인분)

20 crepes
1 egg
300ml tomato sauce (Sugo di Pomodoro)
10g chopped Italian parsley
50g grated parmesan or pecorino cheese
120g mozzarella cheese, cut into allumette
500g ricotta
some salt & pepper

1. 리꼬따 치즈는 소창에 싸서 두 시간 정도 걸어 두면 물기가 빠진다. 여기에 파르메산(30g), 계란, 파슬리, 소금과 후추로 양념하여 잘 섞는다.
2. 두 개의 베이킹 접시 바닥에 토마토 소스를 얇게 펴 바른다.
3. 크레이프의 한쪽 끝에 25g 정도의 치즈 혼합물을 놓고, 길게 썬 모차렐라 치즈를 그 위에 놓은 다음 양끝으로 내용물이 나오지 않도록 김밥 말듯이 만다. 크레이프의 끝을 치즈 혼합물로 발라 크레이프가 달라붙어 떨어지지 않도록 한다. 위의 베이킹 접시에 10개씩 차례차례 담는다.
4. 마니코티 위에 토마토 소스를 약간 끼얹어 주고, 이때 너무 많이 흠뻑 얹지 않는다.
5. 남은 모차렐라는 다이스해서 뿌리고, 나머지 파르메산 치즈를 약간 뿌려, 200℃ 오븐에서 10~15분 정도 베이킹하면, 갈색으로 구워진다. 꺼내어 10분 후에 제공한다.

Linguine nere alla pescatora

오징어 먹물로 만든 링귀니 파스타의 새우와 가리비

Black ink linguine with scallops & prawns

재료(2인분)

200g flour
120g scallops
1 egg
8 prawns
40ml black ink from cuttlefish
10g chopped garlic
some salt
40g butter

1. 밀가루, 달걀, 오징어 먹물, 소금을 잘 반죽하여 얇게 밀어 가늘게 썰어 끓는 물에 삶아 버터에 볶아 접시에 담는다.
2. 가리비와 새우를 센 불에 볶다가 다진 마늘을 첨가하여 파스타와 곁들여낸다.

Fettuccine alla romana

베이컨과 완두콩이 들어간 크림소스의 페투치니 파스타 *Bacon and greenpeas with cream sauce*

이탈리안 레스토랑 제시카 피짜리아 신유신 조리장 추천요리

02) 312-6947~9

재료(1인분)

140g fettuchine pasta, cooked
20ml olive oil
200ml fresh cream
10g green peas
20g bacon, sliced
20g parmesan cheese, grated
30g mushroom, slice
some salt & pepper
20ml white wine

1. 올리브유에 베이컨을 볶다가 백포도주를 넣는다.

2. 양송이, 완두콩을 넣고 잠시 후에 생크림을 넣는다.

3. 페투치니 파스타를 넣고 치즈 가루를 넣고 조린다.

4. 소금과 후추를 가미하여 제공한다.

Pappardelle allo zafferano con salsa di pomodoro

토마토 소스를 곁들인 사프란 파파델레 파스타

Saffron pappadelle with tomato sauce

재료(1인분)

50g onion, chopped
50g fresh tomato, brunoise
1 clove garlic, crashed
10g chopped pine nuts
20ml olive oil
10g chopped oregano
20ml white wine
1 stalk fresh majoram
30ml tomato juice
10g chopped Italian parsley
5g fresh chervil leaves
10g chopped fresh basil
some salt & pepper
160g saffron papadelle pasta, cooked

1. 올리브유를 두른 팬에 양파와 마늘을 볶다가 토마토 콩카세를 볶는다.
2. 백포도주와 토마토 주스를 넣고 졸인다.
3. 잣, 오레가노, 파슬리, 베질을 넣고 소금, 후추로 가미한다.
4. 따뜻한 파스타와 소스를 접시에 담는다.
5. 처빌과 마조람으로 장식하여 제공한다.

Linguine alle vongole e pesto

모시조개와 페스토 소스를 곁들인 링귀니 파스타

Linguine pasta with clams & pesto sauce

스파게티 전문점 뽀모도로 박충준 조리장 겸 대표 추천요리

02) 738-1991/774-3402(전 신라호텔 근무)

재료(1인분)

200g fresh clams in the shell
some salt & pepper
10ml olive oil
200g cooked linguini
1 cloves garlic, chopped
5g chopped fresh basil
100ml pesto sauce
40g parmesan cheese, grated
40ml white wine

1. 마늘을 올리브유에 볶다가 모시조개를 넣고, 잠시 후에 백포도주를 넣고, 뚜껑을 덮어 4분 정도 익힌다.
2. 모시조개를 골라내고 스톡을 걸러 다시 소스팬에 붓고 졸이면서 페스토 소스를 넣는다.
3. 필요하면 물이나 스톡을 더 첨가하고 소금과 후추로 간하고, 반 정도 익힌 링귀니를 넣고 마저 익힌다.
4. 파르메산 치즈를 넣고 다진 베질을 뿌려 잘 섞은 다음 접시에 담아 베질로 장식하여 제공한다.

Spaghetti alla carbonara

베이컨, 계란과 파르메산 치즈의 스파게티

Spaghetti with bacon, eggyolk and Parmesan cheese

재료(6인분)

some salt & pepper
6 egg yolk
180g bacon, sliced
60g parmesan cheese, grated
30g butter
600g spaghetti

1. 베이컨을 잘게 썰어 팬에 넣고 서서히 가열하고 계속 저어주면 기름이 나온다. 이때 기름을 따라버린다.

2. 다른 볼에 계란, 생크림, 치즈가루, 소금, 통후추가루를 잘 섞는다.

3. 스파게티를 알덴테(al dente)로 삶는다.

4. '1'에 '3'을 넣고 볶아 주다가 '2'를 넣고 응고가 되면 접시에 담아 제공한다.

cf) 열이 너무 강하면 크림이 분리되므로, 중불에 은근하게 가열하면서 조리하여야 한다.

Spaghetti ai frutti di mare

토마토 소스의 해산물 스파게티

Spaghetti with seafood & tomato sauce

스파게티 전문점 뽀모도로 박충준 조리장 겸 대표 추천요리

02) 738-1991/774-3402(전 신라호텔 근무)

재료(1인분)

100g clam, trimmed
30g squid, trimmed, cut
100ml tomato sauce
15g parmesan cheese
3 pc prawn trimmed, cut half
10ml olive oil
1 stalk fresh basil, chopped
200g spaghetti, cooked
5 ea mussel, trimmed
1 cloves garlic, chopped
some salt & pepper

1. 올리브유를 두른 팬에 마늘을 넣고 볶고, 잠시 후 쭈꾸미, 새우, 한치, 광어, 동태를 넣고 볶은 다음 토마토 소스, 홍합, 모시조개를 넣고 뚜껑을 덮고 중불에 은근하게 가열하고 소금과 후추로 간한다.
2. 베질, 스파게티, 올리브유, 파르메산 치즈를 넣고 잘 섞어 접시에 담고, 베질로 장식하여 제공한다.

Penne alla fiesolana e melanzane

치즈와 토마토 소스로 맛을 낸 펜네

Penne with mozzarella cheese, eggplant & basil tomato sauce

스파게티 전문점 뽀모도로 박충준 조리장 겸 대표 추천요리

02) 738-1991 / 774-3402 (전 신라호텔 근무)

재료(1인분)

100ml tomato sauce
10g eggplant
2 stalk fresh basil, chopped
10ml olive oil
1 cloves garlic, chopped
30g parmesan cheese
200g penne pasta, cooked
20g chopped onion
10g mushroom
some salt & pepper

1. 올리브유를 두른 팬에 마늘, 양송이, 가지를 넣고 볶고, 토마토 소스를 넣고 뚜껑을 덮고 중불에 은근하게 가열한 다음 소금과 후추로 간한다.

2. 베질, 펜네, 올리브유를 넣고 잘 섞어 접시에 담고, 모차렐라 치즈를 얹은 후 베질로 장식하여 제공한다.

Spaghetti alla carbonara

베이컨, 계란과 파르메산 치즈의 스파게티

Spaghetti with bacon, eggyolk and parmesan cheese

재료(6인분)

some salt & pepper
3 egg yolks, 30g butter
100ml dry white wine
180g bacon, sliced
60g parmesan cheese
40ml olive oil
500ml fresh cream
120g spaghetti, cooked
20g chopped garlic

1. 베이컨을 잘게 썰어, 팬에 넣고 서서히 가열하고 계속 저어 주면, 기름이 나온다. 기름을 따라내고, 대신에 올리브유와 으깬 마늘을 넣고, 중불에 갈색으로 볶는다. 와인을 넣고 졸이고, 마늘은 건져내고, 팬을 불에서 내린다.

2. 다른 볼에 계란, 생크림, 치즈가루, 소금을 잘 섞는다.

3. 스파게티 파스타를 알덴테(al dente)로 삶아 뜨거울 때, 볶은 판체타와 계란 혼합물을 넣어 잘 섞는다. 뜨거운 물을 넣어 농도를 조절하고, 소금과 후추로 간하여 바로 제공한다.

cf) 너무 열이 강하면 크림이 분리된다.

Spaghetti al pollo

닭고기와 크림소스의 스파게티 *Cream sauce spaghetti with chicken*

Spaghetti con scampi allaglio dolce

새우와 알프레도 크림소스의 스파게티

Spaghetti with shrimp & alfredo sauce

스파게티 전문점 뽀모도로 박충준 조리장 겸 대표 추천요리

02) 738-1991/774-3402(전 신라호텔 근무)

재료(1인분)

10g chopped olive
200g spaghetti, cooked
2 cloves garlic, chopped
5g fresh basil leaves
30g broccoli
some salt & pepper
100ml cream
10 pc prawn trimmed
20g parmesan cheese
30g potatoes
20ml olive oil

1. 팬에 올리브유를 두르고 마늘을 색이 나지 않도록 볶다가, 새우와 브로콜리를 넣고 볶는다.

2. 감자, 생크림을 넣고 졸이다가 스파게티를 넣는다.

3. 졸이면서 파르메산 치즈를 넣고 소금과 후추로 간한다.

4. 다지거나 슬라이스한 베질을 넣고 잘 섞어 접시에 담아 장식하여 제공한다.

Ravioli di anatra in salsa bruna con funghi

오리 고기로 속을 채운 라비올리 Duckling stuffed pasta in mushroom & brown sauce

이탈리안 레스토랑 일-비노로소 김명환 조리장 추천요리

02) 754-011~3

재료(1인분)

2 eggs
2 cloves garlic, chopped
150g hard flour
10ml demi glace
some salt & pepper
20ml fresh cream
some olive oil
1 chopped mushroom
2 pc duck breast
5ml white wine
40g carrots, chopped
5g parmesan cheese
50g celery, chopped
5g butter
50g onion, chopped

1. 밀가루, 계란, 소금, 후추, 올리브유를 약간 넣고 반죽을 만든다.

2. 소스팬에 올리브유를 두르고, 마늘, 양파, 당근, 셀러리를 순서대로 볶는다. 오리 가슴살을 잘게 잘라 넣고 볶다가 와인을 넣고, 소금과 후추로 간을 한다. 식으면 칼로 곱게 다지거나, 다지는 기계로 곱게 갈아 속을 만든다.

3. 버터를 두른 프라이팬에 양송이를 볶다가 백포도주를 넣고, 데미그라스 소스와 생크림을 넣고 중불에서 은근하게 가열한다. 소금 후추로 간을 하고, 삶은 라비올리를 8개 정도 넣고 혼합하여 제공할 접시에 담는다. 파르메산 치즈를 뿌려 제공한다.

Ravioli farciti con funghi e rumache

달팽이와 양송이로 속을 채운 이탈리아 만두 라비올리 *Snail & mushroom ravioli food*

재료(1인분)

40g snails
40g butter
10g carrots
10g zucchini sauce
10g celery
10g red pimento
20g onion
10g green pepper
10g fresh basil
20g mushroom
some salt
40ml white wine

1. 버터에 양파, 양송이, 달팽이를 볶아 소금과 후추로 양념하여 스터핑을 만든다.
2. 스터핑할 재료를 도우에 채워 모양대로 절각하여 삶아낸다.
3. 버터에 셀러리, 당근, 양파, 베질, 청피망, 홍피망, 양송이 등 야채를 볶는다.
4. 달팽이를 넣고 포도주를 넣어 졸이다가 소스와 삶은 라비올리를 넣어 완성한다.

Spaghetti con gamberi

새우, 마늘, 올리브유 소스와 스파게티 Spaghetti with garlic, olive oil and spice shrimp sauce

재료(1인분)

130g spaghetti, cooked
50g prawns, trimmed
10g garlic, crashed
5g fresh basil
15g olive oil
5g parsley
30g fresh tomato concass
some salt & pepper
3g chilli powder

1. 올리브유를 두른 팬에 다진 마늘과 양파를 볶다가 고춧가루를 넣는다.

2. 껍질을 벗겨 잘 손질한 새우를 넣고, 잠시 후 토마토를 넣고 잠시 후 베질과 파슬리를 넣는다.

3. 소금과 후추로 간한 다음, 삶은 스파게티를 넣고 잘 버무려 제공한다.

Cannelloni alla campagnola

고기, 시금치, 양송이로 속을 채운 까넬로니

Tubes pasta stuffed meats, spinach, mushrooms, gratinated with mozzarella cheese

재료(1인분)

200g flour
10g chopped celery
3 eggs
20ml brown sauce
20ml water
10ml fresh cream
some salt & pepper
30ml tomato sauce
50g chicken meat, ground
20ml olive oil
50g pork meat, ground
20g butter
10g chopped onion
50g mozzarella cheese, grated
5g chopped garlic
10ml fresh tomatoes, diced
10g chopped carrots
some salt & pepper
1 leaves fresh basil, chopped

1. 밀가루(200g), 계란(2개), 물(20ml), 소금(3g)으로 반죽한다.
2. 밀대로 밀은 다음, 10×10cm 넓이로 도우를 자른다. 도우를 끓는 물에 삶아 식힌다.
3. 팬에 버터와 올리브유를 두르고, 마늘, 양파, 당근, 셀러리 순서로 색이 나지 않도록 볶는다.
4. 돼지고기와 닭고기를 넣고 볶은 다음, 브라운 소스와 생크림을 넣고 은근하게 가열한다.

5. 베질, 소금, 후추를 가미한 다음 식힌다.
6. 도우 위의 물기를 닦아내고, 스터핑을 올린 다음 김밥을 말듯이 만다.
7. 서빙용 까넬로니 접시에 토마토 소스를 깔고, 말은 까넬로니를 3개 정도 놓는다.
8. 다시 토마토 소스를 끼얹어 까넬로니를 덮고, 졸인 크림소스를 살짝 뿌린다.
9. 모차렐라 치즈를 뿌린 다음 약 250℃ 오븐에서 15분 정도 갈색이 나도록 구워, 꺼내 5분 후에 제공한다.

cf) 도우와 스터핑을 다양하게 함으로써 까넬로니를 응용하여 만들 수 있다.

Spaghetti di grano saraceno alla pescatora con salsa di crema

크림 소스의 메밀 스파게티

Buckwheat spaghetti with cream sauce

호텔롯데월드 이탈리안 레스토랑 베네치아 김원규 조리장

02) 411-7738

메밀은 동의보감에서 열을 내리고 고혈압, 심근경색 등 심장병에도 탁월한 효능이 있다고 기록되어 있다. 본 메뉴는 요리 경진대회에서 대상을 수상한 작품이며, 동서양의 특색이 조화를 이룬 요리라 할 것이다.

재료

170g buckwheat spaghetti, cooked
20ml white wine
10g chopped onion
4 g fresh basil, chopped
5g chopped garlic
20g fresh tomatoes, chopped
20g squid, trimmed
20g scallops, trimmed
some salt & pepper
20g prawn, trimmed
10g parmesan cheese
5 ea fresh mussels, trimmed
5g turnip sprouts
5 ea fresh clams
5g chopped chives
10ml fresh cream

1. 끓는 물에 올리브유와 소금을 약간 넣고 메밀국수를 6분 정도 삶아 찬물에 씻어 올리브유를 바른다.
2. 올리브유를 두른 팬에 마늘과 양파를 볶는다.
3. 오징어, 가리비, 새우, 홍합 등을 넣고 살짝 볶다가 백포도주를 넣는다.
4. 크림 소스와 조개국물을 넣고 볶는다.
5. 다진 토마토를 넣고 파르메산 치즈와 후추를 첨가하여 간하고, 메밀국수를 넣고 잘 섞는다.
6. 생크림을 약간 넣어 맛과 농도를 부드럽게 한다.
7. 접시에 담고 차이브를 뿌리고 무순이를 놓아 제공한다.

Tagliatelle ai tartufi

송노버섯 크림의 딸리아뗄레 Tagliatelle white truffle cream, spring onion & pama ham

재료(1인분)

50g hard flour
100ml fresh cream
1 egg
10ml truffle oil
15 ml olive oil
20g parmesan cheese powder
10g truffle
2 leaves fresh basil
20g butter
25g chive
some salt & pepper
25g ham, chopped

1. 밀가루, 계란, 소금을 잘 반죽하여 얇게 밀어 가늘게 썰어 딸리아뗄레 파스타를 만들고, 소금을 약간 넣은 물에 삶아 버터에 살짝 볶은 후 접시에 담는다.

2. 버터를 두른 팬에 양파를 볶다가 파르마햄, 송로버섯을 넣어 잠시 볶다가 생크림을 넣고 잘 저어 준다.

3. 송로버섯 기름, 파르메산 치즈, 베질, 후추를 가미하여 파스타 위에 뿌려 제공한다.

Ravioli al salmone

연어를 스터핑한 라비올리

Salmon ravioli with curry & cavia cream sauce

이탈리안 레스토랑 두오모 송태열 조리장 추천요리
02) 3461-7100 (전 인터컨티넨탈 호텔 근무)

재료(10인분)

ravioli dough

450g flour
4ea eggs
60ml water
10ml olive oil
10g salt

stuffing

900g fresh salmonsome
150g sliced onion
150g sliced celery
10ml fresh lemon juice some salt & pepper
2 cloves garlic, fine chopped
salt & pepper
60g butter

sauce

800ml fresh cream
60g curry powder
60g red codfish cavia
60g fine chopped onion
40ml dry white wine
40g butter

1. 버터와 올리브유를 두른 팬에 마늘, 양파와 셀러리를 색이 나지 않도록 볶다가 연어를 넣는다.

2. 레몬주스와 소금, 후추로 가미하고, 꺼내서 다진 다음 식힌다.

3. 밀가루, 계란, 물, 올리브유, 소금을 잘 섞어

도우를 만들고, 반씩 나누어 마르지 않도록 비닐로 싸둔다.

4. 라비올리를 만들기 위해, 도우의 반을 일정한 두께와 넓이로 넓게 민다. 라비올리 판에 놓고 필링을 대추알만한 크기로 일정한 간격으로 놓는다. 사이사이의 도우에 난백을 바른다.

5. 나머지 도우를 같은 넓이와 크기로 밀어 덮어 절각하여 서너 시간 말린다.

6. 소금 약간 넣은 끓는 물에 라비올리를 3~4분 삶아 건져서 물기를 뺀다.

7. 버터와 올리브유에 양파를 색이 나지 않도록 볶다가, 백포도주와 생크림을 넣고 가열한다.

8. 커리 파우더를 잘 풀어지게 넣고, 캐비아를 넣고, 소금과 후추를 가미한다. 이때 농도에 주의하여야 한다. 또 너무 강한 불에 졸이면 생크림이 분리될 수 있으므로, 중불에 은근하게 가열한다.

9. 소스와 라비올리를 잘 버무려, 접시에 담아 제공한다(프리모로 제공되는 경우는 1인분에 약 15개 정도가 적당하며, 세컨도(주요리)로 40개 정도가 제공된다).

Spaghetti alli gamberi

새우를 곁들인 크림 소스의 스파게티 *Cream sauce spaghetti with shrimp*

Spaghetti ai Frutti di Mare

토마토소스의 모듬 해산물 스파게티 *Mixed seafood spaghetti with tomato sauce*

Pasta agli spinaci e allo zafferano con pomodori

토마토 올리브유 향초 소스의 시금치와 사프란 파스타 *Spinach & saffron tondini pasta with tomatoes*

재료(1인분)

50g spinach pasta, tondini
50g saffron pasta, tondini
100g tomato, chopped
some salt & pepper
10g chopped onion
5g fresh oregano, chopped
5g chopped garlic
40ml olive oil
5g fresh basil, chopped
3 g chopped Italian parsley

1. 시금치와 사프란을 이용해 각각 파스타를 만들어 삶는다.
2. 올리브유에 마늘과 양파를 볶다가 토마토, 베질, 오리가노, 이탈리안 파슬리를 넣어 소스를 만들고 소금과 후추로 가미한다.
3. 삶은 파스타를 넣어 잘 섞은 후에 제공한다.

Spaghetti alle vongole veraci

백포도주로 맛을 낸 모시조개 스파게티

Spaghetti with clam in white wine cream sauce

재료(1인분)

200g cooked spaghetti
40ml white wine
10ml olive oil
200g fresh clams in the shell
5g chopped fresh basil
1 cloves garlic, chopped
5g chilli

1. 양파, 마늘을 올리브유에 볶다가 칠리, 바지락을 넣고 잠시 후에 백포도주를 넣고, 뚜껑을 덮어 4분 정도 익힌다.

2. 모시조개를 골라내고 스톡을 걸러 다시 소스팬에 붓고 양을 조절하면서 필요하면 물이나 스톡을 더 첨가하고 소금과 후추로 간하고, 반정도 익힌 스파게티를 넣고 마저 익힌다.

3. 다진 베질을 뿌려 잘 저은 다음 접시에 담아 제공한다.

Spaghetti ai frutti di mare

토마토 소스를 곁들인 해산물 스파게티

Seafood spaghetti with tomato sauce

이탈리안 레스토랑 제시카 피짜리아 신유신 조리장 추천요리

02) 312-6947~9

재료(1인분)

180g spaghetti, cooked
150g clam, trimmed
100ml tomato sauce
1 cloves garlic, chopped
30g squid, trimmed, cut
1 pimento, chopped
3 pc prawn medium trimmed, cut in half
1 stalk fresh basil, chopped
3 pc scallops, trimmed
some salt & pepper
5 ea mussel, trimmed
10ml olive oil
20g chopped onion

1. 올리브유를 두른 팬에 마늘과 양파를 넣고 볶다가 피망을 넣고, 잠시 후 꼴뚜기, 새우, 가리비를 넣고 어느 정도 볶아지면, 토마토 소스, 홍합, 모시조개를 넣고 뚜껑을 덮고 중불에 은근하게 가열한 다음 소금과 후추로 간한다.

2. 베질, 스파게티, 올리브유를 넣고 잘 섞어 접시에 담고, 베질로 장식하여 제공한다.

cf) 호텔 롯데월드의 베네치아식 스파게티는 여기에 모차렐라 치즈를 토핑하여 녹여 먹는다.

Spaghetti con aragosta alla caprese

카프리 스타일의 바닷가재 소스 스파게티

Capri style spaghetti with lobster

재료

1.2kg lobster
500g tomato concassé
10g fresh chili, sliced
4g thyme, chopped
20ml brandy
600g spaghetti
1/2 clove garlic
10 leaves fresh basil
some salt & pepper
10ml olive oil

1. 바닷가재를 삶아서 등을 반으로 잘라 내장과 알을 제거한다. 살을 빼내서 다이스 크기로 썬다.

2. 팬에 올리브유를 두르고 마늘을 볶다가 바닷가재살, 다임, 베질, 토마토, 콩카세, 칠리를 넣고 브랜디로 플랑베한다. 알단테로 삶은 스파게티를 소스에 넣고 2~3분 정도 볶는다.

3. 소금과 후추로 간하고 접시에 담고 바질을 토핑하여 제공한다.

Spaghetti di grano saraceno alla pese atora con sogo di pomodoro

토마토 소스의 메밀 스파게티

Buckwheat spaghetti with tomato sauce

메밀은 동의보감에서 열을 내리고 고혈압, 심근경색 등 심장병에도 탁월한 효능이 있다고 기록되어 있다. 본 메뉴는 요리 경연대회의 대상을 수상한 상이며, 동서양의 특색이 조화를 이룬 요리라 할 것이다.

재료

170g buckwheat spaghetti, cooked
20ml white wine
10g chopped onion
4g fresh basil, chopped
5g chopped garlic
20g fresh tomatoes, chopped
20g squid, trimmed
40ml tomato sauce
20g scallops, trimmed
some salt & pepper
20g prawn, trimmed
5ea fresh mussels, trimmed
5g turnip sprouts
5g chopped chives

1. 끓는 물에 올리브유와 소금을 약간 넣고 메밀국수를 6분 정도 삶아 찬물에 씻어 올리브유를 바른다.
2. 올리브유를 두른 팬에 마늘과 양파를 볶는다.
3. 오징어, 가리비, 새우, 홍합 등을 넣고 살짝 볶다가 백포도주를 넣는다.
4. 다진 토마토와 베질을 넣고, 잠시 후 토마토 소스를 넣는다.
5. 후추를 첨가하여 간하고, 메밀국수를 넣고 잘 섞는다.
6. 접시에 담고 차이브를 뿌리고 무순이를 놓아 제공한다.

Spaghetti con aragosta

바닷가재 스파게티 spaghetti with lobster

올리브유에 바닷가재와 스파게티를 볶아 곁들여낸 파스타 요리이다.

재료(1인분)

100g spaghetti
10ml olive oil
50ml lobster broth
5g fresh basil, sliced
60g lobster
5g chopped garlic
10g red chilli, sliced
10g chopped onion
30g tomato, chopped
some salt

1. 올리브유에 양파, 마늘, 고추를 볶다가 파스타와 토마토를 넣는다.
2. 랍스터 맛국물과 베질을 넣고 졸이다가 소금과 후추로 가미하여 완성한다.

Linguine e fusili con salsa di pomodoro

토마토 소스의 링귀니와 푸칠리

Linguine & fusilli with tomato sauce

재료(1인분)

170g pasta, cooked
40ml tomato sauce
5g chopped garlic
15g mozzarella cheese
3g chilli powder
some salt & pepper
20ml white wine
10ml olive oil
40g cuttle fish, trimmed, 한치
5g fresh basil, chopped
10g Parmesan cheese

1. 링귀니와 푸실리 파스타를 10분 정도 삶는다.

2. 올리브유를 두른 팬에 다진 마늘과 고춧가루를 갈색이 나도록 볶다가 한치를 넣고 볶는다.

3. 백포도주를 넣고 졸인 후에 토마토 소스를 넣는다.

4. 소금, 후추, 베질을 가미하고, 파스타를 넣고 잘 버무린다.

5. 파르메산 치즈와 모차렐라 치즈를 넣고 잘 섞어 접시에 담아 제공한다.

cf) 소스를 먼저 깔고 파스타와 데친 한치로 장식하여 제공하기도 한다.

Spaghetti con scampi

마늘 크림 소스의 스파게티 *Spaghetti with shrimps & alfredo sauce*

Umbrigelli con broccoli

칠리와 브로콜리를 곁들인 굵은 파스타

Umbrigelli with red chilli & broccoli

재료(1인분)

120g flour
30g broccoli, cooked, trimmed
1 egg
1 clove garlic, sliced
some salt & pepper
5g fresh basil, sliced
10g red chilli sliced
10ml olive oil

1. 밀가루, 달걀, 소금을 반죽해서 굵게 썬 다음 삶아 낸다.

2. 올리브유에 마늘과 고추를 볶다가 파스타와 브로콜리를 넣고, 베질과 소금, 후추로 완성한다.

Penne alla fiesolana con melanzane

치즈와 토마토 소스로 맛을 낸 펜네 *Penne with Tomato sauce & eggplant & Mozzarella*

재료(1인분)

170g penne, cooked
40ml tomato sauce
5g chopped garlic
15g mozzarella
3g chilli powder
some salt & pepper
30g eggplant, diced
10ml olive oil
20ml white wine
5g fresh basil chop
10g parmesan cheese

1. 펜네 파스타를 10분 정도 삶는다.
2. 올리브유를 두른 팬에 다진 마늘과 고춧가루를 갈색이 나도록 볶다가 가지를 넣고 볶는다.
3. 백포도주를 넣고 졸인 후, 토마토 소스를 넣는다.
4. 소금, 후추, 베질을 가미하고, 펜네 파스타를 넣고 잘 버무린다.
5. 파르메산 치즈와 모차렐라 치즈를 넣고 잘 섞어 접시에 담아 제공한다.

Lasagna ai frutti di mare

해산물 라쟈냐 Seafood lasagna

재료(10인분)

500g lasagna pasta dough
150g seascallop
1200ml bechamel sauce
1 clove garlic, chopped
500g mozzarella cheese
10 leaves fresh basil, chopped
150g mussel, trimmed shell
some salt & pepper
150g shrimp
1 fresh lemon for juice
150g squid
60g butter
40ml olive oil
100ml dry white wine

1. 홍합, 새우, 오징어, 가리비를 깨끗하게 다듬어 다이스 크기로 자른다.

2. 버터와 올리브유를 두른 팬에 마늘과 양파를 색이 나지 않게 부드럽게 볶다가, 준비된 해산물을 넣고, 소금, 후추, 레몬주스, 백포도주로 양념한다. 이때 해산물의 익는 정도에 주의한다.

3. 베샤멜 소스를 반 정도 넣고 버무려 속재료를 완성한다.

4. 도우는 10×30cm 크기로 절각하여 소금 넣은 물에 삶아 식혀 놓는다. 물기는 타월로 닦아 준다.

5. 라자냐 볼에 버터를 바르고, 바닥에 도우를 깔고, 속재료를 빈틈 없이 덮는다. 다시 도우, 속재료, 도우, 속재료, 도우를 반복한다. 3~4회 반복한다. 2일까지 냉장보관할 수 있다.

6. 맨 위에 나머지 베샤멜 소스로 도우를 완전히 덮고 치즈를 뿌려 준다.

7. 200℃ 오븐에 10~15분 정도 넣어두어 표면이 먹음직스런 갈색으로 구워지면 꺼내어 제공한다.

Pasta ai tre colori con spiedini di scampi e salmone

터머릭 소스의 삼색 파스타와 해산물 꼬지

Three color pasta & seafood skewered with turmeric sauce

재료(1인분)

60g salmon
50g buckwheat spaghetti, cooked
60g scallops
50g spinach fettuccine, cooked
60g prawns
50g linguine, cooked
1g tumeric powder
5g garlic
100ml fresh cream
10g sliced celery
10g onion
1 pc bayleaf
some salt & butter
20g butter

1. 연어, 가리비, 새우를 손질하여 꼬챙이에 꿰어 소금, 후추로 간하고 그릴에 색을 내어 오븐에서 익힌다.
2. 양파, 마늘, 셀러리를 버터에 볶다가 생크림, 월계수잎, 터메릭을 넣고 졸이고, 소금과 후추를 가미하여 소스를 완성하여 접시에 깐다.
3. 삼색 파스타를 모양내어 접시에 담는다.
4. 생선 꼬치를 놓아 제공한다.

Spaghetti alle cozze con pomodori

와인과 토마토가 들어간 홍합 맛의 스파게티

Fresh mussel with white wine & tomato sauce spaghetti

재료(1인분)

200g fresh clams in the shell
30ml white wine
10ml olive oil
5g parsley, chopped
1 cloves garlic, chopped
1/2 fresh lemon juice
1 pimento, chopped
20g onion, chopped
100ml tomato sauce

1. 레몬 껍질, 양파, 마늘을 올리브유에 볶다가 홍합을 넣고, 잠시 후에 백포도주를 넣고, 뚜껑을 덮어 4분 정도 익힌다. 홍합을 골라 깨끗하게 손질하고 스톡을 걸러낸다.
2. 소스팬에 스톡과 토마토 소스를 넣고 졸이면서 양과 간을 조절하고 반 정도 익은 스파게티를 넣고 마저 익히고 홍합을 넣어 잘 섞는다.
3. 파슬리를 뿌려 접시에 담아 제공한다.

Agnolottini

여러 가지 버섯과 송아지 고기의 아뇰로티 라비오리

Mixes meat filled ravioli with creamy wild mushroom sauce

재료(1인분)

50g hard flour
10g chives, chopped
2 eggs
10g onion, chopped
20ml olive oil
5g garlic, chopped
50g veal meats, grounded
30g fresh tomato concasse
50g pork meats, grounded
20g mushroom, brunoise
30g pama ham, brunoise
5g parsley, chopped
30g spinach, blanched
25g parmesan cheese
5g carrots, brunoise
50g fresh cream
5g celery, brunoise
some salt & pepper

1. 올리브유를 두른 팬에 다진 송아지 고기와 돼지고기를 볶다가, 당근, 셀러리, 파르메산 치즈, 난황(1개), 베질을 넣고 충분하게 볶아 스터핑을 만든다.

2. 올리브유를 두른 팬에 마늘과 양송이를 볶다가 생크림을 넣고 졸이다가 파슬리, 토마토, 소금, 다진 파마햄을 넣고 잘 섞는다.

3. 밀가루, 계란(1개), 소금을 잘 반죽하여 2mm 두께로 얇게 밀어 '1'의 스터핑 재료를 넣고 라비올리를 만들어 소금을 약간 넣은 물에 삶아낸다.

4. 삶은 라비올리를 소스에 넣고 살살 섞은 다음 접시에 담고, 다진 파슬리, 파마햄, 베질, 올리브, 토마토로 장식하여 제공한다.

BiCE

리조토

리조토 요리

리조토(risotto)는 쌀을 이용한 요리이며, 이태리에서는 쌀을 많이 생산하는 Po 강을 중심으로 북부지방에서 많이 발전되어 있다. 리조토 요리에 가장 적합한 쌀은 적은 양의 물로 요리가 가능한 품종으로 까르나로리(carnaroli), 아르보리오(arborio), 비아로네-나노(vialone-nano) 이 외에도 여러 가지 품종이 있다. 기본적인 조리법은 냄비에 버터를 두른 다음 쌀을 넣고 살짝 볶은(saut) 후 뜨거운 육수(meat broth)를 넣고 계속 저어 주면서 익힌다. 쌀 외에 첨가되는 부재료에 따라 여러 형태의 쌀 요리를 만들 수 있다. 밀란(Milano)의 오소-부꼬(osso buco)에 곁들여지는 리조토를 제외한 대부분의 리조토는 프리모(promo)로 제공된다.

리조토가 물이 흐를 정도로 질어야 한다는 것을 의미하는 알온다(all'onda)는 베네치안(Venetian)들이 즐겨쓰는 말이다. 또한 실제로 이태리에서는 해산물이 들어간 리조토에 파르메산 치즈를 첨가하지 않으나, 전문요리사들이 맛과 향미를 증진시키기 위하여 역치 미만의 파르메산을 조금씩 넣기도 한다. 실제로 맛을 보면 넣은 것이 넣지 않은 것보다 향미가 뛰어나다.

콩 요리

쌀을 비롯한 옥수수와 콩(beans)류는 아메리카 신대륙으로부터 유럽에 전해진 이후로 이태리의 주식이 되었다. 옥수수는 죽이나 수프 또는 다양한 형태로 요리되었다. 이들이 즐겨 먹는 콩으로 렌즈콩(lentils), 이집트병아리콩(chickpeas), 깐네리니(cannellini), 보르로띠(borlotti) 등이 있다.

Risotto alla Milanese

밀란풍의 사프란 리조토

Saffron risotto, Milanese style

재료(6인분)

1500ml meat or chicken broth
120ml dry white wine
90g butter
5g dry saffron
30g beef marrow or soft butter
40g grated parmesan cheese
60g pancetta or bacon, chopped
30ml olive oil
1 onion, chopped
some salt & pepper
480g rice

1. 브로스를 뜨겁지 않고 따뜻하게 데운다. 브로스 두 국자를 끓여 사프란 물을 낸다.
2. 소 골수나 버터를 팬에 녹이고, 베이컨을 넣어 약 5분 정도 부드럽게 볶는다.
3. 쌀을 넣고 3분 정도 저어 주면서 버터나 골수가 골고루 섞이도록 한다.
4. 브로스를 넣고 15분 정도 끓여 쌀을 저어가며 익히다가, 사프란 물을 넣고 잘 저어 뚜껑을 닫고 불을 줄여 뜸을 들인다.
5. 이때 밥이 흐를 정도로 물이 많이 있어야 하며, 파르메산 치즈를 넣고, 소금과 후추로 간하여 제공한다.

Risotto alla pescatora

해산물 리조토 Seafood risotto

해산물 리조토는 이태리 북부의 해안지방의 요리에서 자주 등장한다. 꼴뚜기, 생선, 새우, 조개, 홍합을 애용한다.

재료(6인분)

500g whole white fishes
some salt & pepper
750g small squid
60g butter
250g medium prawns
20ml olive oil
2 ea whole onions, carrots
1 cloves brushed garlic
2 stalk celery with leaves
460g rice
40g chopped Italian parsley
120ml dry white wine
1 whole fennel
10g dry saffron

1. 새우는 껍질을 벗기고 내장을 제거하여 길게 반으로 자르고, 꼴뚜기는 껍질을 벗기고 손질하여, 4등분하고, 생선은 필릿팅하여 2.5cm 크기로 절각한 다음 냉장한다.

2. 생선뼈와 꼬리, 머리, 새우 껍데기, 양파, 당근, 셀러리, 파슬리 줄기, 회향, 통후추, 물(2lt), 소금 약간으로 스톡을 끓인다. 물이 끓지 않도록 35분 정도 시머링해야 하며, 떠오르는 거품이나 부산물을 수시로 걷어낸다. 스톡을 소창에 조심스레 거르고 따뜻하게 유지한다.

3. 소스팬에 버터를 두르고 새우와 생선을 약간 볶아 낸다. 스톡 2국자에 사프란을 넣고 끓여 사프란 물을 만든다.

4. 다시 팬에 올리브유와 버터를 넣고, 으깬 마늘, 다진 양파, 다진 셀러리, 다진 당근을 넣고 가끔 저으면서 야채가 부드럽게 될 때까지 소테한다. 다듬어진 꼴뚜기를 넣고 불을 더 세게 올린다. 내용물이 어느 정도 색이 나면서 익으면, 불을 줄인다.

5. 여기에 쌀을 넣고 잘 섞어 준다. 와인을 넣고 가열하여 알코올 성분이 휘발되도록 한다. 스톡을 한두 국자 넣고 잘 저어 준다. 스톡이 다 졸아들면 다시 넣고 잘 저어준다. 이런 식으로 15분을 반복하면서 리조토가 눌지 않도록 잘 저어 준다.

6. 이 시점에서 사프란 물을 넣어 잘 섞고, 볶은 생선과 새우를 넣고, 잘 저어 뚜껑을 닫고 불을 줄여 뜸을 들인다.

7. 이때 밥이 흐를 정도로 물이 많이 있어야 하며, 소금과 후추로 간하고, 펜넬 잎을 다져서 섞은 다음 제공한다.

Risotto con pomodoro e basilico

토마토와 베질 리조토

Risotto with tomato & basil

모차렐라 치즈를 곁들이기도 하는데, 완성된 리조토를 제공하기 바로 전에 다이스한 치즈를 넣고 녹으면 제공한다.

재료(4인분)

900ml meat broth
300g fresh tomato, chopped
60g butter
80g grated parmesan
2 cloves garlic, crashed
10 leaves fresh basil, chopped
1 onion, chopped
some salt & pepper
320g rice

1. 브로스를 약간 따뜻하게 데운다.

2. 팬에 마늘과 양파를 부드럽게 볶다가 마늘은

꺼내어 버린다. 여기에 토마토의 물기를 빼고 넣어, 자주 저어 주면서, 은근하게 가열하면서 소스를 만든다.

3. 다른 팬에 버터를 녹이고 쌀을 넣고 3분 정도 저어 준다. 앞의 토마토소스를 넣고, 브로스의 반정도 넣어 가열하고 저어 준다. 물기가 증발하면 브로스를 조금 더 넣고 저어 주기를 15분 정도 반복한다. 뚜껑을 닫고 불을 줄여 10분 정도 뜸을 들인다.
4. 이때 밥이 흐를 정도로 물이 많이 있어야 하며, 파르메산 치즈와 베질을 넣고, 펜넬 잎을 다져서 섞은 다음, 소금과 후추로 간하여 제공한다. 이때 파르메산 치즈는 테이블 서비스도 한다.

Risotto in peverada

닭간을 넣은 리조토

Rice & chicken livers, Veneto style

베네치아의 야조류와 리조토 요리에 민트가 들어간다. 특히 민트의 일종인 페피텔라(pepitella)를 사용한다.

재료(6인분)

250g chicken liver
1 lemon, strip zest 5cm, blanched
1.5 lt meat broth
20g fresh mint or Italian parsley, chopped
30g butter
480g rice
30ml olive oil
120ml dry white wine
30g beef marrow or butter
some salt & pepper
60g pancetta or bacon, chopped
40g grated parmesan cheese
1 onion, chopped

1. 닭간은 손질하고, 브로스는 따뜻하게 데워 놓는다.
2. 소스팬에 올리브유(15ml), 버터(15g), 골수를 넣고, 버터가 녹으면 양파, 레몬 껍질, 민트(10g)를 넣고 색이나지 않도록 5분 정도 소테한다.
3. 손질한 닭간을 넣고, 갈색이 나도록 2분 정도 볶고, 쌀을 넣는다. 3분 정도 잘 저어 주고, 와인을 부어 알코올 성분이 휘발되도록 가열한다.
4. 브로스 한 국자를 붓고 가열하면서 저어 준다. 물기가 마르면 또 한 국자 붓고 하는 식으로 25분 정도 계속 한다.
5. 이때 밥이 흐를 정도로 물이 많이 있어야 하며, 버터, 파르메산 치즈, 민트(10g)를 넣고, 소금과 후추로 간하여 제공한다. 이때 파르메산 치즈는 테이블 서비스도 한다.

Risotto arrosto

소시지와 아티초크를 넣고 구워 낸 리조토

Roasted rice with sausages and artichokes

리구리아의 전형적인 리조토 요리며 , 다른 리조토와 달리 즉석요리가 아니라 미리 만들어 놓아야 하며, 송아지의 흉선(sweetbread)이나 다른 육류를 넣고 만든다.

재료(6인분)

200g artichoke
500g sausage meat, crumbled
some salt & pepper
20g chopped Italian parsley
20ml olive oil
320g rice
50g butter
30g grated parmesan cheese
1 onion, chopped
360ml meat broth

1. 아티초크를 손질하고 다듬어서 레몬주스를 넣은 물에 충분히 잠기도록 하고, 소금을 약간 넣은 물에 삶아 건져낸다.
2. 다른 소스팬에 버터, 양파, 파슬리를 넣고 3분 정도 은근하게 소테한 다음, 데친 아티초크와 쌀을 넣고 저은 후, 2분 후에 불을 끈다.
3. 소시지와 파르메산 치즈를 넣고 잘 섞은 후 베이킹 접시에 담는다.
4. 브로스에 소금을 약간 넣고 저어서 베이킹 접시의 리조토에 붓는다. 쿠킹 호일로 접시를 씌우고 25분 정도 베이킹하여 꺼낸다.
5. 호일을 벗겨내고, 버터와 파르메산 치즈를 다시 리조토와 잘 섞은 다음, 샐러맨더에 올려 표면이 진한 갈색이 나도록 한다. 10분 후에 뜨겁게 제공한다.

Sea food risotto

해산물 리조토

재료(6인분)

30ml olive oil
500ml chicken stock
60g salmon
30g onion, chopped
240g rice
60g cuttle fish
30g carrots
10g sliced fresh basil
some salt & pepper
180ml shrimp stock
2 ea ginseng
2 each shrimp
30g zucchini
40g parmesan cheese
30ml white wine

1. 다진 양파, 당근, 호박을 버터에 볶다가 쌀을 넣고 치킨 스톡을 첨가하면서 리조토를 만든다.
2. 다른 팬에 스톡을 넣고 연어, 오징어, 새우 등 해산물을 익히다가 와인을 넣고 조린 후 소금과 후추로 간한다.
3. 위의 두 가지를 섞고, 베질, 파르메산 치즈, 소금, 후추로 양념한다.
4. 접시에 담으면서 해산물과 인삼이 위로 올라오게 담고, 베질을 위에 뿌려 준다.

Lenticchie alla casalinga

레몬, 버터, 파슬리 향미의 렌틸콩 요리

Lentils with lemon, butter and parsley

이 렌틸콩 요리는 전통적으로 돼지고기나 야조류 요리에 곁들여졌으나, 완전 식품에 가까울 정도로 풍부한 단백질과 다양한 영양소를 함유하고 있기 때문에 샐러드나 다른 야채 요리와 함께 채식주의자의 식사에 적합하다. 또한 삶은 렌틸콩은 샐러드 드레싱을 곁들여 여름철의 샐러드로 만들기에 적합하다.

재료(8인분)

250g dried lentil
50g soft butter
some salt & pepper
20g chopped Italian parsley
1 bay leaf
2 fresh lemon
3 cloves garlic

1. 렌틸콩을 월계수잎, 소금, 파슬리, 마늘을 넣은 물에 약 25분 정도 삶아 물을 걸러낸다.
2. 믹싱볼에 소프트 버터를 넣고 거품기로 잘 저으면서 레몬주스 한 개를 짜 넣는다. 다진 파슬리(10g)를 넣고, 아직 뜨거운 삶은 렌틸콩을 넣고, 잘 섞는다. 소금과 후추로 간을 한다.
3. 서빙 접시에 적당량 담고 파슬리 다진 것을 뿌려 주고, 레몬 웨지를 곁들여 제공한다.

Casseruola di lenticchie con salsiccia

렌틸콩에 소시지를 넣어 만든 스튜

Lentil stew with sausage

돼지고기와 렌틸콩 요리는 서로 잘 어울린다. 특히 렌틸콩 스튜는 겨울철에 적격이며, 몇 시간 전이나 심지어 하루 전쯤에 미리 만들어 놓아도 데우기만 하면 향미에 변함이 없다.

재료(6인분)

250g dried lentil
50g celery with leaves brunoise
2 bay leaves
50g onion brunoise
50g celery brunoise
8 pc pork sausage
some salt & pepper
80g tomato paste
40ml olive oil

1. 렌틸콩을 월계수잎, 소금, 셀러리 한 줄기를 넣은 물에 약 25분 정도 삶아 걸러낸다. 월계수잎과 셀러리를 제거하고, 물은 버리지 말고 따로 보관한다.
2. 프라이팬에 오일을 두르고, 소시지를 브라우닝한다.
3. 소시지는 꺼내고, 셀러리, 당근, 양파, 마늘을 넣고 은근하게 볶고 페이스트를 넣어 볶다가, 콩 삶은 물을 넣고 은근하게 가열한다.
4. 소시지를 다시 넣고 중불에 10분 정도 가열하면서 소금과 후추로 간한다.

Polenta

폴렌타 Basic polenta crostini

재료

900ml water
150g corn meal powder
10g salt
60g ham
50g grated parmesan or pecorino
20g butter or olive oil

1. 프라이팬에 올리브유를 넣고 햄을 살짝 볶는다.
2. 소스팬에 찬물을 붓고 소금을 넣어 녹이고 옥수수 가루를 넣어 잘 섞는다.
3. 은근한 불에 소스팬을 올려 약하게 가열하면서 파르메산 치즈를 넣고, 덩어리가 지지 않도록 서서히 계속 저어 준다. 진한 끈기가 생길 때까지 약 20분 동안 계속 한다.
4. 바로 먹을 수도 있으며, 다른 요리를 하거나 보관할 필요가 있을 경우에는 일정한 형들에 넣는다. 즉 페이스트리팬이나 테린 몰드에 버터나 올리브유를 바르고 끓인 폴렌타를 붓고, 스패튤라로 눌러 표면을 매끈하고 평평하게 한다.
5. 이때 위에 올리브유를 발라 준다. 20분 정도 지나면 굳어지며, 슬라이스하여 사용한다.
6. 일정한 모양과 두께로 슬라이스하여 버터나 올리브유를 바르고, 샐러맨더에 굽거나 그릴하거나 팬프라이하여 사용한다.

응용요리

베네토식 폴렌타(Patgoia la Gita, Milk Polenta with Goat Cheese) : 물 대신 우유를 사용하며, 끓인 폴렌타를 서빙 접시에 담고 버터를 토핑하여 훈제한 양유 치즈를 뿌려 제공한다.

Polenta maritata

치즈와 토마토소스의 폴렌타

Polenta casserole tomato sauce & cheese

재료(8인분)

2 kg basic polenta crostini
4 cloves garlic, crashed
40g fresh basil leaves, shredded

1200g tomato chopped
290g shredded mozzarella cheese
some salt & pepper
50ml olive oil

1. 소스팬에 올리브유를 두르고 마늘을 연한 갈색으로 볶다가, 토마토와 베질(20g)을 넣고 25분 정도 끓여, 토마토소스를 만든다. 블렌더에 곱게 갈고 소금과 후추로 간을 한다.
2. 만들어진 폴렌타를 1×7×7cm 크기로 슬라이스하여, 서비스 접시 한쪽에 담고, 소스를 적당량 끼얹고, 베질과 모차렐라 치즈를 흩어 뿌리고, 다른 폴렌타 조각 하나로 덮는다.
3. 다시 소스를 끼얹고, 베질과 치즈를 뿌리고, 200℃ 오븐에 20분 정도 베이킹한다.
4. 치즈가 녹고, 폴렌타가 갈색으로 먹음직스런 색이 나면, 꺼내어 제공한다.

Fegatini di pollo con funghi e polenta

닭간과 양송이 소스의 폴렌타

Chicken livers & mushrooms with polenta

재료(8인분)

2 kg basic polenta crostini
some pepper & salt
450g chicken or duck liver, cleaned
70ml red wine
40g onion or shallots or scallion, chopped
15g flour
140g mushroom
100ml meat broth
30ml olive oil
10g chopped Italian parsley
30g butter

1. 닭간은 통째로 깨끗하게 손질하고, 양송이는 슬라이스한다.
2. 팬에 올리브유를 두르고, 다진 양파나 쪽파를 넣고 볶다가 양송이 버섯을 볶는다.
3. 다른 팬에 올리브유를 두르고, 간을 넣어 볶는다. 이때 너무 익지 않도록 주의한다.
4. 양송이와 닭간을 함께 섞고, 적포도주를 부어 가열하면서 알코올이 휘발되도록 하고, 소금과 후추로 간하여 둔다.
5. 미트-브로스(40ml)에 밀가루를 잘 섞어 반죽을 만든다. 나머지 브로스를 조금씩 넣어 풀면서 완전히 섞는다. 중불에 은근하게 가열하고, 끓으면 간 요리를 넣고 파슬리를 뿌려 섞는다.
6. 만들어진 폴렌타를 1×7×7cm 크기로 슬라이스하여, 서비스 접시에 한 쪽을 담고, 소스를 적당량 끼얹고, 다른 폴렌타 조각 하나로 덮는다. 다시 소스를 끼얹고, 200℃ 오븐에 20분 정도 베이킹한다. 폴렌타가 갈색으로 먹음직스러운 색이 나면, 꺼내어 제공한다. 이때 폴렌타는 그릴이나 프라이팬에 구워 사용하기도 한다.

Polenta sarda pasticciata

야채소스와 페코리노 치즈의 폴렌타

Baked polenta with vegetable sauce

재료(8인분)

2kg basic polenta crostini
360g beef and pork ground
50g mushroom, chopped
40g tomato paste
30ml olive oil
120ml red wine
30g butter
600g chopped tomato
50g chopped carrots
some salt & pepper
50g chopped celery
250g pecorino cheese, grated

20g chopped Italian parsley

1. 팬에 올리브유와 버터를 두르고, 양파, 당근, 셀러리, 파슬리를 넣고 살짝 볶은 다음, 고기를 넣고 볶는다.
2. 양송이, 토마토 페이스트를 넣고 볶다가, 적포도주를 넣고 알코올 성분이 모두 휘발되도록 한다.
3. 다진 토마토와 주스를 넣고 계속 은근하게 끓이면서 소금과 후추로 가미한다.
4. 만들어진 폴렌타를 1×7×7cm 크기로 슬라이스하여, 베이킹 접시에 한쪽을 담고, 소스를 적당량 끼얹고, 소프트 페코리노 치즈를 흩어 뿌리고, 다른 폴렌타 조각 하나로 덮는다.
5. 다시 소스를 끼얹고, 페코리노 치즈를 뿌리고, 200℃ 오븐에 20분 정도 베이킹한다.
6. 치즈가 녹고 갈색으로 먹음직스러운 색이 나면, 꺼내어 제공한다.

Risotto alle erbe con pollo e agnello

램과 닭을 곁들인 허브 리조토

Duet of lamb and chicken wrapped in herb risotto

I.C.I.F 경진대회 최우수작품 힐튼호텔 정찬대

재료(5인분)

300g rice
200ml olive oil
200g green pimento
300g red pimento
100ml fresh cream
50ml lamb sauce
80g spinach leaves
2 egg yolk
50g green beans
250g chicken breast
150ml white wine
50g kidney beans
200g chopped onion
150g lamb loin of rack
10g thyme polenta
2 lt chicken stock
200g fresh tomato
1 clove garlic
10g saffron
some salt & pepper
150g egg plant
40g parmesan cheese
10g flour
50g pommery mustard
20g fresh basil
150g zucchini
20g italian parsley

1. 이태리산 쌀로 허브 리조토를 만든다.
2. 램을 소금과 후추로 간하여 표면만 살짝 색깔을 낸다.
3. 홍피망을 그릴하여 껍질을 벗긴다. 그리고 얇게 편 후 그 위에 허브 리조토를 바른 후 시금치 잎을 깔고 램로인을 가운데 놓고 쿠킹호일을 이용해서 가운데 동그랗게 말아 180°C 정도의 오븐에 10~15분 정도 익힌다.
4. 여러 가지 야채를 조리하여 접시 가운데 놓고 램 로인을 슬라이스하여 올려놓고, 포머리 겨자와 램주스를 소스로 함께 제공한다.

Risotto all'aragosta con salsa al vino rosso

바닷가재 리조토 Lobster risotto

I.C.I.F 경진대회 출전작 롯데호텔 최은호

재료(6인분)

500g rice
some salt & pepper
20g fresh dill
200g butter
20g sugar
10g fresh basil
240g parmesan cheese
50g ricotta cheese
600g lobster meats
500ml chicken stock
200ml fresh cream
200g chopped onion
100ml red wine sauce
200ml milk
50ml plain yoghurt

1. 버터에 양파를 볶다가 쌀과 치킨스톡을 넣으면서 리조토를 만들고 나중에 파르메산 치즈를 넣는다. 랍스터는 그릴에 굽는다.
2. 생크림 우유, 요구르트, 리코타 치즈로 치즈 소스를 만든다.
3. 적포도주 소스를 만든다.
4. 리조토를 접시에 담고 랍스터를 곁들인 다음 소스를 끼얹어 제공한다.

Risotto ai frutti di mare e ai semi di gardenia

치자 향의 해산물 리조토

Seafood risotto with gardenia seed

I.C.I.F 경진대회 출전작 롯데호텔 최준철

재료(6인분)

80ml olive oil
100g sliced mushroom
20g chopped garlic
100g chopped onion
3 pc lobster tail
100g mussel
300g rice
12 pc shrimp
200g diced tomato
2 lt gardenia seed stock
160g baby squid
10 leaves fresh basil
50ml whipping cream
100g clam
200g parmesan cheese
some salt & pepper
100g butter

1. 양파와 마늘을 올리브유에 볶다가 쌀을 넣고 치자 물을 조금씩 첨가하면서 잘 저어 리조토를 만든다.

2. 깨끗이 손질한 해산물은 치자 물에 미디엄으로 익힌다.

3. 올리브유를 두른 팬에 양송이와 토마토를 볶다가 리조토, 해산물, 베질, 파르메산 치즈, 버터, 소금, 후추로 마무리하여 접시에 담아 제공한다.

Tris di risotto crassico in casseruola

세 가지 색의 돌솥 리조토

Three color risotto in heavy stone casserole

I.C.I.F 경진대회 출전작 울산과학대학 채영철

재료(6인분)

250g white rice
100g chopped onion
20 pc ginkgo nut
150g black rice
70g butter
2 lt chicken stock
20ml orange juice
100g tomato concassé
80ml white dry wine
40g oyster mushroom
10g chopped chive
some salt & pepper
30g morel mushroom
10ml sesame oil
50ml squid ink
10g saffron
50g parmesan cheese
30g button mushroom

1. 사프란과 오렌지주스를 이용하여 노란 리조토를 만든다.
2. 흑미와 오징어 먹물을 이용하여 검정 리조토를 만든다.
3. 토마토와 참기름을 이용한 리조토를 만든다.
4. 애느타리버섯과 양송이, 모렐버섯을 깨끗하게 준비해서 살짝 볶아 먹을 수 있도록 한다.
5. 만들어진 리조토를 접시에 담거나 한국식 돌솥에 담는다.
6. 두 가지 버섯과 은행, 토마토 콩카세로 장식하여 제공한다.

Risotto con funghi e pollo

양송이와 닭고기 리조토

Mushroom & chicken risotto

이탈리안 레스토랑 뽀뽈로 이성택 조리장 추천요리 02)764-3201

재료(4인분)

250g chicken, diced
100g green & red pimento, small dice
500g rice
100g zucchini, small dice
1 onion, small dice
10g chopped parsley
100g butter
50g parmesan cheese
1000ml chicken stock
500ml fresh cream
150g mushroom, small dice
some salt & pepper

1. 버터에 양파와 닭고기를 볶다가 양송이, 피망, 호박을 넣고 볶는다.

2. 쌀을 넣어 잘 저어 준다. 쌀이 익으면서 물기가 말라 되직해지면 스톡을 조금씩 첨가한다.

3. 쌀이 어느 정도 익으면 소금과 후추로 간하고 생크림으로 마지막 농도를 조절하고 파르메산 치즈를 넣고 잘 저어 준다.

4. 버터로 몬테하여 접시에 담고 파슬리를 뿌려 제공한다.

뇨끼

뇨끼(Gnocchi)의 개요

potato, wheat, corn 등 다양한 재료를 이용하여 만드는 요리로 토마토소스 등 각종 소스와 함께 제공된다. 기본적인 조리방법은 처음 감자를 증기로 찐 다음 껍질을 제거하고 감자 분쇄기(potato press)를 이용하여 미세하게 분쇄한다. 계란, 밀가루와 함께 혼합하여 도우를 완성한다. 형태에 따라 자른 다음 끓는 물에 넣고 삶는다. 표면에 떠오르는 것을 체로 건져서 준비한 소스와 함께 접시에 담아 치즈를 뿌려 제공한다.

Gnocchi di patate

감자 뇨끼에 토마토 소스와 치즈

Potato gnocchi with tomato sauce & cheese

뇨끼는 만들기가 간편하면서 파스타 요리로 손색이 없다. 밀가루를 첨가해야 되는 양은 감자의 수분함량에 따라 조절해야 한다. 오래된 감자가 수분 함량이 적으며, 밀가루를 적게 사용한 뇨끼가 라이트(light)하다. 토마토소스나 페스토소스, 또는 고르곤졸라소스나 버터소스를 제공한다.

재료(6인분)

1kg potatoes, 180g flour
1 lt tomato or pesto sauce
40g mozzarella cheese, shredded
some salt & pepper
50g grated parmesan cheese

1. 감자를 200℃ 오븐에서 약 한 시간 정도 베이킹하거나 물에 삶아 준다.
2. 껍질을 벗기고, 으깨고, 농도에 적합하도록 밀가루를 넣고, 소금과 후추로 간을 하고 숟가락으로 문질러 잘 섞는다.
3. 1.5cm 크기로 둥글게 말아 1.5cm 길이로 잘라, 치즈 그레이터 위에 대고 가볍게 문지르면 한쪽이 오목한 덤블링 형태로 말아진다.
4. 만약 도우가 약간 묽으면 밀가루를 표면에 묻히고, 너무 묽으면 다시 밀가루를 더 넣고 처음부터 도우의 반죽 농도를 조절해야 한다.
5. 만들어진 뇨끼는 하나하나 따로 떨어지도록 팬에 놓아야 한다. 뇨끼를 끓는 물에 조심스레 넣는다.
6. 소금을 약간 넣고 나무 숟가락으로 젓는다. 물위에 뜨자마자 바로 건진다.
7. 서빙 접시에 담고, 소스를 끼얹고, 모차렐라 치즈를 뿌려 주고, 220℃ 오븐에 약 5분 정도 넣어두면 치즈가 녹는다.
8. 파르메산 치즈를 뿌려 바로 제공한다.

응용소스

- 고르곤졸라(Gorgonzola) 소스 : 버터(60g)를 팬에 녹이고 고르곤졸라(170g) 치즈 가루를 넣고 녹인다. 크림(250ml)을 넣고, 파르메산(20g) 치즈와 후추를 넣고 은근하게 가열하여 녹으면 마감한다.
- 세이지 버터소스(Sage Butter Sauce) : 버터(90g)를 팬에 녹이고 날 세이지(10g)를 넣고 3분 정도 볶는다. 소스를 뇨끼 위에 끼얹고 파르메산 치즈를 위에 뿌려 제공한다.

Gnocchi alla fontina valdostana

폰티나 치즈와 뇨끼

Baked potato gnocchi with fontina

폰티나(fontina)는 발레 다오스타(Valle d'Aosta)의 유명한 치즈다.

재료(6인분)

1kg gnocchi di patate
60g shredded fontina

60g grated parmesan cheese
60g butter, some nutmeg

1. 뇨끼 접시에 버터를 바르고 앞에서 만든 뇨끼(gnocchi di patate)를 한 줄 놓고 230℃ 오븐에 넣는다.
2. 뇨끼 위에 버터를 바르고, 폰티나와 파르메산 치즈를 뿌리고 5분 정도 지나면 폰티나 치즈가 녹아 내린다. 꺼내어 바로 제공한다.

Cappelletti

칠면조와 치즈를 넣어 만든 작은 덤블링 파스타
Little pasta dumplings with meat & cheese

파스타 덤블링은 에밀리아-로마냐 것으로, 이 지역의 볼로냐와 모데나는 돼지고기, 큐어드 미트, 칠면조 가슴살, 파르메산 치즈를 스터핑에 사용한다. 작은 파스타 까펠레띠는 대개 브로스에 삶으며, 크림소스나 버터나 파르메산 치즈만 곁들여 제공하기도 한다.

재료(수프용으로 12인분, 파스타 요리로 5인분)

750g fresh egg pasta
60g prosciutto, finely chopped
1 ea egg, 50g flour
90g salami, finely chopped
30g grated parmesan cheese
1 lt meat or chicken broth
30g butter, 1 ea egg
2g grated nutmeg, some salt & pepper
120g turkey or chicken breast, diced
120g pork loin, diced

1. 필링을 만들려면, 먼저 돼지고기와 칠면조 가슴살을 버터에 따로따로 색이 나지 않도록 3분 정도 볶아, 10분 정도 넓게 펴서 식힌 다음 곱게 다진다. 여기에 치즈, 넛멕, 소금, 후추를 넣고 살짝 섞는다.
2. 도우의 1/4분량(나머지는 차례대로 사용)은 얇게 밀어, 사방 5cm 정도 크기로 페이스트리 휠로 절단한다. 필링으로 스터핑한 다음, 계란물을 바르고, 삼각형으로 접어 도우가 떨어지지 않도록 꼭 누르고, 양끝을 감아 붙여서 만두 모양의 아주 작은 까펠레티(cappelletti)를 만든다. 서너 시간 정도 그대로 두어 마르게 한다.
3. 브로스가 은근하게 끓으면, 까펠레띠(cappelletti)를 넣고, 시머링한다. 이때 물이 끓으면 터지기 쉽다. 다 익으면 뜨게 되는데 건져서 바로 제공한다.

cf) ① 이때 녹인 버터와 파르메산 가루를 뿌려 제공하거나, 아니면 크림소스를 곁들이기도 한다. 크림소스(alla panna)는 버터(60g)에 생크림(170ml)을 넣고 10분 정도 졸이고 불을 끈 다음, 바로 삶아 뜨거운 까펠레티를 여기에 넣고, 파르메산 치즈를 넣고 소금과 후추로 간을 조절한 다음 제공한다.
② 파스타 도우(750g fresh egg pasta) : 밀가루(300g), 계란(3ea),

Ravioli alla potentina

리코타와 페코리노, 로-햄을 스터핑한 라비올리
Ravioli with ricotta, prosciutto and pecorino

남부 바실리카다(Basilicata)의 포텐티나(Potentina)나 요리로 전통적으로 리코타(ricotta)와 페코리노(pecorino) 치즈로 만든 소스에 로-햄(prosciutto)을 넣은 것이다. 북부의 에밀리아식(Emilian)은 리코타, 파르메산, 근대(chard)나 시금치, 넛멕(nutmeg)을 넣는다. 토마토소스와 함께 제공되며, 리코타를 뿌려 주든지 아니면 버터와 함께 페코리노 치즈를 뿌려 준다.

재료(15인분, 90개)

750g fresh egg pasta

90g grated pecorino
1 ea egg white
2 ea egg yolks
60g finely chopped prosciutto
1 lt tomato sauce
some salt & pepper
1kg ricotta cheese
20g chopped parsley

1. 치즈 천으로 리코타 치즈를 3~4시간 정도 싸서 걸어두면 물기가 빠진다. 여기에 난황, 소금, 후추, 페코리노, 로-햄, 파슬리 등 나머지 재료를 넣고 잘 섞는다.
2. 라비올리를 만들기 위해, 도우의 반을 일정한 두께와 넓이로 넓게 민다. 라비올리 판에 놓고 필링을 일정한 간격으로 놓는다. 사이사이에 난백을 바른다.
3. 나머지 도우를 같은 넓이와 크기로 밀어 덮는다. 도우 디바이더나 롤-나이프로 절각하여 서너 시간 말린다.
4. 물을 끓여 소금을 약간 넣고, 라비올리를 넣어 3~5분 정도 지나 물 위로 부상하는 라비올리는 건져서 서빙할 접시에 일정량을 담는다.
5. 토마토소스를 라비올리 위에 끼얹고 제공한다. 원하면 리코타 치즈와 페코리노 치즈가루를 테이블에 따로 제공한다.

Gnocchi di patate al funghi

야생 버섯과 여러 가지 고기의 뇨끼 Potato gnocchi with mixed wild mushroom sauce

재료(1인분)

100g potatoes
5g garlic, chopped
50g hard flour
3g Italian parsley, chopped
20g onion, chopped
25g parmesan cheese

1 egg, 20g butter
40ml stock
2 leaves fresh basil
2g nutmeg powder
50g fresh tomato concassé
30ml demi glace sauce
some salt & pepper
30g mushroom, brunoise

1. 감자를 깨끗하게 씻어 물에 50분 정도 삶아 식혀서 껍질을 벗기고 으깬다.
2. 밀가루, 계란, 파르메산 치즈, 넛멕을 넣어 잘 섞는다.
3. 2×2cm 크기로 둥글둥글하게 떼어 모양을 내고, 서로 달라 붙지 않도록 밀가루를 약간 뿌려 끓는 물에 살짝 데쳐 낸다.
4. 버터를 두른 팬에 마늘과 양파를 볶다가 양송이, 토마토, 베질, 파슬리, 데미그라스를 넣는다.
5. 잠시 후에 육수를 넣고 소금과 후추로 간하여 소스를 만든다.
6. 물에 데친 뇨끼를 넣고 살살 조심스럽게 으깨지지 않도록 섞는다.
7. 접시에 담고 그 위에 밀가루를 묻혀 튀긴 야채와 베질 잎으로 장식하여 제공한다.

생 선

생선(Pesce) 요리의 개요

우리나라와 마찬가지로 삼면이 바다로 둘러싸여 있는 이태리 반도는 어선이 바다를 향해 출항할 수 있는 거대한 부두처럼 지중해로 뻗어 있다. 해안선은 대략 1,860마일(3,000km)이고, 시실리(Sicily)와 사르디니아(Sardinia) 같은 다른 섬들을 합하면, 전체 해안선의 길이는 거의 3,000마일(5,000km)에 이른다. 내륙에는 마지오레(Maggiore), 꼬모(Como), 가르다(Garda), 트라시메노(Trasimeno), 브라치아노(Bracciano)와 같은 호수와 알프스(Alps)산맥과 아펜니노(Apennines)산맥으로부터 흐르는 큰 포(Po)강과 작은 여러 강이 흐르고 있다.

내륙지방에도 아르노(Arno)강 등지에서 많은 민물고기가 잡히고 있다. 해수어 또는 담수어를 불문하고 이태리 사람들은 자기 지역에서 잡은 신선한 생선만을 사용하여 비교적 간단한 요리법으로 조리한다. 아드리아해(Adriatic Sea)의 생선을 최고로 평가하지만 조리법은 지중해 쪽이 더 발달하였다.

고대로부터 이태리 반도의 사람들은 풍부한 양질의 물이 제공하는 혜택을 누려왔다. 해산물은 고대(Friuli의 Aquileia에서) 폼페이(Pompei)의 벽화와 서기초기(Emilia-Romagna의 Ravenna)의 모자이크에서 볼 수 있고, 베네치아 르네상스 그림에서도 볼 수 있으며, 오늘날 이태리의 접시와 질그릇에서도 볼 수 있다.

그들은 다른 사람들보다도 바다와 강에서 생산되는 다양한 생산물을 요리하여 먹어 왔다. 한마디로 그들에게 있어서 해안에서 생산되는 모든 해산물은 요리해 먹는 식품이었다고 할 수 있다.

식탁에 가장 많이 오르는 해산물은 칼라브리아(Calabria)와 시칠리(Sicily)로 흐르는 곳에서 잡히는 황새치(pesce spada)와 참치(tonno)이다. 이러한 생선의 맛은 단순히 그릴링하더라도 좋으나, 남부지역의 올리브, 아몬드, 케이퍼, 토마토, 가지(aubergines) 등의 맛과 아주 잘 어울린다. 이태리에서 유명한 또 다른 생선류는 황금색 머리 도미(orata), 아귀(pescatrice나 rospo), 아드리아해의 넙치(sogliola)와 농어(branzino)이다. 오늘날 참치 카르파치오(tuna, tono carpaccio)와 같이 날 것으로 제공되는 것도 있다.

약간 낮은 평가를 받고 있는 생선은 등이 푸른 생선(pesce azzurro, sky-blue fish)의 범주에 들어가는 것들이다. 이것들은 정어리(sardine)나 앤초비(anchovy, acciuga)로 가격이 싸고 건강식품이며, 주로 염장하거나 피클로 가공하거나 건조된다. 리구리아(Liguria)와 시실리(Sicilia)에서 특히 인기 있는 등푸른 생선(pesce azzurro)은 해외에서도 인정받고 있는 이태리의 다이어트식품이다.

이태리 어부들은 '작은 또는 소형 어선'이라는 의미의 속어를 가지고 있는 파란자(paranza)를 어획하고 있다. 이 생선은 모양이 예쁘지도 않으며, 요리하기도 쉽지 않지만, 깨끗하고 신선한 상태로 튀김옷을 입혀 올리브 오일에 튀기면, 다른 생선과 같은 맛을 낼 수 있다. 파란자(paranza), 갑각류와 함께 요리하며, 아드리아해 연안의 해산물 수프(zuppa di pesce)와 해산물 스튜(brodetto), 투스카니(Toscana)의 카츄코 수프(cacciucco)는 철자에 'C' 가 들어가는 다섯 가지의 생선으로 만든다고 한다.

갑각류 중 바닷가재(aragosta) 요리는 일반적으로 이태리 고유 음식으로 생각하지 않는다. 살에냐(Sardegna)의 서해안에서 잡히는 랍스터를 삶거나 날 것으로 스페인산 레드오니온, 오렌지와 올리브 오일, 또는 야채소스를 이용하면 훌륭한 요리를 만들 수 있다. 풀리아(Puglia) 지방에서는, 날 것으로 또는 구워 먹거나 파스타 소스의 재료로 이용하는 굴(oyster, ostriche)을 대량으로 생산하여 공급하고 있다. 베네치아인들은 거미게(granseolc)를 선호하고, Trieste인들은 맛조개(arselle)를 먹고, Liguria인들은 홍합(muscoli)을 좋아하며, 나폴리인들은 짧은 모시조개(vongole veraci)를 좋아한다. 새우(prawn, gamberetti)의 크기는 다양하여, 크기별로 잔새우(gamberetti), 중화(gamberi)와 대화(gamberoni)로 부른다. 참새우(scampi)는 crayfish(aragosta, 가재, 왕새우)와 랑고우스틴(langoustine, 왕새우)을 호칭하는 용어이다. 가리비(scallops, capesante)는 폭넓게 이용되고 있지는 않지만 현재 많은 인기를 얻고 있다.

작은 문어(polipo, octopus)는 토마토와 블랙페퍼와 함께 요리하거나, 삶아서 감자와 같이 제공되기도 하며, 오징어의 인기는 여전히 꾸준하다. 다른 국가의 국민들이 오징어 먹물로 만들어진 블랙 파스타를 구입하지만, 이태리인들은 보통의 파스타 위에 오징어 먹물로 만든 소스를 끼얹어 먹기를 좋아한다.

아마도 가장 인기 있는 생선은 이태리에서 생산되는 것은 아니지만 대구(cod)요리일 것이다. 르네상스 이후, 이태리 항해사들은 북유럽으로부터 햇볕에 말린 대구(stoccafisso)와 가염건조시킨 대구(baccalà)를 가지고 돌아왔다. 이것을 물에 불려 요리하기에 적합하게 준비가 되면 다양한 여러 가지 방법으로 요리를 하였는데, 베네토(Veneto)에서는 우유를, 리구리아(Liguria)는 허브와 올리브를 넣어 조리하거나, 또는 대부분의 해안가 주변 주민들은 잘게 부수어 요리한다. 최근에 새롭게 인기를 끌고 있는 생선은 이태리인들이 자신들의 고유음식에 많이 사용하고 있는 수입생선으로 연어이다.

이태리의 강이나 호수에서는 송어(trout), 바다연어(salmon trout, trota salmonata), 농어(perch)가 생산된다. 에밀리아-로마냐(Emilia-Romagna) 지방에서 인기 있는 생선은 포(Po)강에서 잡히는 철갑상어(sturgeon)이다. 철갑상어를 날 것으로 그릴에서 구워서 올리브유를 끼얹는 요리를 즐기며, 캐비아(caviar)를 얻기 위하여 알을 조심스럽게 빼낸다. 고대에 대부분의 사람들은 캐비아의 그 절묘한 맛을 몰랐기 때문에, 이태리의 유대인들만이 오로지 캐비아를 소비했다고 한다. 최근에 서부 살데냐(Sardegna)에서 생산되는 'bottarga' 는 숭어(mullet)나 참치의 알(the roe)로, 적색과 회색이 있다. 어란은 염장하거나 건조하여 유통되며, 레몬을 비롯한 여러 가지 곁들임과 함께 안티파스토(antipasto)로 제공된다. 배도라치(wolffish, 심해어의 일종)와 곤들메기(char)를 이용한 요리들도 즐겨 먹는다.

이태리 해산물 요리의 특징 중의 하나가 바다의 향취를 물씬 느낄 수 있다는 것이다. 이태리인들은 생선을 통째로 요리하기를 좋아하며, 그날 잡은 생선으로 만든 생선 수프(zuppa di pesce)를 제외하고, 대부분 간단하다. 소금에 절인 대구(baccalà) 요리는 전국적으로 매우 인기 있는 요리다.

가장 대중적인 요리는 baccalà와 여러 가지 생선 수프이다. baccalà는 사용하기 전에 과도한 소금기를 제거하기 위하여 여러 번 찬물에 헹궈야 한다. Veneto baccalà는 baccalà 중 가장 유명하다. eel은 이태리 전역에서 대중적이며, 많은 조리법을 가지고 있다. 이들은 특히 간단한 tomato sauce와 wine으로 조리하기도 하며, 튀겨(deep fried) 먹기도 한다.

비옥한 토질의 북쪽 지방보다 해산물이 풍부한 남쪽지방 사람들은 해산물에 많은 의존을 하고 있다. 각 어촌마다 블란서 해산물 수프의 일종인 부야베이스(bouillabaisse)와 유사한 생선 수프(fish soup)가 있다. 즉 제노아(Genova)의 부리다(Burrida), 마르츠(March), 아브루조(Abruzzo)의 브로데토(Brodetto), 시실리(Sicilia)의 카솔리(Casola), 풀리아(Puglia) 등지에서 만들어 먹는 유명한 이태리 해산물 수프 '주파-디-페쉐(zuppa di pesce)' 가 바로 그것이다.

Zuppa di pesce alla gallipolina

갈리포리식 해산물 수프

Seafood soup, Gallipoli style

이태리에는 다양한 해산물 수프(zuppa di pesce)가 있는데, 투스칸(Tuscan)의 카추코(cacciucco), 베니스(Venezia)의 브로데또(brodetto), 제노아(Genova)의 부리다(burida)가 그것들이다. 수프에는 빵조각, 마늘, 올리브유가 첨가되며, 브로스(broth)처럼 맑은 수프와 차우더(chowder)처럼 진한 수프가 있다. 풀리아(Puglia)의 갈리포리(Gallipoli)는 유래가 기원전 1000년경으로 거슬러 올라가는 갑각류 해산물 수프로 인하여 유명해졌다.

재료(6인분)

a little red chilly powder
500g clams
120ml dry white wine
12pc mussels
700g chopped tomatoes
250g medium prawns
60g tomato paste
170ml olive oil
some salt & pepper
100g chopped onion
250g any white fish fillet
3 cloves garlic, chopped
12 slice country bread
20g chopped Italian parsley
500g squid
700ml fish broth

1. 홍합과 모시조개를 하루 이상 물에 담가 짠물을 완전히 뺀 다음 깨끗하게 손질한다. 꼴뚜기는 몸통에서 다리를 빼내, 눈과 먹물을 제거하고, 껍질을 벗겨낸다. 새우는 껍질을 벗겨내고 내장을 제거하여 길게 반으로 절각한다. 생선은 큐브(cube) 크기로 절각한다.

2. 팬에 올리브유를 두르고 마늘과 양파를 소테하고, 파슬리와 후추를 넣고 잠시 더 소테한다. 와인을 넣고 가열하여 알코올을 휘발시킨 다음, 토마토 페이스트, 토마토, 소금을 차례대로 넣으면서 볶다가, 물(700ml)이나 브로스(broth)를 넣고 중불에 17분 정도 은근하게 시머링한다.
3. 조개와 홍합을 넣고, 3분쯤 후에 새우와 생선을 넣고 5분 정도 더 가열한다.
4. 소금과 후추, 남은 파슬리로 간을 조절한 다음 불에서 내린다.
5. 빵, 마늘, 올리브유로 마늘 빵을 만들어 수프 볼에 놓고, 그 위에 수프를 떠놓아 제공한다.

Fritto misto di mare

모듬 해산물 튀김 Mixed fried fishes

반죽 옷에 맥주 또는 와인을 넣으면 향미가 더해지며, 더욱 바삭바삭해진다. 사실 요리를 잘 만들면 튀김요리가 볶는 요리보다 기름을 적게 흡수한다. 냉동생선은 물이 많이 나올 가능성이 많으므로, 냉동하지 않은 해산물이 좋다.

재료(8인분)

200g small shrimp
100g flour
200g medium prawn
50ml white wine or beer
400g small squid
120ml water
2 lemon for 2 wedge & juice
1 egg yolk
600g fish fillets (bake, cod, snapper, grouper, sole, flounder)
some salt & pepper
1 lt olive oil

1. 깐 새우는 깨끗하게 손질하고, 중화는 껍질을 벗겨내고 내장을 제거하여 반으로 자른다. 꼴뚜기는 눈과 내장을 제거하고, 껍질을 벗겨내어 깨끗하게 손질한다. 흰살 생선도 비슷한 크기로 썬다. 꼴뚜기를 제외한 모든 생선을 섞어 소금, 후추, 레몬 주스로 양념하고 차게 냉장시킨다.
2. 믹싱볼에 밀가루, 와인, 물을 섞고, 올리브유(30ml), 난황을 잘 섞어 튀김 반죽을 만들어 2시간 정도 상온에 발효시킨다.
3. 올리브유를 180℃로 가열하여, 반죽옷을 입혀 바삭바삭한 갈색으로 튀겨낸다. 단지 꼴뚜기는 따로 짧은 시간 동안 튀겨내야 한다.
4. 기름이 완전히 빠지면, 레몬 웨지를 곁들여 뜨겁게 바로 제공한다.

Scampi alla griglia con salvia

직화열로 구운 왕새우 Grilled shrimp with sage

직화열에 요리한 스캄피(scampi)나 감베로니(gamberoni)와 같은 새우(shrimp)류는 안티파스토나 메인코스 요리에 적합하다. 레몬 버터 소스를 곁들이기도 한다.

재료(3인분)

500g large prawns
1 lemon for 2 wedge & juice
some salt & pepper
3 cloves garlic, chopped
100ml olive oil
20g fresh sage leaves, chopped

1. 새우의 껍질을 벗겨내고, 내장을 제거하고, 소금, 후추, 레몬 주스, 올리브유, 마늘, 세이지로 양념하여 두세 시간 동안 차게 냉장해 둔다.
2. 새우를 쇠꼬챙이에 줄을 맞춰가며 끼운다.
3. 직화열 브로일러에 양면에 색을 내어 오븐에 넣어 익힌다.
4. 접시에 레몬 웨지를 곁들여 바로 제공한다.

Scampi al forno

구워낸 새우요리

Baked shrimp with garlic and parsley

재료(3인분)

500g large prawns
some hot chilly powder
some salt & pepper
2 fresh lemon for 2 wedge & juice
100ml olive oil
3 cloves garlic, chopped
2 whole pimento, small dice
20g fresh Italian parsley, chopped

1. 새우의 껍질을 벗기고 내장을 제거하여, 버터플라이로 절각한다.
2. 레몬주스, 소금, 후추, 마늘, 고춧가루, 다진 파슬리로 양념하여 냉장한다.
3. 베이킹 팬에 올리브유를 바르고 담은 다음, 200℃ 오븐에서 10분 정도 구워낸다.
4. 서빙 접시에 담고, 파슬리를 약간 뿌리고, 레몬 웨지로 장식하여 바로 제공한다.

Calamari in zimino alla Livornese

시금치 향미의 리보르노식 꼴뚜기 요리

Stewed squid with spinach, Leghorno style

의외로 이태리에서 오징어나 꼴뚜기가 인기 있는 요리 중의 하나로, 튀김이나 샐러드 형태 또는 토마토를 넣고 스튜 타입으로 만들기도 한다.

재료(6인분)

1 cloves garlic, chopped
50g onion, chopped
20g fresh rosemary leaves, chopped
50ml olive oil
20g tomato paste
700g small squid
30g chopped Italian parsley
80ml dry white wine
500g spinach or chard leaves
some hot chilly powder
50g carrot, chopped
some salt & pepper
50g celery stalks with leaves, chopped

1. 시금치나 근대를 살짝 데쳐서 찬물에 헹군 다음 물기를 빼고 다진다.
2. 꼴뚜기는 눈과 내장을 제거하고, 껍질을 벗겨내어 깨끗하게 손질한다.
3. 팬에 오일을 두르고, 마늘, 양파, 당근, 셀러리, 파슬리를 살짝 볶다가 꼴뚜기를 넣는다.
4. 와인을 넣고 가열하여 알코올이 휘발되도록 하고, 토마토 페이스트, 소금, 로즈메리를 넣는다.
5. 물이 없으면 물을 100ml 정도 넣고 20분 정도 중불에 은근하게 시머링한다.
6. 데친 근대나 시금치를 넣고 후추로 양념한다.
7. 시금치나 근대가 따뜻해지면 소금이나 후추로 간을 조절하고 제공한다.

Sogliola al cartoccio

허브 향의 촉촉한 가자미 구이

Baked sole in parchment with herbs

기름종이에 싸서 굽는 요리법은 물기가 그대로 유지되므로 요리의 맛이 훨씬 담백하다. 독특한 허브의 향미를 그대로 유지시킬 수 있는 조리법이기도 하다.

재료(4인분)

400g fresh 4 whole sole or other white fish
40g fresh rosemary
60ml olive oil
700ml uncooked tomato sauce w. black olive
some salt & pepper

4 leaves fresh sage
40ml dry white wine
2 fresh lemon juice

1. 생선의 내장, 머리, 지느러미를 제거하고 껍데기의 비늘을 벗겨내고 깨끗하게 씻는다.
2. 기름종이나 쿠킹호일을 생선의 양면을 싸맬 만큼 충분한 넓이로 잘라 깔고, 생선을 그 위에 놓고, 생선 위에 기름을 뿌려 주고, 와인과 레몬주스, 후추, 로즈메리, 세이지, 소금, 후추, 마늘로 양념하여 조심스럽게 싸맨다.
3. 베이킹 팬에 담아 220℃ 오븐에 20분 정도 구워내어 서빙 접시에 담고, 토마토 소스를 곁들여, 뜨겁게 제공한다.

Pagro alla griglia

양념으로 속을 채워 구운 도미

Grilled porgy with garlic

레몬 버터 소스를 곁들이기도 한다. sea-bream, porgy, red-snapper 등은 모두 도미 계통의 어족이다.

재료(4인분)

100g tomato, chopped
60g flour
250g fresh 4 whole red snapper (porgy)
40ml olive oil
40g fresh rosemary
2 fresh lemon for wedge & juice
6 cloves garlic, slices
30 ml white wine

1. 도미의 내장을 깨끗이 씻어내고, 토마토, 마늘, 로즈메리, 소금, 후추를 섞어 내장에 넣는다.
2. 도미표면에 밀가루를 묻히고, 오일을 발라, 그릴이나 팬에서 도미의 양표면에 먹음직스럽게 갈색을 낸다.
3. 베이킹 팬에 담아 와인과 레몬 주스를 뿌려 주고 200℃ 오븐에서 20분 정도 구워낸다.
4. 레몬 웨지를 곁들여 뜨겁게 바로 제공한다.

Sogliola all'abruzzo

마늘과 레몬 향의 가자미 구이

Sole with garlic, lemon and olives, Abruzzo style

테라모(Teramo)의 아브르쪼(Abruzzo)주 요리로 아드리아해에서 잡히는 작은 가자미를 사용한다. 가자미목(目)에 속하는 생선은 sole, flounder, flatfish, plaice 등이 있다.

재료(4인분)

4 whole sole, 400g each
10pc black olives, chopped
50ml olive oil
some hot red chilly
2 cloves garlic
30ml white wine
50g flour
20g chopped Italian parsley
1 fresh lemon for juice

1. 팬에 올리브유를 두르고 마늘을 볶다가 마늘은 건져 버린다.
2. 가자미의 내장을 제거하고 밀가루를 묻혀 프라이팬에 갈색으로 색을 내어 5분 정도 은근하게 익힌 다음 접시에 담는다. 필릿인 경우에는 2분 정도이면 충분히 익는다.
3. 레몬 주스와 40ml 정도의 브로스나 물을 구워낸 팬에 넣고, 올리브, 고춧가루, 화이트 와인, 소금, 후추, 파슬리로 소스를 만들어 접시 위의 가자미에 뿌려 뜨겁게 제공한다.

Tonno alla stemperata

올리브와 양파로 맛을 낸 참치 요리

Tuna with onion, olives, capers, Aicilian style

황새치(swordfish)와 참치(tuna)요리는 새콤한 소스가 잘 어울린다.

재료(4인분)

4×150g each tuna fillet steak
some salt & pepper
40g flour
80g black olive, sliced
70ml olive oil
1 fresh lemon for juice
100g chopped onion
40g capers
60ml white wine vinegar
20g chopped parsley
30ml white wine

1. 참치 필릿에 소금, 후추, 레몬 주스로 양념하여, 밀가루를 묻히고, 올리브유를 두르고 가열한 팬에 넣어 갈색으로 색을 내어 접시에 옮겨 담는다.

2. 그 팬에 양파를 넣고 중불에 은근하게 가열하다가 와인을 넣은 후, 식초, 소금, 올리브, 케이퍼를 넣고 잘 저으면서, 물(90ml)을 넣고, 중불에 은근하게 끓인다.

3. 다시 색을 낸 참치를 소스에 넣고, 내용물을 참치 위에 올려 뚜껑을 덮고 은근하게 참치가 익을 정도로 (약 1분) 가열한다.

4. 소금과 후추로 간을 하여 접시에 담고, 파슬리를 뿌려 제공한다.

Pesce spada al limone

레몬 소스를 곁들인 왕새치 요리

Swordfish with lemon sauce

시실리와 칼라브리아의 참치와 이와 비슷한 황새치는 전통적으로 그릴하며, 레몬 소스를 곁들인다.

재료(4인분)

4×200g each swordfish or tuna steak
3 cloves garlic
10g fresh Italian parsley, chopped
5g fresh chopped oregano
130ml olive oil
80ml dry white wine
1 fresh lemon for juice
some salt & pepper
1 onion, sliced

1. 올리브유(40ml), 마늘 슬라이스(2쪽), 양파를 잘 섞고, 참치나 황새치를 마리네이드 한다. 냉장 보관하고 30분에 한 번 뒤집어 골고루 양념이 베이게 하며, 총 한 시간 정도 절여 둔다.

2. 레몬 주스를 믹싱볼에 넣고 거품기로 저으면서, 올리브유(70ml)를 서서히 조금씩 넣는다. 다진 마늘(1쪽), 오레가노, 파슬리, 소금, 후추를 넣어 양념하여 레몬 소스를 만든다.

3. 팬이나 브로일러에 절여진 황새치나 참치를 올려 갈색을 낸다.

4. 오븐에 넣어 익힌 다음 접시에 담고, 레몬 소스를 끼얹은 다음, 튀긴 감자를 곁들여 제공한다.

Merluzzo all'erbe

허브향을 낸 소스를 곁들인 포치한 대구살

Poached hake fillets with fresh herbs

이런 류의 생선요리법은 간단하면서 생선 특유의

향미를 최대한 살릴 수 있으며, 다이어트 요리로도 적합하다. 한두 시간 전에 미리 만들어 상온에서 먹으면 최대의 향취를 맛볼 수 있으며, 다른 어떤 흰색살 생선이라도 잘 어울린다.

재료(4인분)

10g chopped fresh thyme leaves
70ml olive oil
1 bay leaf
750g hake or cod fishes fillets
1 lemon for juice
some salt & pepper
20g chopped Italian parsley
1/2 lemon zest
2 scallion with green, sliced

1. 물(1l)과 월계수잎, 쪽파(1개), 파슬리 줄기, 소금 약간 넣고 스톡을 중불에 은근하게 끓여 스톡을 만들고, 생선 필릿을 넣고 5분 정도 시머링한다.
2. 생선이 부서지지 않도록 하나씩 조심스럽게 건지게로 건져 접시에 담는다.
3. 작은 볼에 슬라이스한 쪽파(1개), 다진 파슬리(20g), 백리향, 레몬 제스트, 올리브유, 소금, 후추, 위의 생선 스톡(30ml)을 넣고 잘 섞어 소스를 만든다.
4. 소스를 생선 위에 끼얹어 상온으로 제공한다.

Taiedda

야채와 함께 베이킹한 생선 요리

Baked fish fillets & vegetables, potatoes & white wine

스페인의 향취가 물씬 나는 풀리아(Pulia) 요리로, 야채만으로 만들기도 하며, 때로는 각종 해산물을 사용하기도 한다. 감자와 가루 치즈가 곁들여지는 때도 있으나, 때로는 감자 대신 쌀을 사용하기도 한다.

재료(8인분)

1000g fillet of white fishes
60g butter
120ml white wine
800g sliced potatoes, cooked
160g grated carrots
100g sliced onion
30g bread crumbs
some salt & pepper

1. 베이킹 접시에 버터를 바르고, 바닥에 감자(400g)를 깐다. 양파, 당근, 생선 순서로 반반씩 골고루 차례대로 깔고, 소금과 후추로 양념을 한다. 그 위에 녹인 버터(20ml)를 뿌려 준다.
2. 다시 두 번째 층을 감자, 양파, 당근, 생선, 소금, 후추 순서로 골고루 차례대로 뿌리고, 그 위에 와인을 붓는다.
3. 다시 맨 위에 빵가루를 뿌리고 남은 녹인 버터(30ml)를 뿌려 주고 쿠킹호일로 씌워 준다.
4. 190℃ 오븐에 25분 정도 베이킹한다. 단지 마지막 5분은 호일을 벗기고 베이킹한다.
5. 이때 국물이 너무 많으면, 소스팬에 따르고 5분 정도 졸인다. 다시 부어 뜨겁게 제공한다.

Baccalà stufato con olive e patate

올리브와 감자를 넣고 만든 대구 스튜

Cod stewed with olive & potatoes

고대로부터 특히 지중해의 해안 사람들이 즐겨 먹던 요리다. 대양에서 소금에 절여 말린 대구가 들어오면서부터 이태리 사람들이 좋아하는 요리가 되었다. 절인 대구는 물에 불려 소금기를 빼고 사용해야 하며, 샐러드, 수프, 튀김, 스튜로 애용되고 있다.

재료(6인분)

20g capers

20g chopped Italian parsley

40ml olive oil

100g chopped onion

4 boild potatoes

2 cloves garlic chop

1/2 lemon for juice

some salt & pepper

12ea green olives

800g cod fish fillets

30ml white wine

1. 대구살을 5cm 길이로 절각한다.
2. 팬에 오일을 두르고, 양파와 마늘을 색이 나지 않도록 볶는다.
3. 파슬리와 대구살을 넣고 양면을 부드럽게 익힌다.
4. 그린 올리브, 케이퍼, 물이나 스톡(150ml), 레몬 주스를 넣는다.
5. 5분 후에 5mm 두께로 슬라이스한 감자를 넣고 중불에서 15분 정도 은근하게 익힌다.
6. 소금과 후추로 간을 하고, 조심스럽게 접시에 담고, 파슬리를 뿌려 제공한다.

Baccalà al forno

감자와 토마토를 섞어 베이킹한 대구살 요리

Baked Salt Cod with Potatoes & Tomatoes

재료(8인분)

100g onion, cut into cube

55g dried bread crumbs

120ml olive oil

600g chopped tomatoes

2 cloves garlic, slice

700g salted codfish

31g chopped Italian parsley

80g black olive, slice

4 cooked potatoes, sliced

some salt & pepper

40ml white wine

1. 소금에 절인 대구를 물에 담가 소금기를 완전히 빼내고, 뼈와 껍질을 제거하고, 물을 빼고 5cm 크기로 자른다.
2. 베이킹 접시에 다진 토마토의 반을 담고, 대구, 감자, 양파를 차례대로 각각 한 층씩 담는다.
3. 다시 토마토, 마늘, 올리브를 놓는다.
4. 파슬리를 뿌리고 적당량의 소금과 후추를 가미한다. 그리고 빵가루를 덧씌운다.
5. 빵가루가 흩어지지 않도록 조심하면서, 올리브유, 와인, 물(160ml)을 뿌려 준다.
6. 190℃ 오븐에 약 한 시간 반 정도 오버 쿠킹하지 않도록 주의하며 베이킹한다.
7. 꺼내어 뜨거울 때 제공한다.

Filetto di fagello fritto con zucchine, pomodori e arancia

도미 요리와 오렌지 소스 Fillet of seabream with tomato and orange sauce

호텔 스위스 그랜드 이탈리안 레스토랑 그랜드 그릴 민계홍 조리장 02)2287-8368

재료

150g seabream

50g butter

2 leaves fresh basil

20g carrots

60g fenndl

5g leeks

20g sweet pumpkin

30g broccoli

1 ea orange

20g turnip

1 pc asparagus
30 ml white wine
40g zucchini
40g eggplant
5 ml lemon juice
some salt & pepper
1 tomato
30g eggplant

1. 도미를 소금, 후추로 간하여 스톡을 넣고 포치(poach)한다.

2. 도미가 익으면 꺼내어 백포도주, 오렌지주스, 레몬주스를 넣고 졸인 후 버터몬테한다.

3. 얇게 썰은 호박과 가지를 그릴하여, 베질 페스토를 넣고 익힌다.

4. 접시에 야채를 보기 좋게 담고 도미를 얹어 소스를 곁들여 제공한다.

Ippoglosso di melanzane e salsa al peperoni

가지와 피망을 넣은 광어 요리

Halibut with eggplant and red pimento

재료

20g halibut fillet
1/4 ea onion
20ml fresh cream
1 ea eggplant
20ml white wine
50g butter
1/3 ea zucchini
10ml fresh lemon juice
3g Italian parsley
1 ea red pimento
some salt & pepper

1. 얇게 반으로 편 광어살에 간을 하고, 홍피망을 기름에 튀겨 껍질을 벗긴다.
2. 오일 두른 팬에 다진 양파를 볶다가 껍질을 벗겨 잘게 썬 가지를 넣어 볶는다.
3. 홍피망에 볶은 가지를 넣고 말아서 광어살로 다시 한번 만다.
4. 다른 소스팬에 양파와 가지를 볶은 후 화이트와인, 생선스톡, 생크림을 넣고 끓여 블렌더에 곱게 갈아서 약간의 버터로 몬테한다.
5. 가지와 호박을 그릴에 구워서 접시에 두르고 광어를 잘라 중앙에 놓은 후 소스를 뿌린다.

Salmone in bellavista

시금치와 로즈마리 향의 연어

Salmon oregano with rosemary potatoes

재료(1인분)

30ml olive oil
1 potato about 150g
120g salmon fillet
50g vegetable mix, uncooked
some salt & pepper
100g spinach leaves, chopped
1 clove garlic, chopped
90ml Vodka stock
3g rosemary
30g oregano butter

1. 손질된 연어에 소금과 후추로 양념하고, 올리브유를 두른 팬에 껍데기가 위로 올라오도록 하여 진한 갈색을 낸다.
2. 연어를 뒤집어 오븐에 넣고 미디엄으로 익힌다.
3. 다른 소스팬에 올리브유를 두르고 가열하여, 마늘을 넣어 연한 갈색으로 되면, 야채를 넣고 볶는다. 보드카 스톡을 넣고 중불에 은근하게 졸이다가 시금치를 넣고 소금과 후추로 가미한다.
4. 감자를 씻어 8등분하고, 로즈메리를 발라 로스팅한다.
5. 시금치와 야채를 접시 중앙에 놓는다. 그 위에 연어를 놓고, 감자를 둘러 놓는다.
6. 오레가노 버터를 연어 위에 올리고, 샐러맨더에 넣어 버터가 녹아 갈변을 시작하면 제공한다.

Salmone ai carciofi

올리브유에 요리한 연어 *Slowly poached salmon in olive oil with artichoke and capers*

재료(10인분)

1400g salmon fillet, deboned
50g chopped chives
12g cayenne pepper
50g chopped parsley
12g salt & pepper
600g quarter artichokes in can
14pc gelatine leaves
100g caper
200ml olive oil
50g sliced fresh basil
3g oregano
10pc mushroom

1. 연어 필릿 위에 젤라틴을 놓고, 베질, 파슬리, 차이브, 소금과 후추를 뿌린다.

2. 그 위에 다른 한쪽의 연어 필릿으로 덮고, 유니랩으로 둥글게 롤링한다.

3. 올리브유를 팬에 넉넉히 붓고, 월계수잎, 통후추, 오레가노를 넣고 가열하여 65℃쯤 되면 롤링한 연어를 넣고, 한쪽 면을 3분씩 돌려가면서 양면을 익혀낸다.

4. 따뜻한 올리브유에 아티초크, 4등분한 버섯, 으깬 통후추, 슬라이스한 양파, 베질, 파슬리, 케이퍼 등을 넣고, 잘 섞어 곁들임으로 사용한다.

Filetto di dentice In foglia di radicchio e salsa allo zafferano

사프란 소스의 도미요리

Snapper fillet wrapped in radiccio leaf

빌 이탈리안 레스토랑 김중서 조리장 추천요리 02) 3217-1090

신라호텔의 파견근무

재료(1인분)

150g red snapper fillet
1/2 fresh lemon
30g radicchio leaf
20g tomato concassé
1g saffron
20g cepe mushroom slice
100ml fish broth
30g diced pumpkin
30ml fresh cream
30g broccoli
30ml white wine
some salt & pepper
20ml olive oil
1 stalk fresh basil
10g chopped chives
30g pumpkin

1. 라디끼오는 끓는 물에 살짝 데치고, 도미는 소금, 레몬 주스, 후추로 간하여 차이브를 뿌리고 라디끼오로 싸고, 유니랩으로 다시 싸서 찜통에 찐다. 이때 너무 익히지 않도록 주의한다.

2. 단호박과 버섯을 올리브유에 볶아 소금과 후추를 가미하고 접시 중앙에 놓는다.

3. 적도미를 2등분하여 야채 위에 올려 놓고, 브로콜리를 삶아 옆에 놓고 사프란 소스를 끼얹어 제공한다.

cf) 사프란 소스는 백포도주를 졸이다가 생선 스톡과 생크림을 넣고 계속 졸이면서 사프란 에센스를 넣어 소금과 후추를 가미하면 된다. 이때 농도를 잘 조절해야 한다.

Filetto all'aceto Balsamico

발사미코 소스를 곁들인 소안심 스테이크

Beef steak with balsamico sauce

재료(1인분)

200g fillet of beef(100g × 2pc)
90ml chianti sauce(Italian red wine sauce)
30ml olive oil
1 rosemary potato(150g cut 8pc)
some salt & pepper
40g pimento, diced
1 clove garlic, chopped
5g chopped parsley
150g leek & onion, sauted

1. 마늘, 올리브유, 소금, 후추를 잘 섞어 스테이크를 마리네이드해 놓는다.

2. 브로일러에 양면을 다이아몬드로 색을 낸 다음, 원하는 정도의 온도(temperature)로 익힌다.

3. 8각한 감자는 로즈메리를 발라 오븐에서 말려 익힌다.

4. 다른 팬에 올리브유를 두르고 양파와 릭을 볶다가, 칸티 소스를 넣고 은근하게 데운다.

5. 소스에서 양파와 릭을 건져 접시 한쪽에 담고, 스테이크 메달룡 두 개를 그 위에 올린다.

6. 감자를 둘러 놓고, 칸티 소스를 스테이크 위에 끼얹어 준다.

7. 피망과 파슬리로 장식하여 제공한다.

Grigliata mista di pesce con aragosta

바닷가재, 도미, 연어, 갑오징어 모듬 구이와 야채 요리 Grilled assorted fishes

르네상스서울 호텔 이탈리안 레스토랑 토스카나 이종찬 조리장

추천요리 02) 2222-8691

재료(1인분)

80g salmon
50g squid
1/2pc lobster tail
60g spinach
40g snapper
2pc lemon wedge
1pc chives
30g carrots
30ml olive oil
30g zucchini
30ml garlic oil
30g potatoes

1. 연어, 바닷가재, 도미, 갑오징어에 소금, 후추, 올리브유, 레몬주스로 양념하고 그릴링하여 바둑판 모양으로 익혀낸다.
2. 다진 마늘과 다진 양파를 올리브유 두른 팬에 색이 나지 않도록 소테하다가 데친 시금치를 넣고 소금과 후추로 양념하여 접시 중앙에 담는다.
3. 당근, 호박, 감자는 익을 정도로 삶아서 버터에 소금과 후추로 볶는다.
4. 준비된 요리들을 모양새 나도록 접시에 담고, 갈릭 오일을 뿌려 제공한다.

Polipo, patate e barbabietola roso all'aceto balsamico

발사미코와 레몬주스로 맛을 낸 문어요리

Octopus, potatoes and red beet root salad with balsamico vinegrette

빌 이탈리안 레스토랑 김중서 조리장 추천요리 02) 3217-1090

신라호텔의 파견근무

재료(1인분)

100g octopus, diced
30ml balsamico vinegrette
100g sliced potatoes
20g tomato concassé
30g sliced red beet root
5g fresh basil
3g sesame seed
5g fresh chive
1/2 fresh lemon for juice
some salt & pepper

1. 문어를 살짝 삶아 껍질을 벗겨내고, 사각으로 썰어 토마토, 소금, 후추, 레몬주스, 드레싱으로 버무린다.

2. 접시 가운데 토마토 콩카세를 놓고, 삶은 비츠와 감자를 사이사이 돌려 놓는다.

3. 문어를 토마토 위에 놓고 실파, 베질 잎으로 장식하고 드레싱을 끼얹은 다음, 참깨를 뿌려 준다.

cf) balsamico vinegrette는 적당량의 소금과 후추를 발사믹 식초를 '1' 비율로 먼저 믹싱볼에 잘 섞고, 거품기로 잘 저으면서 올리브유를 '2' 비율로 조금씩 넣어 만든다.

Dentice al Forno con aglio, olive nere, aceto balsamico e prezzemolo

향초, 올리브, 발사믹과 마늘로 맛을 낸 도미

Baked sea-bream with garlic, black olive, balsamic and herbs

신라호텔 이탈리안 레스토랑 서상호 조리장 추천요리

02) 2230-3408

재료(1인분)

1pc sea bream fillet, 180g
1 stalk fresh rosemary
10ml olive oil
1/4 fresh lemon for juice
2 cloves garlic, sliced
40g butter
6ea black olive, sliced
30ml white wine
5ea caper
some salt & pepper
1 stalk fresh thyme
20g fresh tomato bronoise

1. 달궈진 팬에 올리브유를 두르고 도미의 껍질 쪽을 먼저 색을 낸다.
2. 한쪽이 먼저 색이 나면 뒤집고, 마늘, 올리브, 케이퍼, 타임, 로즈메리를 넣는다.
3. 어느 정도 익으면, 백포도주를 넣고 살짝 졸인 다음, 버터를 첨가한다.
4. 레몬주스와 발사믹을 넣어 맛과 색을 조절한다.
5. 토마토를 넣고 소금과 후추로 간을 하여 접시에 담는다.
6. 강낭콩 등 사이드 야채를 곁들이고 소스를 끼얹어 제공한다.

Gamberi alla fiorentina

향긋한 레몬 향의 시금치와 새우

Shrimp & spinach in lemon butter sauce

재료

30ml olive oil
30ml lemon juice
9 prawn medium, trimmed
80g butter
60ml white wine
150g spinach leaves
1 clove garlic, chopped
some salt & pepper
120g diced tomatoes
20g flour

1. 손질된 새우에 소금, 후추로 양념하고 밀가루를 약간 묻힌다.
2. 올리브유를 두른 팬에 볶다가, 색이 나면 마늘과 와인을 넣고 은근히 가열하면서, 토마토와 레몬주스를 넣고 반으로 졸인다.
3. 버터와 시금치를 넣고 잘 저어 준다. 시금치가 너무 익지 않도록 주의한다.
4. 소금과 후추로 양념하고, 집게로 시금치를 건져 접시에 넓게 펴 담는다.
5. 시금치 위에 새우를 예쁘게 놓는다. 소스를 그 위에 뿌려 제공한다.

Insalata alla marinara

각종 해산물 샐러드 *Assortment seafood salad*

이탈리안 레스토랑 캑터스 박종곤 조리장 추천요리 02) 728-4918

재료(5인분)

10g chopped garlic
some salt & pepper
30ml olive oil
1/2 fresh lemon for juice
10g fresh basil leaves, sliced
50g halibut
50g tuna
50g octopus
50g cuttle fish
50g scallops
50g prawn
50g clam
40g mussels
150g assorted salad

1. 광어, 참치, 낙지, 오징어, 관자, 새우, 홍합을 5cm 크기로 썰어 따로따로 삶는다.

2. 식은 다음 다진 마늘, 올리브유, 레몬주스, 베질, 소금, 후추로 넣고 양념하여 맛이 배이도록 2시간 정도 둔다.

3. 서빙 접시에 샐러드를 예쁜 모양으로 놓은 다음 묻힌 생선을 놓고 장식하여 제공한다.

Calamari arrosto

이태리식 오징어 요리 *Italian cuttle fish*

재료(2인분)

1 cuttle fish
1 clove garlic, crashed
some salt
10g onion, chopped
20ml olive oil
100g chopped tomatoes
4 fresh chive
10g fresh basil
10g green peppercorn, crashed
10g red peppercorn, crashed
30ml white wine
10g Italian parsley, chopped

1. 오징어 껍질을 벗겨 손질한 후 올리브유를 발라 그릴에 살짝 굽는다.

2. 버터를 두른 팬에 마늘과 양파를 볶다가 그린페퍼와 레드페퍼를 으깨서 넣고, 백포도주를 넣어 졸인다.

3. 토마토, 이태리안 파슬리, 베질을 넣고 잠시 후에 소금 간하여 소스를 완성한다.

4. 오징어를 적당한 크기로 잘라 접시에 담고, 소스를 끼얹은 다음, 베질과 차이브로 장식하여 제공한다.

Trancio di ippoglosso alle verdure

세리식초 향미의 광어요리 Halibut fillet with mixed vegetables and sherry vinegar sauce

힐튼호텔 이탈리안 레스토랑 일-폰테 (IL PONTE) 강원철 조리장

추천요리 02) 317-3272

재료(1인분)

150g fresh halibut fillet
5ml sugar syrup
10g red pepper, brunoise
5ml sherry vinegar
10g eggplant, brunoise
30ml chicken stock
10g green pepper, brunoise
5g fresh chive
10g zucchini, brunoise
some salt & pepper
10g fennel, brunoise
30ml olive oil
1/4 fresh lemon for juice
20g butter
1 stalk fresh basil leaf

1. 광어 필릿에 레몬주스, 소금, 후추로 양념하여 팬에 양면으로 색을 내어 오븐에서 익힌다.

2. 준비된 청홍피망, 가지, 호박, 펜넬을 버터와 올리브유에 볶다가 셰리 식초, 설탕시럽, 치킨 스톡을 넣고, 졸여 익힌 다음 농도를 조절하고, 소금과 후추로 간을 한다.

3. 위의 소스를 접시에 깔고, 익힌 광어를 놓은 다음, 차이브와 베질로 장식하여 제공한다.

Fritto misto di pesce

새우와 오징어 튀김요리

Fried cuttle fish and prawns

이탈리안 레스토랑 제시카 피짜리아 신유신 조리장 추천요리

02) 312-6947~9

재료(1인분)

150g flour
150g squid, trimmed
200ml water
50g cuttle fish, trimmed
75ml dry beer
3pc prawn, trimmed
5g chopped parsley
1000ml oil for fry
some salt & pepper

1. 밀가루, 물, 맥주, 파슬리, 소금, 후추로 반죽옷을 만든다.

2. 적당한 크기로 다듬어 절각한 꼴뚜기, 오징어, 새우에 후추, 소금, 레몬 주스로 양념하여 반죽옷을 입힌다.

3. 170℃의 튀김 오일에 튀겨 장식하여 제공한다.

Astice alla livornese

바닷가재 요리에 사프란 소스

Lobster tail with capers and saffron sauce

호텔롯데월드 이탈리안 레스토랑 베네치아 김원규 조리장

추천요리 02) 411-7738

재료(1인분)

1pc lobster tail
2g paprika powder
50g butter
30g sweet squashes
15ml fresh lemon juice
10g eggplants
5g caper, 10ml olive oil
30g boiled potatoes
some salt & pepper
25g broccoli, 5ml w / sauce
100g steamed rice
1g saffron

1. 중불에 은근하게 가열한 레몬주스와 우스타소스에, 소프트 버터를 조금씩 넣으면서 거품기로 잘 섞어 주고, 소금 후추로 간하면 레몬 버터소스가 된다.
2. 바닷가재 꼬리의 배 부분을 가위로 절각하여, 부서지지 않도록 속살을 꺼낸 다음, 껍질의 등 위로 올린다. 속살에 길게 칼집을 넣어 둥글게 옆으로 편다.
3. 백포도주를 뿌리고 버터를 조금씩 바른 다음, 파프리카를 뿌린다.
4. 200 ℃ 오븐에서 10분 정도 익혀 낸다. 브로콜리, 감자, 호박, 가지로 사이드 야채를 만든다.
5. 버터를 두른 팬에 밥을 넣고 살짝 볶은 다음, 사프란 물로 색을 내면서 볶다가 생크림을 첨가하고 소금과 후추로 가미한다.
6. 가재를 접시에 담고 레몬 버터소스를 끼얹은 다음, 사이드 야채와 케이퍼를 곁들여 제공한다.

Dentice rosso arrosto con verdure

각종 야채를 곁들인 홍도미 구이

Grilled red snapper with vegetables

재료(1인분)

160g fillet of red snapper
20g butter
20g green beans
20ml olive oil
20g pimento
10g flour
20g mushroom
20g cauliflower

1. 버터를 두른 팬에 피망, 그린빈스, 양송이, 콜리플라워 등 야채를 작은 조각으로 썰어 볶다가 소금과 후추로 가미한다.
2. 홍도미는 소금, 후추, 레몬주스로 양념하고 밀가루를 약간 묻혀 올리브유를 두른 팬에 구워낸다.
3. 야채와 도미를 접시에 담아 제공한다.

Baccalà alla salsa di pomodoro

토마토소스를 곁들인 은대구 구이 *Grilled fillet of silver—cod fish with tomato sauce*

재료(1인분)

180g fillet of silver—cod fish
20g butter
20ml tomato sauce
20g mushroom
10g flour
20g zucchini
some salt & pepper
1pc asparagus
10ml olive oil
20g buckwheat spaghetti
20g carrots
5ml lemon juice

1. 은대구의 뼈를 제거하고 90g씩 두 개로 자른다.
2. 소금, 후추로 간하고 밀가루를 입혀 올리브유에 구워낸다.
3. 양송이, 주키니, 당근, 아스파라거스를 삶아 버터에 살짝 볶아 소금과 후추로 가미하고 접시에 담는다.
4. 토마토 소스를 접시에 끼얹고 생크림으로 장식한다.
5. 생선을 담고, 메밀로 만든 파스타를 가운데 놓아 제공한다.

Sogliola al limone

혀가자미 구이에 레몬 마늘 소스 Grilled whole Dover sole with lemon and garlic sauce

호텔롯데월드 이탈리안 레스토랑 베네치아 김원규 조리장 추천요리 02) 411-7738

재료(1인분)

1 whole dover sole
40g butter
10ml white wine
20ml olive oil
10ml fresh lemon juice
some salt & pepper
5ml worcester sauce
1pc fresh lemon wedge
30g potatoes
5g pink pepper corn
20g broccoli
1 leaves fresh basil
15g carrots
4g chopped chives
15g baby corn
20ml chicken broth

1. 중불에 은근하게 가열한 레몬주스와 우스타 소스에, 소프트 버터를 조금씩 넣으면서 거품기로 잘 섞어 주고 소금, 후추로 간하여 레몬 버터 소스를 만든다.
2. 가자미의 내장을 제거하고 아가미를 깨끗하게 손질한 다음, 껍질을 벗긴다.
3. 치킨스톡, 백포도주, 레몬주스, 우스타 소스를 섞은 물에 잠시 마리네이팅한 다음, 건져서 밀가루를 묻힌다.
4. 팬에 올리브유와 버터를 두르고 가열하여, 표면을 갈색으로 팬프라이한 다음, 오븐에서 익힌다.
5. 브로콜리, 감자, 호박, 가지로 사이드 야채를 만든다.
6. 구워낸 가자미를 접시에 담고 레몬버터 소스를 끼얹은 다음, 사이드 야채와 레몬 웨지를 곁들여 제공한다.

Salmone in salsa d'aragosta

연어구이와 바닷가재 소스

Grilled salmon steak with lobster sauce

재료(1인분)

180g salmon fillet
1 clove crashed garlic
20g carrots, small dice, cooked
20g celery, small dice, cooked
20g zucchini, small dice, cooked
10g flour
20ml lobster sauce
some salt & pepper
10g onion, long julienne
1 leave fresh basil
5ml lemon juice
10g butter
20g lentil, cooked
10ml olive oil

1. 연어를 소금과 후추로 간하여 밀가루를 발라, 올리브유를 두른 팬에서 양면으로 구워 익힌다.

2. 버터에 마늘을 볶다가 당근, 셀러리, 호박, 렌틸을 넣고 볶는다.

3. 130℃ 기름에 길게 채로 썬 양파를 튀긴다.

4. 접시에 야채를 담고 연어를 올린 다음 튀긴 양파를 올리고 랍스터 소스를 끼얹어 제공한다.

Calamari farciti con risotto

아귀와 작은 문어요리

Angler fishes and small squid

재료(1인분)

100g angler fishes cut into 3 piece
5ml port wine
3 slice bacon
15g yellow pumpkin
10ml garlic oil (depanade oil)
4ml saffron sauce
50g small squid
1 leaf fresh basil
20g saffron lobster risotto
some salt & pepper
5ml zucchini salsa

1. 꼴뚜기를 깨끗하게 손질하여 사프란과 바닷가재를 넣어 만든 리조토로 속을 채운다.
2. 소금과 후추로 간하여 찜통에 2분 정도 찐다.
3. 아귀는 소금과 후추로 양념하여 마늘 기름을 바른 다음 베이컨으로 둥글게 말아 모양을 낸 다음, 그릴이나 팬에서 3~4분 정도 베이컨이 바삭바삭해지도록 굽는다.
4. 아귀에 마늘 기름을 바르고 작은 문어를 올려놓는다.
5. 준비된 소스와 요리를 뜨거운 접시에 담아 제공한다.

Halibut arrosto con verdure

야채로 싸서 구운 광어

Baked halibut wrapped with vegetables

재료(1인분)

110g halibuts fillet
60g zucchini
60g potatoes
30g arugula, Italian salad
20g butter
10g pimento
50g fresh cream
30ml white wine
10g onion, chopped
50ml fish stock
20g winter mushroom
1/4 fresh lemon for juice
10g mushrooms
some salt & pepper
20g turnip sprouts

1. 광어살에 소금, 후추, 레몬주스로 양념한다.
2. 감자와 애호박(40g)을 얇게 채 썰어 생선을 싸매고, 버터를 두른 팬에 색을 내어 오븐에서 익힌다.
3. 버터 두른 팬에 다진 양파를 볶다가, 아루굴라, 양송이를 넣고, 와인과 생선스톡을 넣어 졸인다.
4. 블렌더에 넣고 곱게 갈아 다시 팬에 담고 생크림을 첨가하여 좀더 졸이다가 소금과 후추로 간한다.
5. 감자, 호박, 당근을 모양내어 절각한 다음 삶아 버터에 살짝 그레이징한다.
6. '4'의 소스를 접시에 담고, 팽이버섯과 무순이를 데쳐 모양을 내어 담고, 그 위에 '2'의 생선을 놓는다. '5'의 야채로 장식하여 뜨겁게 제공한다.

육 류

육류 요리의 개요

선진국 시민들이 비만과 성인병을 우려한 나머지 육류의 소비를 줄여가고 있는 추세로 인하여 육류의 소비량이 감소하고 있으며, 이로 인한 육류의 소비시장은 세계 여러 나라에서와 마찬가지로 이태리에서도 위기를 겪고 있다. 전통적으로 이태리에서는 carne라고 하는 육류(meats)를 주된 요리로 여기지 않았으며 도리어 생선, 파스타, 치즈 등을 널리 소비하였다.

육즙이 풍부한 쇠고기는 Toscana 지역에서 유명한 Bistecca alla fiorentina 요리나 또는 Piedmont와 Barolo 지역에서처럼 천천히 굽는 요리나, 여러 다른 지역처럼 레드 와인을 첨가하여 요리할 때와 같이, 그릴하거나 국물에 익히는 요리에 특히 좋다. 아직도 Toscana와 Piemonte에서는 쇠고기를 내방한 손님들에게 제공하고 있다. 쇠고기(beef)는 manzo 또는 bue라고 하며, 육류를 얻기보다는 우유를 얻기 위하여 사육되었으며, 황소는 노동력의 근원으로 이용되었다. 이태리 사람들은 육류를 그 자체 그대로 숯불에 구워 먹기를 더욱 선호한다. 쇠고기는 고급 식품으로 취급되고 있으며, 이태리인들이 즐겨 먹는다.

생후 6~9개월된 송아지(calves)는 비텔로(vitello)라고 하며, 이 요리는 유명하여 인접한 다른 나라는 물론이며, 특히 이태리에서 대중적인 인기를 끌고 있다. Vitello da latte는 가치 있는 상품으로 여겨지며 매우 값이 비싸다. Veal scalope에도 많이 이용된다. 이것은 Arrosto di vitello al latte, coima alla Genovese와 같은 로스트방법으로 Ossobucho alla Milanese와 같은 냄비 안에 요리하여 서브하기 좋아한다.

Lombardia에서 생산되는 우유를 먹인 송아지 고기는 매우 인기가 있다. 뼈를 완전히 제거한 뼈 없는 송아지고기 커틀렛(veal cutlet, costoletta)은 전국에서 찾아볼 수 있으나, 밀란의 커틀렛이 가장 좋으며 계란물을 묻히고 빵가루를 입혀 버터에서 프라이하는 costoletta alla Milanese로 유명하다.

Friuli에서 천천히 조리한 송아지 사태(shank, shin)는 이 지역의 레드 와인이나 화이트 와인과 잘 어울린다. 피스(peas)와 함께 덩어리로 삶아 요리한 spezzatino(veal chunk)는 Romagna에서 인기 있고, 빌찹(veal chop)은 해외의 이태리 레스토랑에서 더 인기 있으며, 이태리인들의 식탁에 자주 오르는 요리가 되었다. 오소부코(ossobuco)는 화이트 와인과 다른 향신료로 브레이즈(brasato)한 밀란의 유명한 송아지 정강이살(veal sank) 요리다. Valle d'Aosta 지역에서는 소의 유방 부위를 삶아 식혀 가늘게 썰어 antipasto로 제공하기도 한다.

cow－암소, 젖소	lamb－새끼양
bull－거세하지 않은 숫소	sheep－양, 면양
ox－거세한 숫소, 소의 총칭	ram－거세하지 않은 숫양
cattle－소, 축우(畜牛)	wether－거세한 숫양
beef－쇠고기	ewe－암양
calf－송아지	muttom－양고기
veal－송아지고기	goat－염소

쇠고기는 이태리 요리사들이 많이 이용하는 식품이기도 하지만, 이태리의 주요 단백질원은 전통적으로 돼지고기(pig)와 양고기였다. 저장

육류, 햄, 소시지가 과거에는 메인 코스로 자주 등장하였으나, 요즘에는 안티파스토(antipasto)나 샌드위치의 스터핑 재료 또는 스낵으로 이용되고 있다. Emilia-Romagna 지방만큼 돼지고기를 많이 애용하는 곳도 없다. 특히 이곳은 돼지 뒷다리를 절인 다음 훈연하여 말리면서 숙성시켜 만든 햄 prosciutto di Parma가 유명하다. Parma 인근의 Zibello에서 생산되는 culatello는 값이 약간 비싸지만 가장 부드러운 prosciutto(ham)이다. prosciutto cotto(삶은 햄)는 종이처럼 얇게 슬라이스하여 제공되면 제맛을 느낄 수 있다. Parma 인근의 Felino 마을에서 생산되는 살라미(salami)는 이태리에서 최고의 품질로 알려져 있다. Parma 사람들은 돼지를 그들의 자식처럼 소중히 여기며, 그들이 가장 좋아하는 동물이다.

Emilia-Romagna의 Modena에서는 설날 새해의 행운을 비는 자리에, 뼈를 빼내고 속을 채워 요리한 돼지족과 함께 렌틸을 먹는다. Bologna는 쇠고기와 돼지고기로 만든 큰 소시지 mortadella로 유명하다. mortadella는 슬라이스하여 콜컷(cold cut)으로 제공되며, 롤 미트 로프(roll meat loaf)인 polpettone의 속을 채워 주는 재료로도 이용되고 있다. Ferrara는 따뜻하게 데워 먹는 salame da sugo 소시지를 만든다.

다른 지역에서도 다양한 방법으로 돼지고기를 이용하고 있다. Friuli에서 브레이즈한 돼지 정강이 살은 송아지 정강이 살과 함께 인기가 있는 요리다. 이태리의 다른 지역에서 소시지를 만들 때, 대개 치즈나 허브를 넣으나, Norcia의 정육사는 블랙 트러플(black truffle)을 즐겨 사용한다. 나폴리인들은 강한 맛의 토마토 소스로 조리된 폭찹(pork chop) 요리 braciole alla pizzaiola를 좋아한다. 겨울철 이태리 북부지방의 일요일 점심요리로 인기 있는 것은 뼈를 제거한 돼지고기가 연해지고, 우유가 분홍색이 될 때까지 천천히 삶아 로스트한 것으로, 오늘날 송아지고기로 대체되기도 한다. Umbria와 Lazio에서 porchetta는 마늘, 로즈메리와 세이지로 맛을 낸 새끼돼지 요리다. Sardegna에서 이 돼지고기는 porceddu라 불리며 향신료 없이 만드는 것으로 즙이 더 많고, 껍질이 바삭바삭한 특징이 있다. Lombardia의 지역주민들은 야채를 넣어 맵게 조리하고 오일과 식초로 양념한 nervetti(삶은 돼지족)를 좋아한다.

양고기는 남부 이태리의 주요 육류식품이며 로스트, 브레이즈, 그릴하거나 스튜에 넣으며, 소시지나 파스타 소스에 이용한다. Molise에서 양고기의 내장(organ meat)은 살코기만큼 인기가 있으며, 로마인들은 양은 물론이고 소나 돼지의 내장도 즐겨 먹는다.

Manzo lesso con salse varie

여러 가지 소스를 곁들인 보일드 비프

Boiled beef with various sauce

재료

1500g rump of beef brisket or chuck
20g parsley sprigs
1 carrots quartered
1 bay leaf
1 stalk celery with leaves
some salt & pepper
1 onion cut in halves

50ml tomato sauce or/and pesto sauce
1 small tomato
or/and mayonnaise sauce

1. 포트에 고기가 완전히 담기도록 물을 충분히 담고 쇠고기, 셀러리, 당근, 양파, 토마토, 파슬리, 월계수잎, 소금, 후추를 넣고 중불에서 은근하게 약 3시간 정도 시머링한다. 물이 졸아들면, 내용물이 완전히 잠기도록 물을 추가로 더 부어 준다.
2. 고기는 얇게 썰어 소스와 함께 제공하고, 브로스는 걸러서 수프나 소스 만드는 데 사용한다.

Polpettone farcito

햄과 오믈렛으로 속을 채운 미트 로프
Meat loaf stuffed with ham & frittatine

쇠고기는 물론이며, 다른 육류와 생선류도 비슷한 조리법으로 만들 수 있으며, 모양이나 색상을 다양하게 만들기 위해, 계란말이와 같은 다양한 색을 가진 요리를 가운데 넣고 만들기도 한다.

재료(15인분)

125g white bread, crusts removed
10g chopped fresh majoram
1500g ground beef
20g grated parmesan cheese
1 onion grated
60ml red wine
90g chopped sun dried tomatoes
20g chopped Italian parsley
some salt & pepper
20g butter or olive oil
2 eggs
100g cooked ham, sliced
350ml stock

1. 빵가루, 쇠고기, 양파, 토마토, 소금, 후추, 마조람, 파르메산 치즈를 잘 섞는다.
2. 계란과 파슬리, 소금, 후추로 지단을 만든다.
3. 남은 빵가루를 작업대 위에 뿌리고, 1번의 포스-미트을 넓고 길게 편다.
4. 그 위에 계란지단과 햄 슬라이스를 깐다. 둥글게 롤링하고 표면에 빵가루를 뿌려 준다.
5. 페이스트리 팬에 담고 스톡을 약간 부어 180℃ 오븐에서 40분 정도 구워낸다.
6. 스톡이 졸아들면 마르지 않고 일정량을 유지하도록 수시로 부어 준다.
7. 차게 또는 뜨겁게 제공하며, 각종 소스를 곁들일 수 있다.

Bistecca alla fiorentina

피렌체 스타일 스테이크
Chargrilled steak, florence style

재료

250g rib of beef steak
20ml olive oil
some salt & pepper
4 sprigs fresh rosemary

1. 목탄에 불을 지피고 위에 석쇠를 걸쳐놓는다.
2. 석쇠에 올려 2~3분 후면 medium 또는 rare 정도로 익게 되는데, 이때 뒤집어 반대쪽도 비슷하게 익혀서, 접시에 담는다.
3. 스테이크에 소금과 후추를 뿌리고, 올리브유를 발라 로즈메리를 곁들여, 즉시 제공한다.

Schmorbraten

새콤한 쇠고기 요리
Sour pan-roasted beef, Alto-Adige style

재료(6인분)

1500g bottom round of beef

175ml dry beer or red wine
3 carrots slice
some salt & pepper
2 onion slice
600ml water or stock
50ml olive oil
4 bay leaves
250ml red wine vinegar

1. 소금, 후추, 월계수잎, 올리브유, 양파 당근을 잘 섞고, 쇠고기 방심을 냉장에서 48시간 정도 절여 놓으면서 가끔 뒤집어 준다.
2. 고기를 깨끗하게 건져서 오일을 넣은 팬에 갈색이 나도록 소테한다.
3. 맥주나 와인, 식초, 마리네이팅한 야채 등을 포함한 모든 재료와 쇠고기를 물이나 스톡에 넣고 중불에서 은근하게 2시간 정도 시머링하면서 가끔 뒤집어 준다.
4. 슬라이스하여 야채와 함께 뜨겁게 제공한다.

◆

Peperonata con carne di maiale

피망과 양파의 돼지고기 요리
Pork and pepper, Basilicata style

pured potato 또는 짧은 파스타와 함께 곁들이면 좋다.

재료

20g fresh chopped rosemary leaves
4 onions, sliced
250ml salad oil
4 red pepper, cut into cube
3kg pork tenderloin
60ml red wine vinegar
4 cloves garlic, chopped
some salt & pepper
4 green pepper, cut into cube

1. 돼지 등심을 손가락 크기로 썬다.
2. 오일을 두른 소스팬에 마늘과 양파를 색이 나지 않도록 볶다가 돼지 등심을 넣고 볶는다.
3. 미디엄으로 익으면, 식초와 로즈메리와 물(500ml)을 넣고 중불에 은근하게 익힌다.
4. 필요하면 물을 조금씩 넣으면서 가끔 저어 주고, 물기가 많지도 마르지도 않도록 조절한다.
5. 50분 정도 지나 완전히 익으면 소금과 후추로 가미한다.
6. 청홍피망을 넣어 잘 섞어 주고, 바로 제공한다.

◆

Arista fiorentina con patate

피렌체식 돼지 등심요리와 감자요리 Florentine loin of pork with pan-roasted potatoes

투스카니(Toscana)의 어느 곳에서나 돼지를 로스트하는 광경은 쉽게 볼 수 있다. 새끼돼지 로스트 샌드위치를 길거리 곳곳에서 판매하고 있으며, 아리스타(arista)는 등심의 연한 끝 부위를 일컫는다. 피렌체(Pirenze)에서는 로즈메리와 마늘, 움브리아(Umbria) 지방은 훼향(fennel)을 첨가한다. 로스트 감자를 곁들이기도 하지만 삶은 깐네리니 콩(cannellini beans)을 곁들이기도 한다.

재료(6인분)

1500g pork loin or round
24 small potatoes, peeled
6 cloves garlic, slice
salt & pepper
9 sprigs rosemary
30ml olive oil

1. 돼지 등심이나 방심에 칼집을 넣고 마늘을 끼워, 냉장고에서 하루 정도 마리네이드한다.
2. 로즈메리를 고기 위에 뿌리고, 소테하여 색을 낸 다음, 180℃ 오븐에 50분 정도 구워낸다. 중간 중간에 흐르는 기름을 고기에 끼얹어 준다.
3. 껍질을 깐 작은 감자를 로스트 팬 주위에 넣고

30분 정도 더 로스트한다. 중간에 감자를 한두 번 뒤집어 주어야 한다.

4. 소금을 감자와 로스트에 뿌리고 다시 15분 정도 더 구워 준다.
5. 로스트가 다 되면, 고기를 적당한 크기로 썰어 접시에 담고, 감자를 곁들여 제공한다. 이때 팬에 흘러내린 국물을 버리지 말고 걸러서, 표면에 떠오르는 기름을 제거하고, 양념을 가미한 다음 소스로 제공한다.

Agnello alla sarda

양다리 고기 로스트하기 Roast leg of lamb

재료(8인분)

3kg leg of lamb, trimmed
18g fresh chopped Italian parsley
3 cloves garlic, chopped
95 ml olive oil
8g crushed rosemary
some salt & pepper

1. 소금, 후추, 로즈메리, 마늘, 파슬리와 올리브유를 혼합한 것을 양 다리 고기에 칼집을 넣어 잘 바른 다음 두세 시간 정도 마리네이드한다.
2. 프라이팬에 올리브유를 두르고 색을 낸 다음 로스트 팬에 담아 190℃ 오븐에서 한 시간 정도 구운 다음, 내부 온도가 55℃ 되는지 확인하고, 꺼내어 소금을 위에 뿌려 준다.
3. 10분 정도 지난 후에 슬라이스하여 제공한다. 흐르는 국물은 걸러서 기름을 제거하고, 가미하여 소스로 제공한다.

Costolette d'agnello impanate

리구리아식 양갈비 커틀렛

Pan fried breaded lamb chop, Liguria style

레몬은 양고기 특유의 냄새를 약화시키기 위해 양고기 요리에 자주 곁들여진다.

재료(3인분)

1 lt olive oil for fry
3 eggs
70g flour
50g bread crumbs
some salt & pepper
12 pc lamb chops, trimmed
10g crushed rosemary
3 pc lemon wedge

1. 소금, 후추, 로즈메리를 계란에 잘 혼합한다.
2. 잘 손질된 양갈비에 밀가루, 계란물, 빵가루를 순서대로 골고루 묻히고, 170°C의 올리브유에 5분 정도 뒤집으면서 튀겨낸다.
3. 접시에 담고, 레몬 웨지를 곁들여 바로 제공한다.

Costolette di vitello alla salsa di pomodoro crudo e rucola

토마토 소스를 곁들인 양갈비 커틀렛

Veal chops with fresh tomato & arugula sauce

재료(3인분)

1 lt olive oil for fry
3 eggs
70g flour
50g bread crumbs
some salt & pepper
12 pc lamb chops, trimmed
500g chopped fresh tomatoes
3 pc lemon wedge
1 cloves garlic, minced

60g arugula Italian salad leaves,

1. 소금, 후추를 계란에 잘 혼합한다. 잘 손질된 양갈비에 밀가루, 계란물, 빵가루를 순서대로 골고루 묻히고, 170℃의 올리브유에 5분 정도 뒤집으면서 튀겨낸다.
2. 토마토와 올리브유(60ml), 마늘, 아루굴라에 소금, 후추를 가미하여 향미가 베이도록 30분 전에 미리 소스를 만들어 놓는다.
3. 램 찹을 서빙 접시에 담고, 소스를 곁들이거나 따로 제공한다.

Spezzatino di vitello in umido con limone e pinoli

와인 소스에 브레이즈한 송아지 요리

Braised veal with wine, lemon and pine nuts

재료(5인분)

40ml salad oil
2 lemon zest
70g flour
1 sprig thyme
40g butter
130ml dry white wine
some salt & pepper
5 × 300g veal shoulder steak
500ml chicken broth
20g chopped pine nut

1. 송아지 스테이크는 2cm 정도의 두께로 뼈가 있어도 좋으며, 골수는 향미를 증진시킨다.
2. 소금과 후추로 가미하고, 밀가루를 약간 묻혀서 오일을 두른 팬에 양면으로 색을 낸다.
3. 와인과 타임을 넣고, 스톡(100ml)을 부은 다음, 중불에서 뚜껑을 덮고 은근하게 가열한다.
4. 가끔 저어 주면서 필요하면 스톡을 첨가한다.
5. 약 한 시간 후에 레몬 제스트와 잣을 넣고 소금으로 간을 맞춘 다음 15분 후에 마감한다.
6. 후추로 가미하고 뜨겁게 제공한다. 메시한 감자를 곁잘 곁들인다.

Uccelletti scappati

로-햄과 치즈를 곁들인 송아지 요리

Veal rolls stuffed with prosciutto and fontina

전통적인 로마 요리로 송아지에 치즈와 세이지를 첨가하여 만든다. 요리과정에서 만들어지는 소스에 딸리아뗄레(tagliatelle)나 에그 누들(egg noodle)을 제공하기도 한다. 메시한 감자(mashed potatoes)를 곧잘 곁들인다.

재료(3인분)

130ml dry white wine
9 pc fresh sage leaves
40g buttrer
9 slice prosciutto crudo or ham
40ml olive oil
9 veal scaloppine slice, 1cm thick
70g flour
some salt & pepper
90g fontina shredded
130ml meat broth

1. 송아지의 등심이나 다리고기 살을 얇게 두들겨 펴고, 위에 프레쉬 세이지를 한 잎 깔고, 그 위에 로-햄을 깔고, 또 다시 폰티나 치즈를 뿌려 준다.
2. 김밥처럼 조심스럽게 말고, 풀리지 않도록 이쑤시개로 고정시킨다.
3. 오일을 두른 팬에, 밀가루를 묻혀 갈색으로 소테한다.
4. 와인을 넣고 알코올이 휘발되도록 가열해야 하며, 스톡을 붓는다.
5. 뚜껑을 덮고 중불에 40분 정도 은근하게 가열하면서 필요하면 가끔 물을 첨가시킨다.
6. 소금과 후추로 간을 조절하고 마감하여 제공한다.

Costolette di agnello alla brace con rosmarino fresco

로즈마리향의 양갈비 구이

Grilled lamb chops with fresh rosemary

재료

180g rack of lamb
50g butter
3g rosemary
1 ea potato
3 ea eggplant
2g parsley chopped
20g goat cheese
30ml olive oil
10g garlic
10ml fresh cream
2g thyme
some salt & pepper

1. 껍질 벗긴 감자 반을 컵 모양으로 얇게 파낸 후 기름에 튀긴다. 나머지 감자를 삶아 치즈와 생크림을 넣고 메쉬를 만들어 튀긴 감자 속을 채운 후 안나(anna) 감자로 덮는다.
2. 가지는 반을 잘라서 오일을 바르고 향신료, 소금, 후추를 뿌려 오븐에 구워 색깔이 나게 익으면 스푼으로 긁어서 팬에 은근히 졸인다.
3. 작은 용기에 가지 껍질을 깔고 졸인 가지로 채워 스터핑하고, 다시 오븐에 익혀낸다.
4. 양갈비는 마늘과 향신료를 바르고 그릴에 구워 자른다.
5. 접시에 보기 좋게 놓고 소스를 뿌려서 완성한다.

Filetto di manzo bardato al porro su rosti di patate e confettura di cipolle rosse e verze

대파로 씌워 구운 쇠고기 안심 스테이크

Beef tenderloin wrapped in leek with potato cake and red onion, red cabbage

호텔 스위스 그랜드 이탈리안 레스토랑 그랜드 그릴 민계홍 조리과장 추천요리 02) 2287-8368

재료

160g beef tender loin
5g Italian parsley
100ml red wine
1 ea leek
1 ea potato
10ml red wine vinegar
15g flour
1/2 ea red onion slice
5g sugar
1/2 ea tomato
30g red cabbage
3g thyme
40g apple slice
some salt & pepper

1. 쇠고기 안심을 동그랗게 두드린 후 소금과 후추를 뿌려서 팬에 색을 낸다. 데친 대파는 물기를 꼭 짜서 넓게 펴고 안심을 싼 다음 밀가루를 묻혀서 팬에 살짝 익힌 다음 오븐에 굽는다.

2. 강판에 얇게 간 감자를 오일 두른 팬에 얇게 부친다.

3. 양파와 양배추는 색깔이 나지 않게 볶다가 적포도주, 식초, 설탕, 타임을 넣고 물기가 없게 은근히 졸인다. 사과는 동그랗게 얇게 썰어서 버터를 두른 팬에 익힌다.

4. 접시에 완성된 음식을 보기 좋게 올려 놓고 소스를 뿌려 제공한다.

Contro filetto alla pizzaiola

피자 맛의 쇠고기 알등심 스테이크

Pizza type ribeye of beef steak

재료(5인분)

1kg ribeye of beef
50g onion, sliced
1 pc baby corn
500ml tomato sauce
2 green or red pimento, sliced
60g celery
200g mozzarella cheese, sliced
50g green or black olives, sliced
some salt & pepper
seasonal vegetable
40g caper
50ml olive oil
60g potatoes
3 cloves garlic, sliced
5 leaves fresh basil, chopped
60g carrots
1 whole tomato, chopped

1. 쇠알등심을 손질하여 200g 크기로 자른 다음 소금과 후추로 양념하여, 브로일러에 굽는다.

2. 올리브유를 두른 팬에 마늘, 양파, 피망, 올리브, 케이퍼, 토마토를 볶다가, 소금과 후추로 양념하고 베질을 넣고 토핑을 만들어 식힌다.

3. 알등심 위에 토핑을 얹고, 치즈로 덮은 다음 220℃ 오븐에서 황갈색으로 색을 낸 다음 뜨거운 계절성 야채와 토마토 소스를 곁들여 제공한다.

Manzo alla griglia

쇠고기 안심 스테이크 Grilled tenderloin

이탈리안 레스토랑 두오모 송태열 조리장 추천요리

02) 3461-7100 (전 인터컨티넨탈 호텔 근무)

재료(5인분)

1kg beef tenderloin
seasonal warm vegetable
some salt & pepper
60g potatoes

10 pc sundried tomatoes
60g squash
500ml tomato sauce
60g eggplant
60ml olive oil
60g tomato

1. 쇠고기안심을 손질하여 200g 크기로 자른 다음 소금과 후추로 양념하여, 실로 묶는다.
2. 브로일러에 다이아몬드 모양으로 색을 내어 220℃ 오븐에서 원하는 정도로 구워낸다.
3. 뜨거운 계절성 야채와 토마토 소스를 곁들여 제공한다.

Bollito con verdure

그린 소스를 곁들인 쇠고기와 우설찜 요리

Classic boiled beef & oxtongue

르네상스서울 호텔 이탈리안 레스토랑 토스카나 이종찬 조리장

추천요리 02) 2222-8691

재료(10인분)

1200g ox tongue
3 bay leaves
1000g silver side of beef
20g pepper corn white
200g carrots
10g parsley stalk
300g onion
200g salsa verdi
400g potatoes
100g leek
1500ml chicken broth
3 g dry rosemary whole

1. 치킨 브로스에 우설, 쇠고기를 넣고 중불에 은근하게 시머링한다. 이때 로즈마리, 통후추, 월계 수잎, 파슬리 줄기 등 향신료를 넣고 대파, 당근, 양파, 감자는 껍질을 벗기고 손질하여 통으로 넣는다.
2. 야채는 익으면 꺼내어 식힌 다음 적당한 크기로 썰어 가니시로 사용한다.
3. 우설은 약 1~1 1/2시간, 쇠고기는 약 1 1/2~2시간 정도 지나면 건져낸다.
4. 모든 내용물이 익으면 스톡을 식혀서 제공할 때까지 스톡에 담아 보관해야 제맛이 난다.
5. 필요할 때마다 우설과 쇠고기를 각각 100g 정도씩 스톡에 따뜻하게 데운 다음, 슬라이스하여 접시에 담아 제공한다.
6. fresh basil을 넣어 만든 그린 소스(salsa verdi)와 국물 한 그릇을 따로 곁들여 제공한다.

cf) 자세한 그린 소스(salsa verdi)를 만드는 조리법은 '소스편'을 참고하시기 바랍니다.

Manzo alla tournedos rossini

롯시니 스타일의 쇠고기 안심 요리

Rossini style fillet of beef

재료(4인분)

4 pc fillet of beef, 20g
200ml demi glace
6 pc green asparagus
4 pc goose liver, 10g
20ml madera wine
12 leaves fresh basil
4 slices truffle
80g butter
60g carrots
20g onion, chopped
60g potato balls

1/2 clove garlic, crashed
4 slice toast
some salt & pepper

1. 팬에 버터를 두르고 식빵을 토스트한다. 거위간과 송노버섯을 살짝 소테한다.

2. 팬에 식용유를 두르고 안심의 양면에 갈색이 나도록 굽는다.

3. 데미그라스에 마늘, 양파, 마데라 와인을 넣어 살짝 졸여 소스를 완성한다.

4. 접시에 토스트를 놓고 안심을 놓은 다음 거위간과 송노버섯을 놓는다.

5. 소스를 끼얹고 준비된 야채 아스파라거스, 당근, 감자로 장식하여 제공한다.

Costata di vitello alla brace

폴렌타를 곁들인 연한 송아지 고기

Grilled veal chop with olive oil and raspberry sauce & polenta bruschette

재료(1인분)

220g veal chop
20g chopped onion
50g polenta
20ml red wine
1 stalk fresh rosemary
3 g black pepper corn
40g zucchini
20ml olive oil
50g tomato concasse
some salt
20g champignon mushroom, slice
40ml demi glace sauce
20g porcini mushroom, slice

1. 송아지고기를 잘 손질하여 소금과 후추로 간하고, 브로일러에 그릴한다.

2. 폴렌타는 끓는 물에 넣어 잘 풀고 식혀 일정한 모양으로 만든다.

3. 쥬키니는 둥글게 썰어 그릴에 색을 내어 올리브유를 바르고 소금과 후추로 간한다.

4. 올리브유와 버터를 두른 팬에 양파를 볶다가 토마토, 양송이, 이탈리안 포르치니 버섯을 넣고, 와인으로 플랑베한 후 데미그라스를 넣고 소금과 후추로 간한다.

5. 준비된 폴렌타, 호박, 송아지고기를 접시에 담고 소스를 곁들인 다음, 로즈메리로 장식하여 제공한다.

cf) 자세한 폴렌타 만드는 법은 폴렌타편 참조하시기 바랍니다.

Scaloppine di vitello

마르살라 와인 향의 송아지 고기 요리

Veal escalopes with marsala wine

재료(1인분)

50g × 3pcs fillet of veal medallions
20ml olive oil
50ml marsala wine
10g flour
20g butter
some salt & pepper
5g chopped parsley
100g assortment side vegetable

1. 송아지고기를 천이나 비닐로 싸서 두들겨 소금과 후추로 간을 한다.
2. 팬에 오일을 두르고 송아지고기에 밀가루를 묻혀 굽는다.
3. 마르살라 적포도주를 졸이다가 버터를 넣어 몬테하고 소금과 후추로 간을 한다.
4. 조리된 야채, 고기, 소스를 접시에 담아 제공한다.

Scaloppine di vitello al burro

버터 소스를 곁들인 송아지 요리

Veal escalopes with butter sauce

이탈리안 레스토랑 일-비노로소 김명환 조리장 추천요리

02) 754-011~3

재료(1인분)

120g veal tenderloin
20ml salad oil
some salt & pepper
20g butter
5ml white wine
3g chopped parsley
1/2 lemon
5ml chicken broth

1. 송아지 등심을 40g씩 슬라이스하여, 얇게 편 다음 소금, 후추로 간을 한다.

2. 프라이팬에 식용유를 두르고 살짝 익히고 백포도주를 살짝 뿌려 준 다음 접시에 담는다.

3. 소스팬을 가열하면서 닭국물을 넣어 버터를 녹이고 레몬주스, 소금, 후추로 가미한다.

4. 송아지고기 위에 끼얹어 준다.

Ossobuco di vitello alla milanese

밀라노 스타일의 송아지 정강이 찜

Stewed veal shank with rice Milan style

재료(1인분)

250g veal shank
100ml chicken broth
70ml tomato
20g rice
10g celery, diced
5ml olive oil
10g carrots, diced
5g chopped onion
10g onions, diced

3g saffron
a little garlic chopped
50ml fresh cream
10ml white wine
10g parmesan cheese
400ml chicken broth
10g butter
some salt & pepper
some chopped parsley & lemon zest
20 salad oil

1. 송아지 정강이에 소금, 후추로 간하고 밀가루를 묻힌 다음, 식용유를 두른 프라이팬에 색을 낸다.

2. 소스팬에 마늘을 볶다가 양파, 당근, 셀러리를 볶는다. 와인, 스톡, 토마토를 넣고, 끓기 시작하면 앞의 준비된 것을 넣고 두세 시간 동안 은근하게 시머링하여 소금과 후추로 간을 한다.

3. 소스팬에 올리브유를 넣고, 다진 양파를 볶다가 쌀을 넣고 볶는다. 사프란을 함께 넣는다.

4. 치킨스톡을 조금씩 넣어가면서 잘 저어, 밥을 만든다.

5. 밥이 다 되면 크림, 파르메산 치즈, 버터를 넣고, 소금과 후추로 간하여 제공한다.

6. 접시에 밥을 담고, 정강이를 올려놓고, 소스를 얹어 준다.

7. 다진 파슬리와 레몬 제스트로 장식하여 제공한다.

Involtini di vitello al prosciutto

이태리식 햄으로 싸서 구운 송아지 요리

Roasted veal wrapping in Italian ham

재료(4인분)

750g fillet of veal
20ml olive oil
100g Italian ham
20g cornstarch powder
400g mashed potatoes
1 clove garlic
200g spinaches, blanched
200g grounded corn
20g fresh sage leaves
250g flour
80ml brown sauce
2 eggs, some salt & pepper
40g chopped onion

1. 이태리 햄을 얇게 썰어 위에 세이지를 놓고, 위에 송아지 등심을 놓고 햄과 세이지로 싼다.
2. 알루미늄 호일로 싸서 160℃ 오븐에서 한 시간 정도 익힌다.
3. 으깬 감자요리 위에 송아지 요리를 4쪽씩 썰어 놓는다.
4. 팬에 올리브유를 두르고 양파와 마늘을 볶다가 물에 데친 시금치를 넣고 소금과 후추로 간한다.
5. 세이지에 전분을 발라 130℃의 기름에 튀긴다.
6. 옥수수가루, 밀가루, 계란, 물(50ml)과 약간의 소금을 넣고 잘 섞어 반죽을 한 다음, 한 시간 정도 발효시켜 2mm 두께로 밀어 절각한 다음 200℃ 오븐에서 10분 정도 베이킹하며 옥수수 쿠키를 만든다.
7. '3' 위에 '4', '5', '6'을 장식하고, 주위에 데미그라스 소스를 뿌려 준다.

Costolettine d'agnello al sapore di basilico

양갈비 구이에 베질소스 *Grilled lamb chops with fresh herb and fine basil sauce*

호텔롯데월드 이탈리안 레스토랑 베네치아 김원규 조리장

02) 411-7738

재료(1인분)

210g lamb chop (3pc), trimmed
1 pc cherry tomatoes
15g asparagus
20ml pesto sauce
20g sweet squashes
20ml brown sauce
30g sweet potatoes
some salt & pepper
10g eggplant

1. 아스파라거스, 호박, 감자, 가지, 체리 토마토 등으로 사이드 야채를 만든다.

2. 양갈비에 소금과 후추로 간하고 올리브유를 골고루 발라 브로일러에 열십(+)자 모양이 나도록 양면에 색을 내어, 원하는 정도의 온도(rare or medium or welldone)로 오븐에서 구워낸다.

3. 모양을 내어 접시에 담고, 야채를 곁들인 다음, 페스토 소스와 브라운 소스를 곁들여 제공한다.

Osso buco con risotto primavera

야채 리조토를 곁들인 송아지 정강이 찜

Braised veal shanks with green vegetable risotto

르네상스서울 호텔 이탈리안 레스토랑 토스카나 이종찬 조리장

추천요리 02) 2222-8691

재료(10인분)

2500g veal shank with bone
200ml beef consomme
200g onion chopped
2 bay leaves
200g carrots chopped
2g dry rosemary whole
200g celery chopped
2g sage & thyme each
50g garlic chopped
3 g paprika powder
100g Italian cape mushroom
5g whole pepper
700g tomatoes, chopped
10g butter & flour each
100ml red wine
1 lt demi glace

1. 당근, 양파, 셀러리를 곱게 다진다. 소스팬에 마늘을 볶다가 야채를 넣고 볶는다.

2. 야채가 충분히 볶아지면 적포도주, 토마토 소스를 넣고 끓여 준다.

3. 준비된 소스의 농도를 확인하고 필요하면 콩소메를 첨가한다.

4. 향신료(월계수잎, 타임, 로즈메리, 세이지, 베질 등)를 곱게 다져 넣고 데미그라스 소스를 넣는다. 소금과 후추로 약간 간을 한다.

5. 정강이에 소금, 후추, 파프리카로 간하고, 밀가루를 묻혀서, 팬에 갈색을 낸다.

6. 준비된 '5'의 소스에 '6'의 송아지 정강이를 넣고 220℃의 오븐에 1~1 1/3시간 정도 익힌다.

7. 오븐에서 꺼내어 살에 붙어 있는 기름을 제거하고, 소스의 간을 소금과 후추로 조절한다.

8. 가지, 호박, 셀러리, 당근, 양파를 올리브를 두른 소스팬에 볶다가, 쌀을 넣고 스톡을 첨가하면서 끓이고, 쌀이 익으면 버터와 파르메산 치즈, 소금, 후추를 넣어 리조토를 만든다.

9. 적당량의 리조토를 접시에 담고, 송아지 정강이를 올린 다음 소스를 약간 끼얹어 제공한다.

BiCE

가금 · 엽조류

개방적이고 모험적인 식습관을 갖고 있는 이태리인들은 야생 멧돼지(Toscana), 말고기(Veneto), 토끼(Liguria와 Sardegna), 산토끼(hare), 염소(goat), 개구리(Lombardia), 달팽이(Liguria와 Sardegna), 사슴(Alps)과 영양(Valle d'Aosta) 등을 식용으로 이용하고 있다.

가금류도 인기가 없는 것은 아니다. 로스트육 상점(rosticceria, roasting store)에 가면 닭(chicken), 카폰(capon), 루스터(rooster), 오리, 칠면조, 거위, 갓 부화된 새끼조류(squab), 뇌조(grouse), 자고(partridge), 종다리(lark), 트러시(thrush), 참새(sparrow)와 와블러(warbler)를 쉽게 구할 수 있다. 작은 조류는 특히 Lombardia와 Veneto에서 인기가 있고, 서너 개씩 꼬치에 끼워 로스트된다.

이태리 육류요리 중 으뜸은 'bollito misto' 로서 Lombardia, Emilia-Romagna와 Veneto의 특산물이다. 'bollito misto' 는 이미 언급된 여러 가지 육류와 가금을 함께 넣어 삶아 익힌 요리이다. 육류는 주문하면 슬라이스해 주며, 겨자씨를 넣어 절인 각종 과일 혼합물(mostarda)을 곁들여 제공하기도 하고, 다른 소스를 끼얹어 제공하기도 한다. 이런 류의 복잡한 요리는 미리 준비할 시간이 필요하며, 레스토랑에서 많이 주문하는 것으로 이태리인들이 애호하는 음식이다.

Roma 근처 중앙지방에서 특별히 Abbacchio(Whole Spit-Roasted Lamb)라고 하는 방법의 lamb요리는 이 지방에서 인기 있는 요리이다. 또 Young Lamb Joints라 하는 마디마디 잘라 놓은 뼈 붙은 양고기는 때때로 냄비 요리와 stew 요리에 사용된다. pork는 인기있는 상품 중의 하나이며, 신선한 고기 먹기를 좋아하는 이태리 사람들은 salami, ham, sausage 등을 만들어 먹기도 한다.

chicken	병아리(chick), 닭, 닭고기
cock	수탉(영)
rooster	수탉(미)
fowl	가금닭(家禽鷄)
capon	거세한 식용수탉
duck	집오리, 암컷
ducking	새끼 오리
turkey	칠면조
goose	거위
grouse	뇌조, 들꿩과의 새
partridge	자고, 메추라기보다 큰 꿩과
thrush	트러쉬, 참새목의 개똥지바귀새
sparrow	참새
warbler	와블러, 명금이라는 작은 새
lark/skylark	종달새, 종다리

양고기는 'agnello' 또는 'montone', 가금류는 'pollame' 라 한다.

Pollo alla cacciatora

토마토를 넣은 닭고기 조림 Chicken hunter style

'alla cocciatora' 는 'hunter style' 이라는 뜻으로, 토마토를 기초로 한 소스에 양, 닭, 오리 등 야생짐승이나 야조류를 은근하게 조리하는 것을 의미한다. 때로는 내장이나 간과 함께 식초를 첨가하여 조리기도 하고, 폴렌타나 크루통과 함께 제공하기도 한다.

재료(6인분)

2.5kg chicken including giblet & 6 livers
1 chopped celery stalk with leaves
150g mushroom

10g chopped Italian parsley
100ml olive oil
10g chopped fresh rosemary
80g flour
40ml white wine vinegar
2 cloves garlic, bruised
500g fresh tomato, chopped
1 chopped onion
some salt & pepper
1 chopped carrots

1. 닭을 깨끗이 손질하여, 내장과 간은 다이스로 썰고, 몸통의 등뼈는 제거하고 나머지 뼈는 그대로 둔 채 사각으로 절각한다.
2. 양송이는 크기에 따라 적당한 크기로 슬라이스한다.
3. 닭에 밀가루를 골고루 묻혀, 팬에 갈색으로 소테한다.
4. 다른 팬에 오일을 두르고 마늘, 양파, 당근, 셀러리, 파슬리 순으로 볶는다.
5. 간과 내장을 넣고, 로즈메리를 첨가한다.
6. 잘 볶아지면, 양송이, 식초, 토마토, 토마토주스를 순서대로 넣는다.
7. 닭을 넣고 소금과 후추를 넣는다. 40분 정도 중불에 시머링하고 다 익으면, 간을 조절하여 제공한다.

Pollo in tegame

로즈마리와 마늘 향미의 로스트 치킨
Pan-roasted chicken with rosemary and garlic

소스가 생기므로 달걀 누들을 곁들여 먹을 수 있으며, 메쉬 감자나 폴렌타를 곁들여 제공하기도 한다.

재료(6인분)

2.5kg chicken including giblet & 6 livers
20g chopped fresh rosemary
80ml olive oil
3 cloves garlic, bruised
40ml white wine vinegar
5g sweet paprika
some salt & pepper

1. 닭을 통째로 깨끗이 손질한다.
2. 로즈메리, 마늘, 올리브유, 소금, 후추, 파프리카를 잘 섞어 닭의 속과 겉에 골고루 바른다.
3. 팬에 오일을 두르고 닭을 넣어 색을 낸 다음, 쿠킹호일로 덮어 180℃의 낮은 온도의 오븐에서 한 시간 정도 익힌다. 가끔 흐르는 기름을 끼얹어 준다.
4. 도중에 닭이 너무 마르면 치킨 브로스를 조금 넣어 주기도 한다.
5. 다 익었는지 확인하고 적당한 크기로 썰어 접시에 담는다.
6. 팬에 남은 국물의 기름을 걷어내고 가미한 다음 소스로 닭고기에 곁들여 제공한다.

Petto di pollo impanato

닭 가슴살 커트렛 Breaded chicken breast cutlets

재료(4인분)

4 pc chicken breast
2 eggs
20g grated parmesan cheese
100g bread crumbs
4g grated nutmeg
1000ml olive oil
30g chopped onion
1 lemon, cut into wedges
some salt & pepper
200g butter

1. 가슴살은 3쪽으로 얇게 슬라이스한다.
2. 파르메산 치즈, 넛멕, 양파, 소금, 후추, 계란을

잘 섞어 닭 가슴살을 3시간 정도 마리네이팅한다.

3. 올리브유에 버터를 넣고 180℃로 가열하고, 닭고기에 빵가루를 골고루 발라 황금색으로 튀긴다.

4. 레몬 웨지를 곁들여 제공한다.

Pollo alla Marengo

마렝고 소스의 닭요리 Chicken marengo

마렝고 소스는 버섯, 토마토, 올리브, 포도주를 넣은 것으로, 마렝고 소스를 곁들인 닭고기 요리는 1800년의 마렝고 전투—나폴레옹이 롬바르디 지역에서 오스트리아와 결전을 벌인—전승 기념일 전야에 나폴레옹에게 제공되던 요리다. 이 요리는 차후에 가재, 계란을 첨가하기도 하였으며, 때로는 라이스와 빵이 곁들여지기도 하였다.

재료(6인분)

2kg chicken
20g chopped Italian parsley
80ml olive oil
100g mushroom
40g butter
150ml dry white wine
2 cloves garlic
20g flour
1 onion, small dice
400ml chicken broth
1 carrots, small dice
some salt & pepper
1 celery stalk with leaves small dice

1. 통닭을 깨끗이 손질하고 4등분하여, 칼등으로 때려 뼈를 잘게 부순다.
2. 소스팬에 올리브유를 두르고 마늘, 양파, 당근, 셀러리, 파슬리를 순서대로 색이 나지 않도록 볶는다. 닭고기는 오일을 두른 팬에 색을 내어 스톡과 함께 넣는다. 중불에 은근하게 가열하면서, 양송이는 4등분하여 넣는다.
3. 와인을 넣고 가열하여, 알코올을 휘발시킨다.
4. 밀가루와 버터로 화이트 루를 만들어, 묽은 소스가 되도록 양을 조절하면서, 스톡에 풀어 팬에 넣는다.
5. 다 익으면, 소금과 후추로 간하고, 파슬리를 뿌려 섞은 다음, 접시에 담아 제공한다.

Coniglio alla veneta

베네또식 토끼요리 Veneto style rabbit

닭요리처럼 간, 염통, 콩팥 등 내장을 다져서 소스에 넣음으로써 게임 요리 특유의 향미를 맛볼 수 있다. 베네또의 게임 요리는 전형적으로 폴렌타를 곁들인다. 때로는 메쉬 포테이토, 버터에 볶은 파스타 또는 라이스를 곁들이기도 한다.

재료(4인분)

4kg rabbit including liver, heart, kidney
20ml olive oil
60g flour
1 cloves garlic
20g chopped fresh rosemary
1 lemon zest
some salt & pepper
130ml dry white wine
40g butter
130ml meat broth

1. 토끼의 기름을 제거하는 등 깨끗이 손질하고 간, 콩팥, 염통은 다진다.
2. 밀가루에 로즈메리와 후추를 잘 섞는다.
3. 오일 두른 팬을 가열하고, 고기를 양념 밀가루에 묻혀 팬에 넣고 골고루 색을 낸다.
4. 고기는 꺼내고, 다진 내장을 넣고 볶는다.
5. 다시 고기를 넣고 소금, 로즈메리, 레몬 제스트, 와인을 넣는다.

6. 스톡을 넣고, 뚜껑을 덮어 중불에 은근하게 한 시간 정도 가열하여 익으면 제공한다.

Stufato di cervo

사슴 고기 스튜 Venison stew

사슴은 deer라 하고 고기를 venison이라 하며, 암컷을 done, 수사슴을 buck, 새끼 사슴은 spitter 또는 fawn이라 한다. 미국의 큰 사슴은 moose, 숫컷은 bull, 암컷은 cow, 새끼는 calf라고 한다. 영국의 red deer는 숫컷은 stag, 암컷은 hind라고 한다. 참고로 노루는 roedeer, 숫노루는 roebuck라 한다.

재료(4인분)

1000g venison meat, cut into cubes
10g fresh rosemary, chopped
100g diced carrots
250ml dry white wine
130g pancetta or bacon, diced
2 cloves chopped garlic
130ml olive oil
300g chopped tomatoes
1 bayleaf
300ml meat broth
1 chopped onion
5g fresh thyme
1 stalk celery with leaves, chopped
5g red pepper powder
20g chopped parsley
some salt & pepper

1. 올리브유를 팬에 두르고 사슴 고기를 갈색으로 소테해서 꺼내 놓는다.
2. 그 소스팬에 다시 올리브유를 두르고, 베이컨을 볶다가 마늘과 양파를 넣고 잠시 후에 셀러리, 당근을 넣고 볶는다.
3. 월계수잎, 파슬리, 타임, 로즈마리, 고춧가루 등 향신료를 첨가하고 뚜껑을 덮어 은근하게 시머링한다.
4. 토마토를 넣고 잘 저은 다음, 와인을 첨가하고, 스톡을 부어 다시 중불에 은근하게 가열한다.
5. 이때, 사슴고기를 소스팬에 넣고 가끔 저으면서 40분 정도 중불에 은근하게 가열한다.
6. 소금과 후추로 간과 소스의 농도를 조절하여 제공한다.

Quaglie saporito

와인으로 졸인 풍미 있는 메추라기

Savory braised quail

작은 엽조류 고기는 인기 있으며 기름으로 하는 요리, 로스팅, 팬 프라이, 와인에 졸이기, 야채로 졸이기, 양피지(parchment)에 싸서 굽기, 심지에 파이 만드는 데 사용하기도 한다. 특히 메추라기는 다른 엽조류와 달리 연하기 때문에 기름에 살짝 튀기거나 볶는 요리에 안성맞춤이다.

재료(4인분)

200ml dry white wine
4 quail liver & gizzards, chopped
2 clove garlic, grated
60g butter
2 onion, grated
60g pancetta or bacon, chopped
300ml chicken broth
6 leaves, fresh sage, chopped
40ml salad oil
80g flour
4 whole quail, trimmed
some salt & pepper

1. 팬에 올리브유와 버터를 두르고 베이컨을 갈색으로 볶는다.
2. 메추라기에 소금과 후추로 간을 하고 밀가루를 묻혀, 팬에 갈색으로 소테하여 꺼내 놓는다.

3. 그 팬에 간과 내장, 양파와 세이지를 넣고 부드럽게 볶는다.
4. 소금을 약간 넣고, 와인을 부어 알코올 성분이 휘발되도록 저으면서 가열한다.
5. 스톡을 붓고 잘 저은 후에, 메추라기를 넣고, 가끔씩 저어 주면서 중불에 은근하게 25분 정도 가열한다.
6. 뜨겁게 제공하며, 소테한 양송이나 폴렌타를 곁들이기도 한다.

Faraona ripiena

사르디니아풍의 속을 채운 가금요리 Stuffed poultry with bread and sun dried tomato

가금류(poultry)하면 닭, 오리, 칠면조, 거위를 말하며 때로는 꿩이나 비둘기를 포함한다. 그 외에도 기니닭(guine fowl)이라는 것이 있다. 기니폴은 나뭇가지 위에서 잠을 자기 때문에 사육하기가 어렵고, 사실 닭고기와 같이 우리에 갇혀 사는 가금류와 비교하면 맛이 훨씬 뛰어나다. 기니폴은 기름기가 많기 때문에 굽거나 졸이거나 또는 봉지로 싸서 하는 요리에 적합하다.

재료(4인분)

10g chopped Italian parsley
130ml white wine
1 egg, beaten
2 onions, cut into cube
250g white bread, thin sliced
3 carrots, cut into cube
2×1kg ea chicken
3g saffron
80ml olive oil
some salt & pepper
400ml chicken broth
5 pc sun dried tomatoes in oil, chopped

1. 사프란은 물에 넣고 가열하여 향미와 색상을 우려낸다.
2. 스톡(130ml), 사프란을 우려낸 노랑물, 소금, 후추, 올리브유(15ml)를 잘 혼합하여 빵, 토마토, 파슬리와 잘 섞어 스터핑을 만든다.
3. 영계를 안팎으로 깨끗하게 씻어 소금과 후추를 뿌리고 스터핑으로 속을 채운 다음 바늘과 실로 속이 나오지 않도록 꿰매고 표면의 물기를 닦아낸다.
4. 소스팬에 오일을 두르고 가열하여 표면에 흠집이 생기지 않도록 조심하면서 갈색으로 소테한다.
5. 와인을 넣고 가열하여 알코올성분이 휘발되도록 한다. 영계를 팬에서 꺼낸다.
6. 팬에 양파, 당근, 파슬리를 넣고 잘 섞은 다음 다시 영계를 넣고 스톡(270ml), 소금과 후추를 약간 넣은 다음 뚜껑을 덮고 중불에 한 시간 정도 은근하게 가열한다.
7. 필요할 경우 스톡을 더 첨가하고 가끔씩 바닥이 눌지 않도록 저어 준다.
8. 가열시간은 익은 정도에 따라 조절해야 하며, 너무 익히지 않도록 주의한다.
9. 적절하게 익었으면 불을 끄고 영계를 건져내고 소스 표면에 떠오르는 기름을 떠내 버리고 소금과 후추로 간을 조절한다.
10. 영계의 실은 뽑아내고 서빙 접시에 담는다.
11. 야채를 영계 주위에 둘러 담고, 소스팬의 소스를 끼얹어 제공한다.

Anatra all'aranciata

투스칸풍의 오렌지 소스를 곁들인 오리
Duck with orange sauce

재료(6인분)

100ml brandy
50g honey or sugar
16 cloves
4 orange
30g flour

some salt & pepper
1 duckling about 3 kg

1. 오리의 기름을 떼내는 등 깨끗이 손질하고 소금을 약간 뿌린다.
2. 오렌지 두 개를 표면에 구멍을 내어 정향을 꼽아 오리 속에 넣고 실로 꿰맨다.
3. 오리의 가슴 부위가 아래로 가도록 로스팅 팬에 담아 200℃ 오븐에서 약 30분 정도 로스트한다.
4. 나머지 오렌지 껍질로 약 5cm 길이의 제스트를 만들어 물에 살짝 데친다. 속은 주스를 만들어 브랜디, 꿀, 약간의 소금을 넣고 잘 섞는다.
5. 오븐을 180℃로 온도를 낮추고 다시 한 시간 정도 더 로스팅해야 한다. 그러는 동안 양념된 오렌지주스와 팬에 흘러내린 기름을 오리에 자주 끼얹어 준다.
6. 오리를 뒤집어 가슴살이 위로 올라오도록 하여, 또 다시 30분 정도 더 로스팅한다.
7. 익은 정도의 파악은, 오리 다리를 벌려 찢어서 맑은 육즙이 나오면 고기가 다 익었고, 혼탁한 육즙이 나오면 아직 덜 익은 상태이다. 완전히 익었으면 팬을 오븐에서 꺼내고 적절한 크기로 절각하여 접시에 담는다.
8. 팬에 남은 소스를 걸러내어 떠있는 기름은 떠내 버리고 작은 소스팬에 옮긴다. 은근하게 가열하면서, 밀가루로 루를 만들어 넣고 나머지 오렌지주스를 섞는다. 오렌지 제스트 등을 넣고 소스를 만들어 함께 제공한다.

Rognoncini con piselli

완두콩과 양파를 넣고 요리한 콩팥

Sauted kidneys with peas and shallots

재료(3인분)

130g peas
1 chopped onion
20ml olive oil
10g chopped Italian parsley
30g butter
5g chopped fresh marjoram
600g fresh kidney from lamb or veal
40ml white wine
some salt & pepper

1. 소금은 약간 넣은 찬물에 콩팥을 30분 정도 담가 피와 불순물을 빼내고 5mm 정도 두께로 슬라이스한다.
2. 완두콩은 물에 데쳐 식혀 놓는다.
3. 팬에 버터와 올리브유를 두르고 양파를 볶다가 콩팥을 넣고 소테하여 색을 낸다.
4. 불을 낮추고 파슬리, 마조람, 와인을 넣고, 알코올이 휘발되고 나면 삶은 완두콩을 넣고 가열한다.
5. 완전히 익으면 소금으로 간을 하고 후춧가루는 조금 많이 넣어 가미한 다음, 팬에 남은 소스를 가미하여 제공한다.

cf) 리조토를 곁들여 먹기도 하며 이태리 빵을 소스에 넣어 먹기도 한다.

Fegato alla veneziana

베네치아 풍의 송아지 간 요리

Venetian-style sauted calf's liver

재료(4인분)

70ml olive oil
800g calf' s liver
1kg onion, thin sliced
some salt & pepper
30g butter

1. 팬에 오일과 버터를 두르고 낮은 불에 양파가 부드럽게 될 때까지 오래 볶는다.
2. 간의 표면의 막과 기름을 제거하고 종이처럼 얇게 비스듬히 슬라이스한다.
3. 양파를 다른 그릇에 옮기고 오일을 넣고 가열하면서 간의 양면을 갈색이 나지 않도록

살짝 익힌다.

4. 간은 서빙 접시에 적당량 담고 양파를 다시 데워 소금과 후추로 가미하여 간 위에 제공한다.
5. 폴렌타를 곁들여 함께 제공하기도 한다.

Salsicce con cime di rapa

브로콜리를 곁들인 이태리 소시지 요리

Sausages with broccoli rape, Apulian style

재료(3인분)

500g sweet Italian pork sausages
20g butter
1kg broccoli or kale, trimmed
4 cloves garlic, chopped
80ml olive oil
some salt & pepper

1. 소시지를 뜨겁게 물에 데쳐낸다.
2. 찰게 다듬어진 브로콜리를 물에 파랗게 데친다. 올리브유와 버터를 팬에 두르고 브로콜리를 볶으면서 소금으로 간을 한다.
3. 소시지와 브로콜리를 따뜻하게 접시에 담아 제공한다.

Trippa in Umido

양 스튜 Stewed honeycomb tripe

재료(5인분)

2 bayleaf
80g carrots, small dice
50ml olive oil
2 cloves garlic, chopped
80g tomato paste
some salt & pepper
1kg trip (ox-stomach), trimmed
120ml dry white wine
10g onion, small dice
80g stalk celery with leaves, small dice
400ml beef broth

1. 소양의 기름을 제거하고 소금에 문질러 잘 씻은 다음 3×5cm 정도의 크기로 썬다.
2. 소스팬에 오일을 두르고 마늘, 양파, 셀러리, 당근, 월계수잎을 차례로 넣고 볶다가 중불에 은근하게 가열한다.
3. 야채가 부드럽게 되면 양을 넣고 5분 정도 소테한다.
4. 토마토 페이스트, 소금과 후추, 와인을 넣고 소테한다.
5. 잠시 후에 스톡을 넣고 중불에 은근하게 한 시간 정도 가열한다.
6. 충분하고 연하게 익으면 소금과 후추로 가미하고 제공한다.

Arrosto di pollo e patate

감자, 통마늘과 로즈메리를 가미한 닭구이 요리

Roast chicken with potatoes, garlic and rosemary

로톤다 이탈리안 레스토랑 김경석 조리장 추천요리

02) 792-4123~4

재료(2인분)

1 chicken about 1000g
6 pc cherry tomatoes
5g rosemary chopped
8 small potatoes
5g mint chopped
10 cloves garlic in the peel
5g sage chopped
1 small stalk fresh rosemary for garnish
2 cloves garlic chopped
2 ea black & green olive, chopped
20ml olive oil
20ml chicken broth

10ml fresh lemon juice
some salt & pepper

1. 로즈메리, 민트, 세이지, 다진 마늘을 올리브유에 잘 섞고 닭에 발라 두 시간 정도 마리네이드한다.

2. 감자와 껍질마늘을 닭과 섞어서 로스팅팬에 담아 로스트하면서 스톡을 끼얹고 팬에 흐르는 국물을 계속해서 끼얹어 준다. 다 익으면 닭, 감자, 마늘을 서빙 접시에 예쁘게 담는다.

3. 로스팅 팬의 국물은 걸러 올리브유(10ml), 스톡(20ml), 레몬주스(5ml), 올리브, 소금과 후추를 가미하여 약간 걸쭉하게 졸여진 소스를 만들어 끼얹어 준다.

4. 체리 토마토는 5분 정도 베이킹하여 접시에 담아 로즈메리 잎으로 장식하여 제공한다.

Pollo delicato al pomodoro

토마토 소스를 곁들인 영계구이

Roasted honey young chicken with tomato chili sauce

이탈리안 레스토랑 캑터스 박종곤 조리장 추천요리

02) 728-4330/751-2111

재료(1인분)

1 ea young chicken
30g cornstarch
15g curry powder
50ml olive oil
5g coriander, chopped
30g hot chili pesto
65g honey
15g coriander roots
1 clove garlic, chopped
30g pine apple
25g ginger, chopped
40ml orange juice
130ml chicken broth
some salt & pepper

1. 닭을 잘 다듬고, 적당한 크기로 절각한다.
2. 카레 파우더, 고수(5g), 꿀(50g), 마늘, 생강(10g), 닭국물(30ml), 올리브유(30ml)를 잘 섞어 생닭과 두세 시간 마리네이드한다. 오븐에서 구워낸다.
3. 고추소스, 고수뿌리(15g), 생강(15g), 파인애플, 닭국물(100ml), 꿀(15g), 오렌지주스, 올리브유(20ml), 소금과 후추를 끓이면서 전분을 풀어 칠리소스를 만든다. 총량이 약 250ml 정도 분량으로 실제로 40~50ml가 1인분에 필요한 양이다. 따라서 40~50ml를 구워낸 영계와 잘 묻힌다.
4. 접시에 담아 장식한 다음 제공한다.

Suprema d'anatra con uva e grappa di moscato

그라파 소스의 오리가슴살 로스트 *Roasted duck breast with grapes and moscato grappa sauce*

신라호텔 이탈리안 레스토랑 서상호 조리장 추천요리

02) 2230-3408

재료(1인분)

1 pc duck breast, 170g
20ml brown gravy sauce

20ml moscato grappa wine
10g butter
10ml orange juice
some salt & pepper
5 g orange zest
5 pc orange segment
20ml olive oil

1. 오리 가슴살에 소금과 후추로 간하고 양면을 올리브유 두른 팬에서 색을 내어 오븐에서 익힌다.

2. 여기에 그라파 와인을 넣고, 오렌지주스와 제스트를 넣고 졸이다가 데미그라스를 넣는다.

3. 오리 가슴살이 익으면 얇게 썰어 접시에 담고, 소스는 간을 조절하여 고기 위에 끼얹어 준다.

4. 오렌지 세그먼트와 크림에 졸인 깐포도를 장식하여 제공한다.

Grigliata di pollo alla Milanese

고르곤졸라 치즈 소스에 케이퍼 맛의 닭가슴살 요리

Grilled chicken Milanese

레스토랑 이탈리아니스 김홍근 조리장 추천요리 02) 548-1611

재료(1인분)

2 pc chicken breast
80ml fresh cream
60ml Italian dressing
80g spinach leaves, diced
some salt & pepper
200ml tomato & caper sauce (relish)
30g gorgonzolla cheese, grated
2 fresh basil leaves
30g chopped onion
1 clove garlic, chopped
20ml olive oil

1. 닭가슴살을 이탈리안 드레싱에 두 시간 정도 마리네이팅한다.
2. 그릴에서 닭가슴살의 양면에 다이아몬드 색을 내어 오븐에서 익힌다.
3. 올리브유에 마늘과 양파를 볶다가 생크림을 넣어 졸이고, 고르곤졸라 치즈와 시금치를 넣고 소금과 후추로 가미하여 크림 타입으로 만든다. 접시에 넓게 펴 담는다.
4. 닭고기를 위에 놓는다. 렐리시(relish)를 그 위에 흐르도록 끼얹는다.
5. 베질을 장식하여 제공한다.

Petto di pollo alla crema di pepperoni rossi

닭 가슴살 구이에 피망 크림 소스 *Grilled chicken breast on red bell pepper cream sauce*

힐튼호텔 이탈리안 레스토랑 일-폰테 (IL PONTE) 강원철 조리장 추천요리 02) 317-3217

재료(1인분)

1 pc chicken breast (200g)
5 ml raspberry vinegar
40g fettuccine, cooked
1 clove garlic, chopped
10g tomato concassé
20g green pepper, roasted, peeled
20g deepfat fried eggplant, diced
20g butter
70ml fresh cream
10g sugar
50ml chicken stock
20ml white wine
20g chopped onion
20ml olive oil
1 stalk fresh basil

1. 닭 가슴살을 소금과 후추로 간하여 브로일러에 색을 내어 오븐에서 익힌다.
2. 올리브유와 버터를 넣은 팬에 양파를 볶다가 피망과 생크림을 넣고 졸이다가 블렌더에 곱게 간다.
3. 버터와 올리브유를 두른 팬에 마늘을 색이 나지 않을 정도로 볶다가 삶은 페뚜치네 파스타를 넣고 잠시 볶는다. 가지와 토마토를 첨가하고 소금과 후추로 간하여 접시에 담는다.
4. '2'의 소스를 접시에 깔고 익힌 닭 가슴살을 슬라이스하여 놓는다.
5. 로스트한 피망을 가늘게 썰어 장식하고 베질을 곁들여 제공한다.

Pollo alla diavola

마녀풍 통닭요리 *Roasted crisp chicken legs*

이탈리안 레스토랑 제시카 피짜리아 신유신 조리장 추천요리

02) 312-6947~9

재료(1인분)

1 chicken
10ml brandy
2 oz olive oil
10g butter
2 cloves garlic, chopped
5g chopped fresh basil
30ml white wine
some salt & pepper

1. 닭을 깨끗하게 다듬은 다음, 상단부를 절각하고 닭다리의 안쪽에 칼집을 넣는다.
2. 닭에 마늘을 바르고 소금과 후추를 가미하고 올리브유를 두른 팬에 색을 내어 팬으로 닭을 덮고 무거운 돌로 눌러 오븐 200℃에 50분 정도 구워낸다.
3. 팬을 꺼내어 기름을 버리고 브랜디와 와인으로 플람베한다.
4. 닭은 접시에 담고 남은 소스에 버터를 첨가하여 녹인 다음 소금과 후추로 간하여 닭 위에 끼얹어 제공한다.

Pomodoro

샐러드와 채소 요리

샐러드(Insalate)의 개요

이탈리안 샐러드 즉 'un'insalata'의 문자상의 의미는 '소금을 첨가한'의 뜻이다. 또한 이 단어는 예를 들어 '여러 가지가 혼합된 실내장식이나 또는 어떤 사고' 같은 은유적 표현에 사용하기도 한다. 그런데 'l'insalata'는 특별히 전통적인 이탈리안 식탁의 샐러드 코스를 의미한다. 이탈리안 식탁의 샐러드는 주요리 바로 다음에 제공되며, 샐러드가 제공되면 식사가 끝 무렵으로 접어들고 있다는 신호를 의미한다.

샐러드에 사용하는 식재료는 원칙적으로 야채류를 날로 또는 삶아서, 또는 이들과 다른 식재료를 혼합하여 사용한다. 양배추와 브로콜리는 가을과 겨울에 많이 사용하며, 아스파라거스와 그린빈스는 봄철에, 이어서 쥬키니와 감자는 여름철에 주로 먹는다. 또한 그들은 토마토, 피망, 상추류, 오이, 청채류는 날로 사용하기를 좋아한다. 채소 이외의 다른 재료와 함께 만드는 샐러드로 쌀과 닭, 쌀과 어패류, 참치와 그린빈스가 있으며, 그 외에 육류나 생선 그리고 감귤류가 샐러드에 함께 제공되기도 한다.

즉 이탈리안 샐러드(insalata, salad)는 청엽채(verde, green salad)와 혼채(mista, mixed salad)로 나누며, 또한 익힌 샐러드(insalata composta, composed salad)는 당근, 비츠, 쥬키니, 양파 등을 조리하여 차게 식힌 다음 함께 섞는다. 엽채류 샐러드를 만들 때는 깨끗하게 씻은 다음 탈수기에 넣어 탈수시키거나 마른 타월에 놓고 흔들어 물기를 완전히 제거하여 사용하여야 한다. 그렇지 않으면 드레싱을 곁들이더라도 맛이 떨어지게 된다. 드레싱과 샐러드를 미리 혼합해 놓으면 샐러드가 시들어 맛이 떨어지므로, 곁들여지는 드레싱은 대개 테이블에 놓아두거나 또는 테이블 서비스를 한다.

또한 샐러드의 향미를 돋구기 위하여 민트, 마조람, 세이지, 베질, 잎이 넓은 이탈리안 파슬리 등을 조금씩 샐러드에 첨가하기도 한다. 양파와 같은 강한 맛이 나는 재료는 토마토에 첨가하면 잘 어울린다고 이태리인들은 생각한다.

드레싱(dressings, condimenti)

이탈리안 드레싱의 가장 중요한 요소는 소금과 올리브유 그리고 식초다. 소금으로 간을 잘 조절해야 하며, 올리브유는 최고 품질의 엑스트라 버진 올리브 오일(extra virgin olive oil)이 가장 좋다. 식초로는 레몬주스, 발사미코식초, 사과식초, 포도식초 등이 사용된다. 아무리 훌륭한 재료를 사용한다 하더라도 배합비가 적절하지 못하면 맛있는 드레싱을 만들 수가 없다. 오일과 식초가 2대 1인 서양인의 드레싱에 비하여 우리 한국인은 덜 시게 먹으므로 식초의 사용량은 3대 1 정도가 적절하다.

그리고 더욱 중요한 것은 만들어진 드레싱을 샐러드에 첨가하는 양이다. 이 첨가량을 적절하게 조절하지 못하면 맛있는 샐러드를 먹을 수 없게 된다. 대개 양념이 전혀 되지 않은 엽채류 60g의 신선한 샐러드에 25~30ml 정도의 드레싱을 곁들이면

이상적이다.

식초 대용으로 레몬주스가 첨가되는 드레싱은 스위스 근대(Swiss chard)나 삶은 당근의 샐러드 또는 토마토나 오이에 적합하다. 마늘이 첨가되는 드레싱은 양배추나 토마토 샐러드와 잘 어울린다.

모데나(Modena)가 원조인 발사미코(balsamico)식초는 6년 이상 발효시킨 포도식초로 단맛이 나기 때문에 다른 와인식초보다 드레싱에 자주 첨가하지 않는다.

야채 요리의 개요

이태리는 따뜻하고 온화한 날씨의 영향을 받아 야채가 다양하고 풍부하다. 야채 요리는 어느 누구라도 날 것이 좋은지, 조리한 것이 좋은지 또는 어떠한 음식과 어울리고, 어떠한 조미료를 사용하는지 등 야채의 특성에 대해 잘 알아야 한다. 밀라노(Milano)과 일부 토리노(Torino) 지역을 제외하고, 도시의 근교에 개개인이 작물을 재배할 수 있는 농장 또는 텃밭을 각각 가지고 있으며, 제노아(Genova) 시내에 야채와 허브 농장이 많이 있다. 그래서 그들은 경작 과정을 잘 알고 있을 뿐만 아니라 수확할 야채의 맛이 가장 좋은 시기를 알고 있다.

또한 그들은 바쁜 생활 속에서도 야채를 미리 사놓은 것이 아니라 먹고자 하는 당일에 구매한다. 이들은 신선도에 따라 음식의 질이 결정된다고 믿고 있다. 야채는 수확하고 3일이 지나면 신선도가 떨어지므로 먹지 않으려고 한다. 일사량과 기후가 질 좋은 농산물을 수확하는 데 지대한 영향을 미친다는 사실에 대해서도 잘 알고 있다.

리구리아(Liguria)에서 생산되는 베질은 롬바르디(Lombardia)나 움브리아(Umbria)와 같은 육지로 둘러싸인 지역에서 발생하지 않는 강한 햇볕과 바닷바람 때문에 강한 향과 독특한 맛을 지닌다. 나폴리(Napoli) 근처 화산토지는 다른 곳에서 생산되는 토마토와는 비길 수 없는 양질의 토마토를 생산해 낸다. 산 마르자노(San Marzano)로 알려진 이 지역의 토마토는 품질이 최고로 알려져 있으며, 인기가 높기 때문에 가격 또한 비싸다. 또 다른 유명한 예로 샐러드로 애용되는 라디끼오(radicchio)는 촘촘한 잎맥으로 되어 있고 빨갛고 하얀 잎들을 가진 탄탄한 공모양이다. 사실상 리구리아(Liguria)에서 생산되는 라디끼오는 녹색 잎이지만, 베네또(Veneto)에서 생산된 것은 빨갛고 하얗다. 그러나 모양은 로메인(romaine) 레터스와 유사하다. 다른 곳의 라디치오는 꽃을 갖고 있는 레터스와 유사하고, 베네또에서 생산된 것은 단단한 반구모양을 하고 있다.

늦은 겨울에 리구리아(Liguria)에서 아티초크(artichoke)를 생산하고, 감자는 아브루쪼(Abruzzo)에서 생산한다. 베네또의 아스파라거스는 봄을 알려 주는 식물이고, 라치오(Lazio)의 콩은 여름을 알려 준다. 늦은 여름에는 칼라브리아(Calabria)에서 생산되는 붉은 양파(purple onion, cipolla rossa)가 있다. 뒤이어 그 해의 가장 훌륭한 야채 토마토가 수확된다.

가을은 전국에서 야생 버섯을 생산하는 시기이며, 피에몬테(Piemonte)와 움브리아(Umbria)에서는 트러플이 생산된다.

특히 백색 트러플(white truffle)은 상품 가치가 높다. 이태리 사람들은 검은 색 또는 흰색 송로 버섯(truffle)을 대량으로 재배하고 있다. 트러플은 송아지, 닭, 칠면조, 리조토 등의 요리에 가니시(garnish)로 사용되며, 제공되기 직전에 날로 얇게 조각을 내어 사용한다. 이태리 사람들은 버섯(funghi)을 여러 가지 방법으로 요리한다. 이 버섯은 영국이나 미국 등지에서 흔히 재배되는 양송이가 아니라, 이태리 고유의 야생 버섯이다.

늦은 가을에는 올리브가 수확된다. 대부분은 오일을 만드는 데 이용되며, 나머지는 소금물에 절여 저장시켜 둔다. 그러나 투스카니(Toscana)에서는 올리브를 곧바로 소비시키기 위하여 조리되거나 빵 만드는 데 이용된다.

특정 야채를 수확한 직후의 신선한 초기상태와 일정기간 지난 후의 시들어버린 상태를 구별할 줄 알아야 한다. 최우수 상품은 조심스럽게 다루고 조리하여야 하며, 보통 데치거나 부드럽게 소테하기 때문에 부드러운 맛을 낼 수 있다. 칼라브리아(Calabria)는 베이비 가지(aubergine, melanzane) 그리고 시칠리(Sicilia)는 베이비 쥬키니(courgette)를 생산하는 것으로 유명하다.

야채 요리는 튀기(deep fried, fritti)거나 치즈와 함께 베이킹하거나 양념된 소스와 함께 요리되어 제공된다. 야채 요리를 준비할 때는 계절을 고려하여야 하며 특유의 녹색 야채의 신선함을 만끽하기 위하여 요리에 알맞은 채소를 골라야 한다. 어떤 야채 요리는 안티파스토(antipasto)에서부터 사이드 디시(side dish)까지, 심지어는 가벼운 메인 코스로 제공되기도 한다. 사실 야채 요리의 맛이 어떻다고 단적으로 설명하기는 그리 쉬운 일이 아니다. 단지 기호도와 선택, 맛내기, 조리, 먹는 방법 등에 따라 다른 맛을 느낄 수 있기 때문이다.

green vitamin
misna(giona)
corn salad
green chicory
spinach
red radish
red salad bowl lettuce
mustard cress
eggplant flower
water cress
cucumber flower
cherry tomato
perilla red
summer salad
perilla creen

야채 요리

Cipolline novelle alla escoffier(Spring onions Escoffier) 에스코피에르식 꼬마 양파요리
spring onion의 껍질을 벗긴 다음 끓는 물에 약 5분 동안 삶는다. 물기를 제거한 후 식용유를 넣고 팬에 볶는다. 갈색으로 적당히 색깔이 나면 월계수잎, 타임, 휀넬 시드(fennel seed)를 첨가한 후 백포도주로 조린다. 마지막으로 코냑으로 flambé하여 제공한다.

Zucchine alla paesana(Country-style zucchini) 호박 오븐요리
호박의 양끝을 자른 다음 속을 제거하고 끓는 물에 살짝 데친다. 찬물에 식혀 물기를 제거하고 계란물을 입혀 빵가루를 묻힌다. 팬에 버터와 식용유를 넣고 갈색이 나도록 굽는다. 슬라이스한 양파를 팬에 볶다가 토마토를 첨가한 후 설탕, 소금, 후추를 넣고 뚜껑을 덮는다. 적당한 크기의 접시에 갈색으로 구운 zucchine를 깔고 위에 토마토 소스를 뿌린 다음 치즈를 얹고 오븐에 익혀 제공한다.

Asparagi alla Milanese(Asparagus with egg & cheese) 밀라노식 아스파라거스 요리
아스파라거스를 다듬고 딱딱한 부위를 제거한 다음 끓는 물에 살짝 삶는다. 버터를 팬에 두른 다음 계란을 프라이 하고 그 위에 아스파라거스를 얹은 다음 파르메산 치즈를 뿌려 제공한다.

Melanzane al pomodoro(Eggplants with tomatoes) 토마토소스에 졸인 가지요리
가지의 양쪽 끝을 제거한 다음 2~3cm 길이로 자른다. 팬에 기름을 붓고 다진 마늘을 볶다가 가지를 첨가한 다음 소금, 후추로 양념을 한다. tomato concassè를 첨가한 후 뚜껑을 덮고 약한 불로 조리한다.

Rusticana alla piacentina(Country-style pepper and tomatoes) 피망 졸임
올리브유와 버터를 팬에 넣고 양파와 피망을 살짝 볶는다. 껍질과 씨를 제거한 토마토를 적당한 크기로 잘라 첨가한 후 치킨 스톡을 붓고 서서히 조리한다. 조리가 끝나면 삶은 계란 흰자와 노른자로 장식하여 제공한다.

Insalata di pomodoro

그린 허브 드레싱을 곁들인 토마토 샐러드
Fresh tomato salad with green herb dressing

재료(10인분)

10ea tomato
50g onion
100g salad leaves
100g fresh basil
10g anchovy
300ml balsamico vinegar
100ml olive oil
200ml chicken broth
10g salt & pepper

1. 샐러드를 깨끗이 씻어 접시 가운데 놓는다.
2. 토마토 꼭지를 따내고 웨지로 썰어 접시에 놓는다.
3. 베질, 앤초비, 발사미코식초, 올리브유, 치킨스톡, 소금, 후추를 블렌더에 곱게 간다.

insalata
asparagus

4. 토마토 위에 드레싱을 끼얹어 준다.
5. 양파링을 위에 올려 주고 베질을 얇게 썰어 뿌려 준다.

Grande insalata mista

모듬 샐러드 *Mixed raw salad*

재료(6인분)

60g onion or scallion, ring slice
100g arugula Italian salad
100g carrots, thin julienne
100g radiccho
1 red bell pepper, ring slice
1 lemon for juice for artichoke
1 stalk celery heart, julienne
12 wedges, fresh artichoke heart
60g curry chicory
2 plum Italian tomatoes, cut into wedge
100g romaine lettuce
150ml choice of dressing

1. 양파와 피망은 링 모양으로 슬라이스하고, 당근과 셀러리는 채친다.
2. 토마토는 웨지로 썰어 준비한다.
3. 아티초크는 레몬주스를 발라 갈변을 방지한다.
4. 치커리, 로마 상추, 아루굴라 샐러드, 라디끼오 등을 씻어 적당한 크기로 찢어 놓는다.
5. 모든 재료를 색상의 조화를 이루도록 접시에 담는다.

cf) 이 샐러드의 특징은 질감이 서로 다른 샐러드 재료를 함께 제공한다. 여기에 적채, 양배추, 로메인 레터스 등을 추가할 수 있으나, 양상추(iceberg)는 사실 이태리와는 조금 거리가 있다.

Panzanella

빵과 야채의 토마토 샐러드
Bread and vegetable salad

대체적으로 플로렌스로부터 로마에 이르는 이태리 중부의 샐러드는 촉촉한 빵과 올리브유 그리고 식초가 빵에 더해진다. 올리브유로 만든 빵이든지 아니면 사용하고 남은 빵 혹은 컨트리 스타일로 만든 빵 등 어떤 빵이라도 좋다.

재료(10인분)

200g bread crouton, off crust, diced or cub
60ml red wine vinegar
100g sliced onion
5 anchovy fillet
1 clove garlic, socked
5 whole tomatoes
2 whole cucumber, peeled, seeded, diced
180ml olive oil
100g bell pepper, diced
some salt & pepper
40g caper

1. 토마토는 껍질을 벗겨 두 개는 곱게 갈아 퓌레를 만들고 세 개는 다이스한다.
2. 마늘, 앤초비, 케이퍼를 푸드 프로세서에 으깨 다진 다음 믹싱볼에 담는다.
3. 피망을 다듬어 다이스로 썰어 볼에 넣고, 소금, 후추, 올리브유, 식초로 양념하여 잘 섞는다.
4. 여기에 다듬어진 빵을 넣고, 토마토 퓌레를 끼얹는다.
5. 양파, 오이, 토마토를 넣고 살살 버무리면서 소금과 후추로 양념한다.

Insalatona

믹스드 샐러드 *Mixed cooked vegetable salad*

비츠는 2~3일 전에 미리 익혀 놓아도 좋으나

다른 야채는 사용하기 직전에 삶는 것이 좋다.

재료(6인분)

150ml olive oil
3 potatoes
200g green beans
50ml red wine vinegar
2 bell pepper
5 onion
3 beet roots, baked
some salt & pepper

1. 감자는 깨끗이 씻어 물에 삶아 껍질을 벗기고, 1cm 크기로 슬라이스하여 깐다.
2. 양파를 통째로 200℃ 오븐에서 속이 익을 만큼 베이킹하여 껍질을 벗기고 꼬투리와 껍질을 제거하고 반으로 잘라 한쪽씩 떼어놓는다.
3. 피망은 오일을 발라 오븐에서 베이킹하여 껍질을 벗기고 2cm 넓이로 슬라이스한다.
4. 빈스는 소금을 약간 넣은 물에 삶아낸다.
5. 미리 통째로 오븐에서 구워 낸 비츠는 껍질을 벗겨내고, 1cm 두께로 슬라이스한다.
6. 소금, 후추, 식초, 올리브유로 이탈리안 드레싱을 만든다.
7. 준비된 야채를 각각 이탈리안 드레싱에 버무려 서빙 접시에 예쁘게 담아 제공한다.

Italian dressing (I)

이태리안 드레싱 Condimento all' Italiana

재료(6.2 lt)

4.5 lt extra virgin olive oil
1.5 lt red wine vinegar
5g rosemary leaves, fresh, chopped
5g thyme leaves, fresh, chopped
10g basil leaves, fresh, chopped
5g tarragon leaves, fresh, chopped
10g coriander leaves, fresh, chopped
15g garlic leaves, fresh, chopped
5g ginger, fresh, chopped
5g oregano leaves, fresh, chopped
10g Italian parsley leaves, fresh, chopped
50g onion, fresh, chopped
50g tomato, fresh, brunoise, peeled, seeded
50g pickle, chopped
50ml mustard cream
some salt & pepper

1. 식초, 겨자, 필요한 양의 소금과 후추를 거품기로 소금이 완전히 녹을 때까지 잘 섞는다.
2. 엑스트라 버진 올리브유를 조금씩 첨가하면서 잘 젓는다.
3. 나머지 재료 로즈메리, 베질, 고수, 생강, 파슬리, 토마토, 타임, 타라곤, 마늘, 오레가노, 양파, 피클 등을 모두 잘 섞는다.
4. 만들어 놔두면 유상액이 부상하므로 먹기 바로 전에 잘 흔들어 혼합하여 사용하여야 한다.

Italian dressing (II)

이태리안 드레싱 Condimento all' Italiana

재료(1.3 lt)

700ml extra virgin olive oil
5g oregano leaves, fresh, chopped
10g basil leaves, fresh, chopped
5g thyme leaves, fresh, chopped
10g garlic leaves, fresh, chopped
5g chives, fresh, chopped
10g chilli powder
400ml warm chicken broth
2 ea fresh lemon juice
110ml balsamico vinegar
20g sugar
50ml demi glace
5g salt & pepper

1. 모든 재료를 블렌더에 넣고 곱게 간다.
2. 고운 체로 거른다.

cf) 냉장하면 유상액이 응결되므로 상온에 놓고 사용해야 하며, 사용하기 바로 전에는 부상하는 유상액을 흔들어 잘 혼합하여 제공해야 한다.

Green herb dressing

그린 허브 드레싱 Condimento all' Italiana

재료(700ml)

10g anchovy
100g fresh basil
100ml extra virgin olive oil
300ml balsamico vinegar
10g salt & pepper
200ml chicken broth

1. 베질, 앤초비, 발사미코식초, 올리브유, 치킨 스톡을 블렌더에 곱게 간다.
2. 믹싱볼에 넣고 소금과 후추로 간한다.

cf) 때로는 아루구라, 시금치 등이 첨가되기도 한다.

Involtini di cavolo

토마토 소스를 곁들인 양배추말이

Rice stuffed cabbage roll with tomato sauce

재료(8인분)

10 dill pickle
100g rice
1 clove garlic, chopped
150g chopped onion
1 stalk celery with leaves, chopped
1 egg
2 bay leaves
20g chopped Italian parsley
2 white cabbage roll
400g ground of beef meat
30ml apple vinegar
400g ground of pork meat
40ml olive oil
5g ground allspice
600g tomatoes, chopped
some salt & pepper
1000ml beef or chicken broth

1. 양배추의 밑동을 따내고 소금을 약간 넣은 물에 데쳐 찬물에 식힌 다음 물기를 뺀다.
2. 쇠고기, 돼지고기, 생쌀, 달걀, 다진 양파(70g), 파슬리, 올스파이스 등을 넣고 스터핑을 만든다.
3. 데친 양배추를 펴고 스터핑을 손가락 두 개만한 두께와 6cm 정도의 길이로 말아가면서, 내용물이 빠지지 않도록 양옆을 접어가면서 말아서, 풀리지 않도록 이쑤시개를 꽂는다.
4. 사각 틸팅팬(tilting pan)에 차곡차곡 담고 사이사이에 피클을 손가락 크기로 썰어 넣는다.
5. 올리브유, 셀러리, 양파(80g), 마늘, 토마토, 스톡을 잘 섞어 팬에 붓는다.
6. 중불에 은근하게 가열하면서 약 한 시간 반 정도 시머링한다.
7. 쌀이 다 익으면 양배추 롤을 건져 접시에 담고, 국물을 졸이면서 소금, 후추, 식초로 양념한다.
8. 따뜻하게 소스를 곁들여 제공하며, 때로는 밥을 추가로 곁들이기도 한다.

Cavolo alla parmigiana

새콤한 양배추 볶음

White cabbage with bacon and vinegar

엽조류나 돼지 요리에 잘 어울리며, 때로는 코티끼노(cotechino) 소시지와 함께 제공된다.

재료

30ml olive oil
40ml red wine vinegar

100g sliced bacon, diced
1kg cabbage
100g julienne onion
some salt & pepper
20g tomato past e
5g caraway seed

1. 베이컨을 올리브유에 볶다가 양파를 넣고 볶는다.
2. 토마토 페이스트를 물(50ml)에 풀어 넣고, 양배추, 적당량의 소금, 후추, 식초를 넣고 볶다가 물(200ml)을 넣고 은근하게 가열하면서 잘 저어 준다.
3. 약 1시간 정도 익혀 주면 새콤한 맛이 나고 양배추가 잘 익는다. 돼지고기가 들어간 요리와 잘 어울리며, 뜨겁게 먹는다.

Patate fritte

이태리식 감자 튀김 Fried potatoes

이태리식 감자튀김의 비법은 감자를 썰어 약간 말린 다음 소금을 뿌려 올리브유에 튀기는 것이다.

재료

600g potatoes, peeled, trimmed
1000ml olive oil for fry
some salt & pepper
4 cloves garlic, unpeeled

1. 껍질을 벗긴 감자를 적당한 크기로 슬라이스하여 물에 씻어 물기를 닦아 말린다.
2. 올리브유를 170℃ 정도로 가열하고, 마늘을 반으로 잘라 넣어 갈색으로 튀겨낸다.
3. 감자에 소금을 뿌리고 기름에 넣어, 서로 붙지 않도록 저어 주면서 황갈색으로 튀겨 건진다.
4. 기름이 빠지면 후추를 뿌려 제공한다.

Gratinate di patate

모차렐라 치즈의 감자 오븐요리
Potato cake with mozzarella cheese

재료

3kg potatoes, 250g butter
500g mozzarella cheese
250g raw ham or salami, brunoise
50ml warm milk
5g paprika powder, 4 eggs
30g salt & pepper
80g parmesan cheese
5g nutmeg powder
100g bread crumb

1. 감자를 깨끗이 씻어 50분 정도 물에 삶은 다음 건져서 식힌다. 껍질을 벗기고 감자 으깨는 기계에 간다. 버터, 우유, 계란, 파르메산 치즈(20g)를 감자에 넣고 잘 섞으면서 소금과 후추, 넛멕을 약간 넣는다.
2. 오목한 사기그릇에 버터를 바르고 빵가루를 약간 뿌린다.
3. '1'의 감자를 적당량 깔고 모차렐라 치즈와 파르메산 치즈, 프로슈토나 살라미를 감자 위에 순서대로 뿌려 준다.
4. 다시 감자 퓌레를 한켜 놓는다.
5. 맨 위에 빵가루를 뿌리고 파르메산 치즈와 파프리카를 뿌린다.
6. 표면에 색이 잘 나도록 180℃의 오븐에 30분 정도 베이킹하여 제공한다.
7. 내부의 모차렐라 치즈가 녹아 죽 흘러내린다.

Patate al forno

우유와 베이킹한 감자요리 Potatoes baked in milk

재료(12인분)

2.5kg potatoes

80g parmesan cheese
80g butter
500ml warm milk
500ml sour cream
some pepper ground
10g salt
3g nut meg powder

1. 감자를 반쯤 익도록 물에 30분 정도 삶아 식힌 다음 껍질을 벗기고 5mm 두께로 슬라이스한다.
2. 베이킹 용기에 버터를 바르고 감자를 한켜 놓고, 버터를 뿌린 다음 사워크림을 약간 넣는다. 파르메산 치즈와 넛멕, 소금, 후추를 약간 뿌려 준다.
3. '1', '2'가 들어간 내용물을 적당히 배분하여 3컵 정도로 만든다.
4. 맨 나중에 따뜻한 우유를 붓고 파르메산 치즈와 버터를 토핑한다.
5. 180℃ 오븐에 표면이 갈색이 나도록 30분 정도 베이킹하여 제공한다.

Pured di patate

이태리식 메시 포테이토 Puré potatoes

재료(12인분)

700g potatoes
2 g nutmeg powder
70g butter
170ml hot milk
some salt & pepper
30g parmesan cheese, grated

1. 감자가 완전히 익도록 50분 정도 푹 삶는다.
2. 뜨거울 때 껍질을 벗겨 감자 으깨는 기구로 으깬다.
3. 버터, 소금, 후추, 넛멕을 우유에 넣고 끓인다.
4. 우유는 농도를 조절하면서 넣고 잘 섞으면서 파르메산 치즈를 넣는다.

Fagiolini e patate all' istriana

올리브유에 볶은 감자와 그린빈스
Roasted green beans and potatoes

재료(8인분)

500g small potatoes
80ml olive oil
700g green beans, trimmed
6 cloves garlic, sliced
some salt & pepper

1. 작은 감자를 잘 씻은 다음 끓는 물에 20분 정도 단단하게 삶아 식혀 껍질을 벗긴다.
2. 그린빈스를 다듬어 5cm 길이로 잘라 소금물에 데친 다음 찬물에 식힌다.
3. 냄비에 올리브유를 두르고 마늘을 살짝 볶은 다음, 감자와 빈스를 넣고 감자가 연한 갈색이 날 때까지 볶는다.
4. 소금과 후추로 간하여 제공한다.

cf) 바삭바삭하게 볶은 베이컨과 다진 파슬리를 뿌려 제공하기도 한다.

Fagiolini al pomodoro

토마토 소스의 그린빈스
Green beans with garlic tomato sauce

재료(8인분)

500g green beans, trimmed
500g chopped tomatoes
some salt & pepper
5 cloves fresh basil, chopped
50ml olive oil
10g chopped Italian parsley
2 cloves garlic

1. 그린빈스를 다듬어 5cm 길이로 잘라 소금물에 데쳐 찬물에 식힌다.

2. 소스 팬에 올리브유와 마늘을 넣고 볶다가 색이 날 때쯤 해서, 토마토, 바질, 파슬리를 넣고 중불에 은근하게 가열하면서 소금과 후추로 간하여 소스를 만든다.
3. 빈스를 소스에 넣고 중불에 은근하게 15분 정도 피스가 연해질 때까지 가열하여 익힌다.
4. 마지막으로 간을 조절하고 따뜻하게 제공한다.

Finocchi gratinati

치즈를 곁들여 구워낸 회향

Baked fennel with cheeses

재료(8인분)

6 whole fennel bulbs
50g grated parmesan cheese
some salt & pepper
90g shredded fontina cheese
30g butter

1. 회향 포기의 잎과 질긴 줄기는 떼어내 다른 용도로 사용하고, 연한 속 포기를 길게 4쪽 낸다.
2. 끓는 물에 소금을 약간 넣고 회향을 넣어 7분 정도 연하게 삶아낸다.
3. 베이킹 용기에 버터를 바르고 회향을 차곡차곡 넣고, 파르메산 치즈와 폰티나 치즈를 뿌린다.
4. 버터를 토핑하여 220℃ 오븐에 25분 정도 베이킹하면 치즈가 녹고 표면이 갈색이 난다.
5. 꺼내어 뜨겁게 제공한다.

cf) 회향과 함께 양파, 아스파라거스, 콜리플라워, 브로콜리 등 다양한 야채를 사용할 수 있으며, 베샤멜 소스를 토핑하여 베이킹하기도 한다.

Scarola in padella con fagioli

에스카롤과 콩 요리 Sauted escarole with beans

이태리 남부 교외지역이 원조인 이 요리는 에스카롤, 치커리, 브로콜리 등 다양한 파란 엽채류를 사용한다. 이러한 엽채류는 상큼한 쓴맛이 있으며, 보통 물에 데쳐서 사용한다.

재료(8인분)

2 cloves garlic, 40ml olive oil
300g green peas or cannellini beans
800g escarole or chicory or broccoli trimmed
3g grounded of chili powder
some salt & pepper

1. 끓는 물에 소금을 약간 넣고 에스카롤을 넣어 삶아 낸다.
2. 다른 소스팬에 올리브유를 두르고 마늘과 고춧가루를 넣고 중불에서 은근하게 색이 나지 않도록 볶는다.
3. 물에 하룻동안 불려 푹 삶은 완두콩이나 까넬루니콩과 위에서 데친 에스카롤을 넣는다.
4. 중불에서 뚜껑을 덮고 은근하게 가열하여 소금, 후추로 간하여 잘 섞은 다음 제공한다.

Asparagi alla parmigiana

버터와 파르메산 치즈의 아스파라거스 Asparagus with butter & Parmesan cheese, Pama style

재료(5인분)

40 pc fresh tender asparagus
200g butter
some salt & pepper
120g grated parmesan cheese

1. 아스파라거스의 질긴 껍질을 벗겨내고 소금을 약간 넣은 물에 데친다.
2. 아스파라거스를 적당량 접시에 담고, 파르메산 치즈를 뿌린다.
3. 버터를 소스팬에 녹여 끓으면 소금과 후추로 간하여, 접시의 아스파라거스 위에 뿌려 제공한다.

cf) 치즈가 버터와 아스파라거스의 열기에 녹아

뜨거운 버터와 혼합되어 소스가 된다.

Zucchine alla casalinga

타임과 베질 향의 쥬키니 Thyme & basil flavor steamed zucchini with butter & onion

재료(8인분)

1kg fresh zucchini
some salt & pepper
120g diced onion
5g fresh thyme leaves, chopped
40g butter
5g fresh basil leaves, chopped
40ml olive oil

1. 쥬키니를 반으로 잘라 1.5cm 두께로 슬라이스한다.
2. 소스팬에 버터와 올리브유를 두르고 양파와 쥬키니를 색이 나지 않도록 볶다가, 중불에 뚜껑을 덮고 15분 정도 가열하여 익힌다. 물기가 완전히 마르지 않도록 불을 잘 조절한다.
3. 호박이 완전히 익으면 소금과 후추로 간하고 다임과 베질을 넣고 잘 섞어 상온으로 제공한다.

Melanzane al funghetto

마조람 향의 가지와 양송이 볶음
Eggplant with mushroom, garlic and herbs

재료(8인분)

700g small eggplants
2 cloves garlic, chopped
some salt & pepper
100g chopped onion
250g mushroom
5g fresh majoram leaves, chopped
60ml olive oil
3g hot chilli pepper powder

1. 가지를 잘 씻고 다듬어, 큐브 사이즈로 자른 다음 소금을 뿌려 절인 후 물기를 짜낸다.
2. 양송이를 깨끗하게 손질하여 큰 것은 길게 네 조각 낸다.
3. 소스 팬에 올리브유를 두르고 마늘과 양파를 볶다가 가지를 넣고 10분 정도 중불에 은근하게 가열한다.
4. 잠시 후 양송이, 마조람, 고춧가루를 넣고 5분쯤 후에 소금과 후추로 간하여 제공한다.

cf) 닭, 기니닭, 램 요리와 잘 어울린다.

Carciofi ritti

스터핑하여 브레이징한 아티초크
Tuscan-style stuffed braised artichokes

재료(6인분)

14g chopped Italian parsley
6 ea artichoke bottom, trimmed
20g bread crumb
40ml olive oil
20g parmesan cheese, grated
60g prosciutto, chopped
2 cloves garlic, chopped
some salt & pepper

1. 파르메산 치즈, 프로슈토, 마늘, 파슬리, 소금, 후추, 빵가루, 올리브유(30ml)를 잘 섞어 스터핑을 만든다.
2. 스터핑을 아티초크에 채운다.
3. 베이킹 팬에 아티초크를 담고 바닥에 물을 약간 채운 다음, 알루미늄 호일로 씌운다.
4. 190℃ 오븐에 40분 정도 베이킹하면서 물이 마르면 조금씩 첨가한다.
5. 꺼내어 15분 후에 제공한다.

cf) 안티파스토로 제공되기도 하며, 돼지고기 요리, 램 요리와 잘 어울린다.

Pisellini con prosciutto

이태리햄 맛의 완두콩 요리

Green peas prosciutto, Roman style

재료(6인분)

30g butter
30ml olive oil
70g chopped onion
10g chopped Italian parsley
60g prosciutto, brunoise
120ml chicken broth
500g green peas
some pepper & salt

1. 소스팬에 올리브유와 버터를 두르고 양파를 색이 나지 않도록 은근하게 볶는다.
2. 프로슈토를 넣고 맛이 우러나면, 피스, 파슬리, 브로스를 넣고 저어 준다.
3. 피스가 연하게 익고 물기가 거의 졸아들 때까지 은근하게 가열한다.
4. 소금과 후추로 가미하고 바로 제공한다.

Condiggion

각종 야채를 혼합한 리구리아식 하절기 샐러드

Summer vegetable salad, Ligurian style

재료(8인분)

20g capers
100ml olive oil
10 black olives, seeded, cut in half
4 hard boiled eggs, cut into quartered each
10 green stuffed olive, seeded, cut in half
2 red pepper, roasted, peeled, seeded
1 cucumber, peeled, seeded, sliced
2 green pepper, roasted, peeled, seeded
some salt & pepper
2 Italian plum tomatoes, cut into eights
5 chopped fresh oregano
10 fillet anchovy, cut into small pieces

1. 케이퍼, 오이, 청홍피망은 1cm 넓이로 썰고, 토마토, 앤초비를 잘 섞는다.
2. 오레가노와 소금과 후추로 간하고, 달걀과 블랙 올리브, 그린 올리브로 장식한다.
3. 올리브유를 토핑하여 제공한다.

Insalata di pane raffermo e peperoni

로스트 피망에 빵을 섞은 샐러드

Bread salad with roasted peppers

빵으로 만든 샐러드는 투스칸과 풀리아에도 있으며, 어떤 야채를 혼용해도 좋다. 단지 토마토는 최고의 품질을 사용해야 한다. 첨가되는 빵은 설탕과 달걀을 넣지 않은 끈기 있는 빵이라야 하며, 만든 지 3~4일된 것이라야 좋다.

재료(6인분)

some salt & pepper
70g onion, fine sliced
500g Italian bread
40ml red wine vinegar
120ml olive oil
1 ea green, red, yellow pepper
10 sliced black olive
1 scallion with green, sliced
10 sliced green olive
10g fresh chopped oregano

1. 피망에 오일을 발라 오븐에서 구워 껍질과 씨를 제거하고, 1cm 길이로 썬다.
2. 빵의 단단한 껍질은 벗겨내고 큐브 크기로 썬다.
3. 올리브유 식초, 양파, 쪽파, 올리브, 오레가노, 소금과 후추, 물(100ml)로 드레싱을 만든다.
4. 빵과 피망 그리고 드레싱을 잘 혼합하여 한두 시간 이내에 제공한다.

Insalata alla caesar

시저 샐러드 Caesar salad

재료(5인분)

400g Romaine lettuce
10g crashed whole black pepper
15g chopped Italian parsley
2 cloves chopped garlic
200ml olive oil
50ml vinegar
20ml french mushroom
4 egg yolks
40ml lemon juice
40g bacon bits
40g parmesan cheese
30g bread croutons
5ml tabasco sauce

1. 난황, 다진 파슬리, 올리브유, 코냑, 파르메산 치즈, 으깬 통후추, 다진 마늘, 적포도주, 식초, 소금, 후추, 볶은 베이컨을 넣고 잘 저으면서 소금과 후추로 간하여 소스를 만든다.
2. 로메인 상추를 씻어 물기를 완전히 제거한다.
3. 위의 소스에 잘 버무리고 접시에 담아 크루통과 베이컨 비트를 뿌려 제공한다.

Insalata di spinaci e grana padana

시금치 샐러드에 베이컨 드레싱

Spinach and mushroom salad with grano padana & warm bacon dressing

재료(15인분)

1000g young soft spinach leaves
200g chopped bacon
6×15 slice tomatoes
300ml olive oil
5×15 slice parmesan cheese
100ml red wine vinegar
15 champion mushroom, sliced
some salt & pepper
50g chopped mushroom

1. 양파, 베이컨, 올리브유를 모두 팬에 넣고 볶는다. 식혀서 적포도 식초를 넣고 소금과 후추로 간하여 베이컨 드레싱을 만든다.
2. 시금치의 연한 부분을 잘 다듬고, 활짝 피지 않은 양송이를 슬라이스 한다.
3. 접시에 시금치, 양송이, 파르메산 슬라이스로 예쁘게 담는다.
4. 소스를 끼얹고 토마토로 장식하여 제공한다.

Insalata mista

계절 모듬 샐러드

Seasonal green salad with Italian dressing

재료(1인분)

40ml Italian vinegrette
20g green chicory
20g lettuce
20g water cress
20g onion
some salt & pepper
20g arugula Italian salad
10g beet root
20g black & green olive
20g radicchio
30g cherry tomatoes
20g parmesan cheese
10g turnip cress

1. 상추, 양파, 아루구라, 라디끼오, 치커리, 크레송, 비트, 무순, 블랙・그린 올리브, 레디시 등을 잘 씻어 물기를 뺀다. 체리 토마토는 적당한 크기로 썬다.

2. 이탈리안 드레싱에 올리브, 파르메산 치즈를 넣고, 위의 준비된 재료를 모두 섞어 잘 혼합하여 묻힌 다음 접시에 담아 장식하여 제공한다.

Millefoglie di verdure ai ferri con pomodoro e pesto di basilico

토마토와 베질 드레싱을 곁들인 각종 야채구이

Grilled vegetable layer with fresh tomato & basil dressing

신라호텔 이탈리안 레스토랑 서상호 조리장 추천요리

02) 2230-3408

재료(4인분)

160g zucchini, 10ml olive oil
160g eggplant, 160g fennel
5g sliced fresh basil leaves
60g shaved parmesan cheese
4 ea cepe (mushroom)
120ml pesto sauce
200g tomato concassé
120ml raw tomato sauce
5g chopped garlic
4 pc deep fried beet root
some salt & pepper
4 pc deep fried pumpkin

1. 호박, 가지, 회향, 표고버섯을 7mm 정도의 두께로 슬라이스하여 브로일러에 익힌다.
2. 접시에 토마토 쿨리와 페스토 소스를 그물 모양으로 뿌린다.
3. 토마토 콩카세에 소금, 후추, 마늘, 올리브유, 베질 슬라이스를 넣고 버무려 접시 중앙에 담는다. 그 위에 구운 야채와 파르메산 슬라이스를 색과 모양을 고려하여 얹어 놓는다.
4. 기름에서 튀겨낸 비츠와 노란 호박을 장식하여 제공한다.

Insalata capricciosa

참치, 올리브, 닭가슴살과 파마햄을 곁들인 샐러드

Lettuce, tuna, olives, chicken, Pama ham & cheeses salad

재료(1인분)

50g lettuce, 2 red pimento ring
10g green chicory, 2 onion ring
10g radichio, 2 each green & black olives
10g corn salad, 20g CN tuna fillet
2 cherry tomatoes, 2 slice Italian raw ham
2 green pimento ring, 5 slice parmesan cheese

Italian dressing (300ml)

100ml red wine vinegar, 300ml olive oil
some salt & pepper, 10g chive chopped
10g Italian parsley chopped
2 cloves garlic chopped, 20g onion chopped

1. 양상추, 치커리, 라디치오, 콘샐러드 등을 적당한 크기로 찢어 씻은 다음 물기를 빼고 샐러드볼에 담는다. 청홍피망과 양파를 링으로 만들어 담는다.
2. 반으로 자른 체리 토마토, 올리브, 참치, 파마햄, 파르메산 치즈 등을 담는다.
3. 이탈리안 드레싱을 30ml 정도 끼얹어 제공한다.

이탈리안 드레싱 만들기

1. 만들 드레싱의 총량에 적당한 양의 소금과 후추 그리고 포도 식초를 믹싱볼에 담고, 거품기로 저어 잘 섞어 준다. 올리브유를 조금씩 첨가하면서 잘 섞는다.
2. 차이브, 파슬리, 마늘, 양파는 각각 다져서 따로 보관했다가, 제공하기 바로 전에 섞는 게 좋다.

Mixed pickle

각종 야채로 만든 피클

재료

1.8kg sugar
20g oregano
2.5 lt vinegar
500g salt
140ml lemon juice
2kg broccoli
750ml wine
8kg cucumber, cut
10g dill seed
10 bayleaves
2kg carrots, cut
10 lt water
25g whole pepper
1 stick cinnamon
10 ea red chilli
20g basil, dried
10 cloves garlic
4kg turnips, cut

1. 오이, 당근, 무, 브로콜리를 제외한 모든 재료를 넣고 끓이다가 끓어오르면 야채를 넣는다.
2. 뚜껑을 덮어 하루쯤 지나 식으면, 일주일 이상 냉장 저장했다가 사용한다.

디저트

디저트(Dolci)의 개요

이태리 요리에서 후식으로 제공되는 것에는 각종 페이스트리(pastry), 커스터드 크림(Crema, cream and custard), 크레이프(crespelle, crèpes), 과일류(fruit fried in butter), 수플레(budini, souffle), 머링거(meringue, meringa) 등이 있다.

최근까지 이태리 식사는 이와 같은 디저트(dolce)로 끝내기보다는 과일(la frutta)을 선택한다. 과일은 과일 특유의 향이 풍부하고 맛이 절정에 달한 잘 익은 것을 골라 식사 후에 먹는다. 여름철에는 얼음물에 과일을 넣어 시원하게 냉각시킨 후에 제공하면 맛과 향을 더욱 만끽할 수 있다. 겨울철에 생산되는 시실리아의 붉은 오렌지(blood orange, arance sanguigne)는 전국적으로 소비된다.

요즘에는 다른 나라의 식문화 영향으로 예전에는 식사와 별도로 따로 먹거나 아니면 보통 점심에 차나 커피와 같이 먹었던 크로스타(crostata, jam tart), 땅콩케이크, 베이킹한 과일 타르트(fruit tart), 아이스크림과 커스터드 등과 같은 디저트류를 식사에 포함시키게 되었다. 물론 아이스크림과 그라니따(granita, 과일이나 커피 맛의 얼음)는 이태리에서 매일 먹고 있는 디저트이지만 반드시 제공되거나 먹어야 하는 것은 아니다.

다른 이태리 음식 조리사와 마찬가지로 이태리 디저트를 만드는 사람들은 좋은 재료들을 사용하여, 영감과 끊임없는 노력을 통하여 새로운 디저트를 개발하기 위해 국내는 물론이며 해외의 기술을 접목시켜 새로운 디저트를 지속적으로 만들어 가고 있다.

Zuppa inglese

이태리식의 포도주에 담근 커스터드 Italian triffle

왜 영국(inglese, English)이라고 말하는지는 알 수 없으나 아마도 영국식 카스텔라(casteller)를 사용하기 때문이 아닐까 생각한다. 마치 수프와 같고 또한 스푼으로 떠먹기 때문에 수프라고 할 것이다. 에밀리아-로마냐에서는 알체메스(alchemes)라 한다.

재료(6인분)

50g cornstarch
2 egg yolks
10ml cognac
350ml milk
12pc biscuits or sponge cake
500ml whipping cream
12 strawberry
50g raspberry or strawberry jam
1ea lemon for long zest
50g semi sweet chocolate
20ml rum
50g sugar
20ml sherry
some salt for seasoning
20ml vanilla essence

1. 넓은 유리 볼의 안쪽에 잼을 바른 다음 스펀지 케이크를 놓고, 럼, 셰리, 코냑을 붓는다.
2. 난황, 설탕, 콘스타치, 레몬제스트, 우유, 소금으로 묽은 크림 수프 정도의 농도로 끓여 만든다.
3. '2'를 '1'에 약간 붓고, 그 위에 딸기를 슬라이스하여 한 층을 깐다.
4. 휘핑 크림에 설탕과 바닐라를 넣어 잘 섞고, 딸기 위에 살짝 덮는다.
5. 곱게 대패로 깎아내린 초콜릿을 크림 위에 얹는다.
6. 딸기로 장식하여 냉장시켰다가 제공한다.

cf) 만드는 방법이나 재료는 다양하다. 즉 이태리 와인을 다량 사용하기도 하며, 커스터드 소스를 사용하기도 하고, 초콜릿을 뿌리는 대신에 소스를 만들어 속에 넣기도 한다. 또한 커스터드(스펀지 케이크)를 얇게 슬라이스하거나 큐브 또는 핑거로 썰어 넣기도 한다. 설탕과 꿀도 대체 관계에 있다.

Crespelle dolci con mele

달콤한 사과 크레이프 Sweet apple crepes

재료(20인분)

1.5kg apples
1 lemon zest
10g sugar powder
5g cinnamon powder
125g sugar
60g butter
1kg crepes (20 pcs)
60ml cognac

1. 사과 껍질을 깨끗하게 벗겨내고 씨를 제거한 다음 슬라이스하여 설탕과 계피가루를 잘 섞는다.
2. 소스 팬에 버터와 사과를 넣고 가열하여 10분 정도 익히고, 코냑을 넣어 완전히 익으면 식힌다.
3. 크레이프 20장을 준비한다(파스타편 참조).
4. 크레이프를 넓게 펴고 가장자리에 주스를 약간씩 바르고, 사과 졸인 것을 놓고 싸맨다.
5. 베이킹 트레이에 버터를 약간 바르고, 크레이프를 서로 닿지 않도록 놓는다.
6. 190℃의 오븐에 15분 정도 베이킹 한 후, 10분 정도 상온에 식힌 다음 제공한다.

Torta di riso alla Bolognese

볼로냐식 라이스 케이크 Bolognese rice cake

재료(8인분)

100g chopped almond
300g sugar
100g citron
3 lemon for strip peel
100g rice
40ml rum
10g salt
50g white bread crumbs
1 quart milk
5 eggs
20g butter

1. 우유, 소금, 레몬껍질, 설탕 등을 소스팬에 넣고 중불에 은근하게 가열한다.
2. 끓기 시작하면 쌀을 넣고 저으면서 불을 약하게 하고 2시간 정도 가열하여 식힌다.
3. 계란을 잘 휘저어 위의 '2'를 조금씩 넣으면서 잘 섞어 준다. 아몬드와 시트론을 함께 넣는다.
4. 팬에 버터를 바르고 빵가루를 뿌려 골고루 퍼지도록 흔들어 주고, 위의 혼합물을 부어 준다.
5. 180℃ 오븐에 한 시간 정도 베이킹한다.
6. 케이크를 오븐에서 꺼내자마자 포크로 여기저기 구멍을 내고 럼을 뿌려 스며들게 한다.
7. 미지근할 때 제공하며, 통째로 또는 적당한 모양과 크기로 썰어 조각을 내기도 한다.

Monte bianco

바닐라 향미와 초콜릿 맛의 밤 무스

Chestnut and chocolate

몽블랑(Mont Blanc)은 알프스의 최고봉으로, 이태리 북부의 롬바르디 지역에서 바로 보이는 희고 하얀 만년설을 보고 명명한 것으로, 초콜릿을 넣지 않기도 한다.

재료

150g sugar
500ml milk
170g chocolate, melted
5ml vanilla essence
30ml cognac
60g chopped toasted almond
500g fresh chestnut
60g sugar powder
500g fresh cream
some salt & pepper

1. 생크림은 휘핑을 하고, 밤은 물에 30분 정도 삶아 껍질을 벗겨낸다.
2. 밤을 다시 소스팬에 담고, 물, 소금, 설탕, 바닐라 등을 넣고 중불에 은근하게 20분 정도 가열하다가 밤은 건져내고 우유를 졸인다.
3. 밤을 으깨고, 버터, 초콜릿, 코냑, 졸인 우유(60ml)를 넣고 잘 섞어 식힌다.
4. 푸드 밀(food mill)에 넣고 서빙 접시에 제공할 만큼 짜거나 페이스트리 백에 넣어 모양을 내어 짠다.
5. 슈거 파우더를 뿌려 주고, 휘핑 크림과 아몬드로 장식하여 제공한다.

Mela fritto

사과 튀김 Fried apples

재료(6인분)

3 apples
150g flour
60g sugar
some oil for fry
40ml rum
10g sugar powder
1 lemon for zest
150ml water

1. 사과의 껍질을 벗겨내고 4등분하여 속을 제거한 다음, 1cm 정도의 두께로 웨이지한다.
2. 설탕, 럼, 레몬 제스트, 사과를 볼에 넣고 잘 섞어 마리네이팅하고, 밀가루와 물로 반죽 옷을 만든다.
3. 튀김용 기름을 170℃ 정도로 가열하여, 사과에 튀김옷을 입혀 골고루 황금색이 나도록 튀긴다.
4. 건져서 기름이 빠지면 접시에 담고 분당을 뿌려 제공한다.

Pizza dolce pasquale

부활절 치즈 쿠키 Sweet easter pizza

부활절에 즐겨 먹는 전통적인 스위트로, 쿠키같은 크러스트 속에 든 치즈 케이크의 일종이다.

재료(8인분)

1200g ricotta cheese
20ml grand marnier
120g soft butter
3 eggs
170g flour
60g raisins
80ml fresh cream
180g sugar
some salt
1 orange for zest
some any canned fruit for garnishes

1. 버터와 설탕을 믹서에 휘핑하여 크림으로 만들면서, 달걀(1개)과 밀가루를 넣는다.
2. 도우를 상온에 5시간 정도 발효 숙성시킨다.
3. 도우를 20cm 크기로 밀어 타르트(tart) 팬에 놓는다.
4. 건포도를 그랜드 마니아에 담가 둔다.
5. 리코타 치즈와 달걀(2개)을 잘 섞고, 설탕, 소금, 오렌지 제스트, 생크림, 건포도와 담근 물 등을 잘 섞는다.
6. 준비된 도우 위에 스터핑하고, 191℃ 오븐에서 1시간 10분 정도 베이킹하여 꺼내 식힌다.
7. 통조림의 과일로 장식하여 절각한 다음 제공한다.

Pisciotta

올리브유로 만든 케이크 Olive oil cake

재료(8인분)

2 eggs
50ml milk
150g sugar
110ml olive oil
1 lemon for zest
15g baking powder
some salt
400g flour
50ml dry Marsala wine

1. 달걀과 설탕을 잘 저어 거품을 낸 후, 소금, 레몬 제스트, 마살라 와인, 우유, 올리브유를 넣고 잘 섞는다.
2. 베이킹 파우더와 밀가루를 함께 섞어 체로 친 다음 '1'과 섞어 반죽을 만든다.
3. 케이크 팬에 올리브유를 바르고 반죽을 부은 다음, 200~210℃ 오븐에서 50분 정도 베이킹한다.
4. 베이킹이 충분하게 되면 오븐에서 꺼내어, 약간 식으면 팬에서 꺼내어 식힌다.

Pere ripiene con crema pasticciera

커스터드 소스와 삶은 배

Stuffed poached pear with custard sauce

재료(4인분)

2 pear
1/2 fresh lemon for juice
120ml dry sherry
5g fresh ginger
15g honey

stuffing

8pc macaroon cooki, crushed
20g chopped raisin
3g ground cinnamon

custard sauce

100g sugar
1 egg yolk
20g cornstarch
250g milk
some salt
1 lemon for zest

1. 배는 껍질을 벗겨내고 길게 4등분하여 속을 제거하고, 스팀에 살짝 찐 다음, 레몬주스를 뿌린다.
2. 소스팬에 넣고 가열하면서, 한 컵 정도의 물, 셰리 와인, 생강, 꿀을 넣고 뚜껑을 덮어 가열한다.
3. 5분 후에 불에서 내리고, 그릇을 옮겨 국물과 함께 식힌다.
4. 커스터드 소스를 만들기 위하여, 소스팬에 설탕과 난황을 넣고 잘 젓는다.
5. 나무주걱으로 잘 저으면서 콘스타치와 우유(40ml)를 조금씩 넣는다.
6. 중불에 가열하면서, 잘 저어 주고 나머지 우유와 소금, 레몬 제스트를 넣는다.
7. 소스의 농도가 코팅하기에 적합할 정도로 되면 불에서 내리고 식힌다.
8. 쿠키, 건포도, 계피가루와 배 국물 약간을 넣어 스터핑을 만들어 조리된 배에 채운다.
9. 아직 따뜻한 스터핑한 배와 커스터드를 접시에 예쁘게 담고 계피 가루를 뿌려 따뜻하게 제공한다.

Crema pasticciera

이태리식 달콤한 크림 소스

Italian custard cream

zuppa inglese에 첨가되는 것과 같은 커스터드 크림 소스로 이태리 디저트에 흔히 사용한다. 만드는 과정에서 가열방법과 정도가 매우 중요하기 때문에 일정한 온도를 유지하기에 용이한 이중 물탕을 사용하기도 한다. 하루나 이틀 전에 미리 만들었다가 사용하는 것이 좋다.

재료(약 600ml 분량)

4 egg yolks
500ml milk
180g sugar
1/2 lemon for zest of peel

1. 두꺼운 소스팬을 사용하거나 아니면 스테인리스 볼을 이중 물탕에 얹어 따뜻하게 유지하면서 달걀과 설탕을 넣고 엷은 노란색 크림형태가 될 때까지 잘 저어 준다. 불은 꺼야 하지만 열기는 있어야 한다.
2. 밀가루를 조금씩 첨가하면서 잘 저어 준다.
3. 우유를 데워 조금씩 첨가하면서 잘 저어 준다. 특히 덩어리가 생기지 않도록 주의한다.
4. 5분 정도 따뜻하게 가열하면서 약한 불에 다시 데워 주고, 레몬 제스트를 넣는다.
5. 얼음물에 식혀 냉장 저장하거나 사용한다.

Mousse di coccolato all'Italiana

이태리식 초콜릿 무스

Italian chocolate mouss

재료(6인분)

170g semisweet chocolate, chopped
180ml strong express coffee
4 eggs
40ml rum
50g sugar
160ml whipping cream

1. 믹싱볼을 이중 물탕에 놓고 초콜릿을 넣어 녹인다.

2. 다른 볼에 난황과 설탕을 넣고 연노랑의 크림이 될 때까지 거품기로 잘 지어 준 다음, 녹인 초콜릿과 커피, 럼을 넣고 주걱으로 잘 저어 준다.

3. 난백은 거품을 내어 휘핑크림과 함께 위의 '2'에 넣어 잘 섞는다.

4. 일인분 크기의 일정한 몰드에 넣어 2~3일 정도 냉장고에서 냉각시킨 다음 조심스럽게 꺼내어 접시에 담아 제공하거나 다른 용도로 사용한다.

cf) 하루 이내에 사용하면 충분하게 모형이 이루어지지 않아 형체가 흐트러지기 쉽다.

Crema di caffè e ricotta

리꼬따 치즈와 커피로 만든 크림

Ricotta and coffee cream

재료(6인분)

700g fresh ricotta cheese
100ml rum
160g sugar
180ml strong espresso coffee

1. 리꼬따 치즈, 설탕, 럼, 커피를 푸드 프로세서에 넣고 크림 형태로 곱게 간다.

2. 6개의 디저트용 컵에 담아 하룻밤 정도 냉장고에 둔다.

3. 휘핑크림이나 다른 것으로 장식하여 차게 제공한다.

Frittelle di ricotta

리꼬따 치즈 튀김 Ricotta cheese fry

재료(8인분)

450g fresh ricotta cheese
2 lemon peel zest
4 eggs
some salt
240g flour
1lt salad oil
60g soft butter
100ml honey

1. 리꼬따 치즈를 잘게 부수고, 달걀을 넣어 잘 섞는다.

2. 밀가루를 조금씩 넣으면서 잘 섞은 후에, 버터, 레몬 제스트, 소금 약간을 넣어 잘 섞어 2시간 정도 그대로 둔다.

3. 한 수저 크기로 떼어 둥글게 또는 납작하게 아니면 길쭉하게 모양을 내어, 180℃의 식용유에 짧은 시간 동안에 갈색으로 튀겨낸다.

4. 서빙용 디저트 접시에 담아 꿀을 뿌려 제공한다. 따뜻하게 또는 상온으로 먹는다.

Budino di wva

포도로 만든 이태리식 푸딩

Chilled black grape pudding

재료(4인분)

450g fresh black grapes

40g sugar

40g flour

120ml whipping cream

1. 포도송이에서 포도를 따서 깨끗하게 씻어 껍질과 씨를 제거하고 블렌더에 곱게 간다.
2. 한 컵 정도의 포도 퓌레에 밀가루를 섞는다.
3. 남은 포도 퓌레에 설탕을 넣고 중불에 은근하게 가열하면서, 밀가루 섞은 퓌레를 저으면서 조금씩 넣어 5분 정도 시머링한다.
4. 내용물을 소스팬에서 볼에 옮겨 충분하게 식으면, 3시간 정도 냉장시킨 후에, 냉장고에서 꺼내어 휘핑크림을 거품기로 잘 섞어 준다.
5. 냉각된 서빙용 푸딩 글라스에 나누어 담아 장식한 후에 제공한다.

Macedonia

이태리식 과일 칵테일

Macerated mixed fresh fruit

재료(10인분)

100g sugar

2ea pears

100ml Maraschino liqueur

400ml freshl orange juice

1 lemon peel grated

40ml fresh lemon juice

2ea apples

600g any other fruits

2ea bananas

1. 믹싱볼에 설탕, 레몬주스, 오렌지주스, 마라스끼노 리큐어를 넣고 잘 섞는다.
2. 과일을 잘 씻어 껍질, 속, 씨를 제거하고 다이스 크기로 썬다. 단지 껍질의 맛과 향을 즐기려면 선별적으로 껍질째 넣을 수 있다(사과, 배, 딸기, 라스베리, 포도, 바나나, 오렌지, 밀감, 체리, 살구, 자두, 복숭아, 망고, 멜론, 수박 등).
3. 딸기나 수박처럼 연한 과일은 나중에 넣어야 한다.
4. 위의 '1'에 '2'를 넣어 두세 시간 정도 마리네이팅한 후에 제공하기 바로 전에 잘 섞어 서빙 용기에 담아 제공한다.
5. 휘핑크림이나 민트 또는 다른 과일로 장식하여 제공하기도 한다.

Frullati

과일로 만든 이태리식 쉐이크 Fresh fruit whips

재료(2인분)

1 banana or peach or strawberry

50g crushed ice

150ml fresh milk

30ml maraschino liqueur

30g sugar

1. 선택된 과일을 깨끗하게 손질하고 껍질과 씨를 제거하고 잘게 썬다.
2. 준비된 과일과 우유, 설탕, 얼음, 마라스끼노 리큐어 등을 블렌더에 넣어 곱게 간다.
3. 냉각된 글라스에 담아 즉시 제공한다.

Tiramisù

초콜릿과 마스카포네 치즈로 만든 이탈리안 티라미슈 Italian cheese cake tiramisù

재료

300ml espresso coffee
250g whipping cream
4ea egg yolks
30pc lady finger
150g sugar
10ml Kalua or Tai Maria coffee
10ml Marsala or Port wine
50g sponge cake
250g mascarpone cheese
100g cocoa powder

1. 치즈, 와인, 커피, 스펀지 케이크로 티라미슈를 만든다.
2. 난황, 설탕, 마르살라 와인을 섞어 휘핑하여 마스카포네 치즈를 넣고 사바용 소스를 만든다.
3. 소스에 이태리식 티라미슈를 놓고 레이디핑거 비스킷을 모양대로 만든다.
4. 위에 코코아 파우더를 뿌리고 냉동한 다음 서빙하기 2~3시간 전에 냉장고에 보관했다가 제공한다.

Formaggi misti all'italiana

이탈리안 치즈 모듬 *Assortment of Italian Cheese*

신라호텔 이탈리안 레스토랑 서상호 조리장 추천요리

02) 2230-3408

재료(1인분)

40g parmesan cheese
50g pear
20g pecorino cheese
30g grapes
40g gorgonzolla cheese
20g walnut
25g mixed salad
20g tallegio
20g honey

모든 재료를 시각적 효과를 고려하여 예쁘게 접시에 담아 제공한다. 주로 디저트용으로 먹는다.

Gelati misti

삼색 아이스크림 *Three kinds of ice cream*

재료

3000ml milk
1ea vanilla bean
1500ml fresh cream
500g strawberry
36 egg yolks
300g musk melon segment
1000g sugar
30ml melon essence

1. 난황과 설탕을 거품기로 잘 섞는다. 끓여 식힌 우유와 생크림을 섞는다.

2. 중불에 올려 서서히 가열하면서 80℃가 될 때까지 저어 준다.

3. 완전히 냉각시킨 후에 아이스크림 기계에 넣어 8분 정도 돌리면 아이스크림이 된다.

4. 원하는 향이나 재료를 골라 사용할 수 있다. 즉 바닐라 빈이나 에센스, 멜론향이나 멜론 또는 딸기 등을 선택하여 첨가할 수 있다.

Panna cotta

달콤한 크림과 초콜릿 바닐라 소스

Double boiled cream with berry, chocolate and vanilla sauce

힐튼호텔 이탈리안 레스토랑 일-폰테 (IL PONTE)

강원철 조리장 추천요리 02) 317-3217

재료

1200ml fresh cream
2ea vanilla bean stick or essence
300l milk
10 leaves gelatine
250g sugar
30g assortment berries
1 stalk fresh mint leaf
10ml chocolate sauce
10ml vanilla sauce

1. 우유, 생크림, 설탕을 넣고 끓이면서 바닐라 빈을 3조각 내어 넣고 끓으면 불에서 내린다.

2. 젤라틴을 찬물에 담갔다가 물기를 짜서 넣고 잘 섞이도록 저어 준다.

3. 일정한 모양의 컵이나 몰드에 부어 식힌다.

4. 굳어지면 꺼내어 접시에 담고, 바닐라 소스와 라스베리 소스, 그리고 각종 딸기와 민트를 곁들여 디저트로 제공한다.

Zeppole di san giuseppe

나폴리식 튀김 슈

Napoli style deep fried profiterolls

로튼다 이탈리안 레스토랑 김경석 조리장 추천요리

02) 792-4123~4

재료(8인분)

garnishing

50ml whipping cream

15g sugar

6ea sour cherry

10g sugar powder

6 sprig fresh mint leaves

custard cream

250ml milk

5ml vanilla essence

3ea egg yolks

65g sugar

25g soft flour

50~100ml fresh cream

profiterols

175g soft flour

a little baking powder

5g salt

5 eggs

250ml water

15ml Italian liquer sambuca

25g butter

5ml vanilla essence

1. 물, 버터, 소금을 섞어 끓이면서 밀가루를 잘 저어 섞는다. 끓으면 불에서 내려 식힌다.

2. 식으면 베이킹 파우더를 넣고, 달걀은 하나씩 농도를 보아가면서 넣고 잘 젓는다.

3. 팬케이크 반죽 정도의 농도가 적합하며, 계란을 너무 많이 넣으면, 농도가 묽어진다.

4. 삼부카와 바닐라 에센스를 넣고 잘 섞는다. 페이스트리 백에 넣어 기름종이에 모양을 내어 짠다.

5. 160℃ 정도의 기름에 유지와 함께 넣어 튀긴다. 색이 골고루 잘 나고 터져서 속이 비도록 내부까지 잘 튀겨내 식힌다.

6. 우유, 바닐라 에센스, 설탕(25g)을 넣고 끓인다. 난황과 설탕(40g)을 흰색 포말이 올라오도록 거품기로 잘 섞고, 밀가루를 체쳐서 섞고, 끓인 우유를 걸러서 섞는다.

7. 타지 않도록 서서히 가열하면서 나무주걱을 들어올렸을 때 뚝뚝 떨어지면 걸쭉한 커스터드 크림 소스가 된 것이다. 식혀서 생크림을 넣고 저어 부드럽게 만든다.

8. 슈를 1/2높이로 잘라 커스터드 소스를 스터핑한다. 휘핑 크림에 설탕을 섞어 토핑하고, 체리를 4등분하여 올린다. 접시에 3~4개 담는다. 민트로 장식하고 분당을 뿌려 제공한다.

Mousse di cioccolato e lamdoni all'arancia

초콜릿과 산딸기 무스

Chocolate & raspberry mousse with orange sauce

호텔 스위스 그랜드 이탈리안 레스토랑 그랜드 그릴 민계홍 조리장 추천요리 02)2287-8368

재료(약 600ml 분량)

200g fresh strawberry

chocolate caramel cream

80g sugar

80g fresh cream

80g egg yolks

350g whipping cream

170g dark chocolate

cream burlee

160ml milk

400ml fresh cream

1pc vanilla stick

80g sugar

12g gelatine sheet

orange sauce

100ml fresh orange sauce

40g sugar

10g cornstarch

10ml water

10ml grand marnier

20g orange zest

1. 설탕에 약간의 물을 넣고 캐러멜을 만든다. 크림을 끓여 넣고 난황, 초콜릿을 넣고 완전히 식으면 휘핑크림을 섞어 초콜릿 캐러멜 크림을 완성한다.
2. 난황과 설탕(40g)에 우유, 설탕(40g), 생크림, 바닐라 스틱을 넣고 끓인 물을 조금씩 부으면서 잘 젓는다. 물에 불린 젤라틴을 넣어 부르리 크림을 완성한다.
3. 오렌지 주스에 설탕을 넣고 끓으면 전분과 물을 섞어 잘 저으면서 끓인다. 농도를 조절한 후에 오렌지 껍질과 그랜드 마르니르를 넣고 오렌지 소스를 완성한다.
4. 초콜릿 캐러멜 크림을 몰드에 넣고 냉장고에 넣어 굳으면, 그 위에 산딸기와 부르리 크림을 부어 다시 냉장고에서 굳힌다. 앞의 과정을 반복하고 맨 위에 초콜릿 캐러멜 크림을 토핑하여 무스를 마무리 한다.
5. 접시에 무스를 놓고 소스를 뿌려 완성하여 제공한다.

Semifreddo alla vaniglia con composta di fragole al vino dolce

포도주와 딸기 그리고 바닐라 향의 세미프레도

Vanilla parfait with strawberry and sweet wine sauce

빌 이탈리안 레스토랑 김중서 조리장 추천요리

02) 3217-1090 신라호텔의 파견근무

재료(약 40개 분량)

2500ml fresh cream for whipping
10ml vanilla sauce

30ea egg yolks
100ml sweet white wine
600g sugar
200g strawberry for side garnish
50g gelatine leaf
10ml balsamic vinegar
20ml vanilla essence
200ml fresh cream for side garnish
600g sponge cake
10ml vanilla essence
10ml chocolate sauce
20g sugar powder
10ml raspberry sauce
40 mint leaf

1. 생크림을 거품(whipping) 내어 냉장고에 보관한다.
2. 설탕(250g)과 난황(30개)을 반죽기에 넣고 3단에서 흰 거품이 올라올 때까지 친다.
3. 설탕(350g)을 물(350ml)에 넣고 끓여 녹인다. 여기에 바닐라 에센스와 물에 불린 젤라틴을 넣고 녹으면 저어 준다. 위의 '2'를 반죽기에 저속으로 저으면서 '3'을 조금씩 부어 준다.
4. 반죽기에서 꺼내 휘핑크림과 천천히 골고루 잘 섞는다.
5. 약 10cm, 높이 5cm의 원통형 몰드(mould) 바닥에 스펀지 케이크를 얇게 썰어 깔고 두꺼운 비닐 포장지를 몰드 안쪽 테두리에 대고 위의 내용물을 채워 냉동보관한다.
6. 접시에 초콜릿 시럽이나 소스, 라스베리 소스, 바닐라 소스 등을 모양을 내어 끼얹는다.
7. 가운데 냉동된 세미프레도를 놓고, 딸기, 민트, 캐러멜 데커레이션이나 에그롤을 튀겨 장식하고, 분당(sugar powder)을 뿌린 후 제공한다.

Cenci

투스칸풍의 튀김과자

Tuscany style deepfry cookie

로튼다 이탈리안 레스토랑 김경석 조리장 추천요리

02) 792-4123~4

로마(Roma)에서는 프라뻬(frappe)라 하고
토스카나(Toscana)에서는 첸치(cenci)라고 한다.

재료

400g hard flour
1 lemon zest
3ea eggs
30ml rum
50g soft butter
5g salt
45g sugar
1000ml oil for deep fry
10g sugar powder

1. 계란, 설탕, 버터, 밀가루, 레몬 제스트, 럼, 소금을 섞어 손으로 반죽하여 도우를 만든다.

2. 유니랩으로 덮어 실온에서 발효시켜 1~2mm 두께로 민다.

3. 원형삼각형, 사각형으로 절각하여 160℃ 기름에 튀긴다.

4. 뒤집고 골고루 색이 나도록 튀겨내서 종이 타월 위에서 기름을 뺀다.

5. 기름이 빠지면 접시에 담아 분당을 뿌려 제공한다.

Castagnole

이태리식 둥근 매작과(카스타놀) Italian cookie

로튼다 이탈리안 레스토랑 김경석 조리장 추천요리

02) 792-4123~4

재료

600g soft flour
1.5 lemon zest
150g sugar
5g salt
90ml olive oil
5ml vanilla essence
4ea eggs
16g baking powder
11ml orange liquer (grand marnire)

1. 달걀, 설탕, 버터, 밀가루, 레몬 제스트, 오렌지 리큐어르, 바닐라 에센스, 소금, 베이킹 파우더, 올 리브유를 섞어 손으로 도우를 만든다.

2. 유니랩으로 덮어 실온에서 발효시켜 ∮20~25mm, 두께 1~2mm로 민다.

3. 원형으로 절각하여 160℃ 기름에 튀긴다.

4. 뒤집고 골고루 색이 나도록 튀겨 종이 타월에서 기름을 뺀다.

5. 기름이 빠지면 접시에 담아 분당을 뿌려 제공한다.

부록

식재료

agnolotti Piemonte의 가장 대표적인 스터프드 프레쉬 파스타(stuffed fresh pasta)이다. 이와 비슷한 개량품들을 북부 지역에서 찾아볼 수 있다. 크기는 엄지 손톱 정도의 것에서부터 우표 크기나 작은 손수건 정도의 크기에 이르기까지 다양하다. 다른 필드 파스타(filled pasta, pasta ripiena)로는 크기, 형태, 필링(filling)과 기원(place of origin)에 따라 tortelli, tortellini, ravioli, agnolini, anvein, marubini, casonsei와 cappelletti와 같이 다양한 것들이 알려져 있다. 로마의 전통 식품인 fettuccine는 tagliatelle보다 다소 넓은 편이다. lasagne는 물에 삶아 건져내어 여러 소스로 층을 만들어 먹는 정방형 파스타이다. tagliatelle는 0.5cm의 폭으로 자른 긴 실(strand)과 같은 프레시 파스타로, Emilia–Romagna의 전통 식품이다. tagliolini는 파스타 기계의 크기가 아주 고운 커터(finest cutters)를 통하여 프레시 도우(fresh dough)를 자른 아주 가는 긴 실과 같은 프레시 파스타이다.

agrodolce 새콤달콤(sour and sweet)을 의미하는 것으로 이태리 일부 지역에서 인기 있는 소스다.

al dente 쫄깃쫄깃할 정도로 삶는 것을 말하며, 유통되고 있는 드라이 파스타를 알덴테로 조리하기 위해서는 패키지에 나와 있는 조리시간에 맞추어 삶아야 한다. 브랜드와 형태에 따라 조리시간이 다를 수도 있다.

almond oil, olio di mandorle
아몬드로부터 추출된 방향성 오일로 이태리, 프랑스, 스페인과 포르투갈에서 이용된다. 남부유럽의 식품전문점이나 건강식품점에서 구입할 수 있는 아몬드유는 맛이 부드럽다. 섬세한 맛을 보존하기 위해서는 냉장보관하는 것이 좋다.

almonds, mandorle
비스킷(biscotti)과 페이스트리(pastry)에서 이용된다. 이태리에서 만돌레(mandorle)라고 불리는 아몬드는 부드럽고 달콤한 맛을 지니고 있으며 영양가도 높다. 끓는 물에 담가 2분 동안 데친 후 아몬드를 꺼내 물기를 빼고 식혀 두었다가 손가락으로 문질러 껍질을 벗겨낸다.

all'onda 조리된 리조토(risotto)의 농도와 같은 농도, 즉 볼에 액체가 흐를 정도의 농도를 말한다.

amaretti 버터 아몬드(butter almond)로 만들어진 바삭바삭한 마카룬쿠키(macaroon cooky)로 장기 저장이 가능하다.

anchovy, acciuga 보통 통조림으로 오일과 함께 들어 있는 앤초비는 이미 필렛된 상태이며, 소금에 절여 놓은 것들은 소금을 털어내고 가시를 빼내어 이용하기 전에 살짝 씻어 주어야 한다.

antipasto 식사하기 전(before the meal)이라는 의미의 전채요리라는 뜻이다. 과거에는 전형적으로 조그마한 야채 애피타이저(날 것의 상태나 오일

또는 식초와 함께 들어 있는 것들), 가공육류(살라미, mortadella, 또는 햄), 또는 파스타, 리조토나 해산물 샐러드 요리로 수프가 제공되기 전에 제공되었다. 지금 소량의 육류중심으로 제공되고 있지만 치즈 타트(cheese tart), 세이버리 파이(savory pie), 익힌 야채, 가늘게 슬라이스한 거위나 오리 가슴살 등이 제공된다.

arborio rice, riso arborio 리조토편 참조

artichoke, carciofi 지중해안에 자생하는 엉겅퀴의 일종으로, 꽃봉오리가 피기 이전에 수확하여 식용으로 이용한다. 꽃은 두껍고 단단하며 부드러운 속을 덮고 있는 잎 윗 부분에는 가시가 돋혀 있고, 크기는 13cm 정도의 크기에 30~60g 정도이다. 대부분의 이태리산 아티초크는 잎 끝의 색깔이 자주색을 띠고 있다. 자줏빛의 아티초크(carciofi)는 지중해 연안에서 자생하며, 이태리의 고급 야채 요리에 이용한다. 어리고 부드러운 아티초크도 먹을 수 있고 종종 슬라이스하여 샐러드에서 날 것의 상태로 제공된다. 로마에서 이들은 기름에 튀기거나 소스에 졸인 민트와 함께 제공된다. 이 이외의 지역에서, 아티초크는 삶아서 마요네즈와 함께 제공되거나, 스터프드(stuffed)하거나, 베이크드(baked) 하거나, 파스타 소스나 리조토에 첨가하기도 한다.

arugula, rucola 로켓 샐러드(rocket salad)로 알려져 있는 아루굴라는 얇고 긴 녹색잎으로, 루콜라(rucola)라고도 하며, 안티파스타, 샐러드, 소스에 날 것의 상태로 이용된다. 야생 루콜라(rucola selvatica)는 이보다 강한 맛을 지니고 있다.

asiago 베네토(Veneto)의 비첸자(Vicenza)지역에서 생산하는 우유로 만든 비숙성 크림 치즈로, 디저트를 만드는 데 이용된다. 숙성되었을 때에는 딱딱하게 되어 파르메산 치즈처럼 먹는다.

baccalà 소금에 저린 대구

balsamic vinegar'aceto balsamico Emilia–Romagna의 Modena and Reggio Emilia에서 만드는 식초의 일종이다. API MO라벨은 모데나(Modena) 지방에서, APIRE 라벨은 레지오 에밀리아(Reggio-Emilia) 지역에서 생산된 전통적인 기법으로 만든 발사미코 식초에만 부착할 수 있다. 전통적인 발사믹 비네거 제조방법은 100년 동안 바뀌지 않고 있다. Trebbiano산 포도를 건조시켜 단맛을 농축시킨 후 압착하여 주스를 추출하고, 주스 속의 설탕을 캐러멜화시키키기 위하여 조린다. 그 다음 1년 동안 오크통에 넣어 숙성시킨 후에 밤나무나 앵두나무 또는 뽕나무로 만들어진 작은 통으로 옮겨 숙성시킨다. 통의 재질은 서로 다른 독특한 맛을 내기 위하여 이용된다. 식초는 12년 정도 장기간에 걸쳐 잘 숙성되면 강렬하고 농축된 맛을 내기 때문에 요리에 조금만 사용하더라도 향미를 충분히 낼 수 있다. 발사믹 비네거는 샐러드에 첨가되는 전통적인 식초로 요리라기 보다는 하나의 재료로 생각해야 한다. 소테한 치킨, 육류나 여러 다른 음식들에 강한 맛을 내기 위하여 조리할 때 이용될 수 있다. 전통적인 방법에 의하여

숙성된 발사믹보다 가격이 저렴한 Modena나 Reggio Emilia에서 생산되는 상업용 발사믹 비네거(commercial balsamic vinegar)를 대용할 수 있으며, 전통적인 발사믹 비네거(traditional balsamic vinegar)가 더 감미롭지만 다소 강한 신맛을 지닌다.

basil, basilico 바실리코라고 하는 리구리아(Liguria)의 허브다. 페스토(pesto)를 만들며, 향기롭고 감미로운 잎을 주로 사용한다.

bay leaves, lauro 월계수 나무의 잎으로 프레시로 이용하기도 하지만 말려서 이용된다. 캘리포니아 산보다 지중해연안 주변에서 생산되는 것이 더 부드럽고 향이 좋다. 음식을 제공하기 전에 요리에 첨가한 월계수잎을 제거해 주어야 한다.

beans, fagioli, diselli 대부분의 이태리 요리의 기초로 이용된다. 까넬리니(Cannellini)는 투스칸 화이트빈스(tuscan white bean)이다. 껍질이 얇은 완두콩 모양으로 늦여름에 가장 맛이 좋다. 화이트 키드니 빈스(white kidney beans), 그레이트 노던 빈스(great northern beans : 다소 작고 둥근 형태) 또는 화이트 하리코트 빈스(white haricot beans : 다소 크고 둥근 형태)가 대체 식품으로 이용될 수 있다. 크란베리 빈스(cranberry beans)로 알려져 있는 볼로티 빈스(borlotti beans)는 옅은 베이지 색의 구형 빈스로 말려서 늦여름에 먹는다. 영국에서 파바 빈스(fava beans 나 broad beans)로 알려져 있는 도두(잠두)콩(fave)은 10~30cm의 길이로, 여름을 알리는 5월의 첫날 먹는 관습이 있다. 아주 어린 파바는 껍질째 먹기도 한다. 빈스는 말린 상태의 것들도 구할 수 있다. 칙피스(chick-peas)나 가르반조 빈스(garbanzo beans)로 알려져 있는 Ceci는 둥글고 베이지 색이며, 부드럽고 산뜻한 맛이 난다. 중부지역 특히 Toscana와 Umbria에서 이용된다.

beets, barbabietolg 삶거나 굽는 등 오랫동안 조리해야 하는 야채로 상업적으로 조리되어 캔에 담거나 진공 팩에 담아 판매된다. 야채요리나 샐러드로 제공되거나, 파스타의 스터핑(stuffing) 재료로 이용될 수 있다.

belgian endive(chicory/witloof), indivia belga(cicoria, scarda) 치커리의 일종으로 radicchio의 사촌쯤 된다. 다소 쓴맛을 가지고 있고 창살형태를 하고 있는 엽채류의 일종이다. 이태리 전통음식에서는 흔히 이용되었던 것은 아니고 유럽에서 건너와 사용되고 있는 것으로 보고 있다.

biscotti 비스킷(biscuit), 쿠키(cooky)나 크래커(cracker)이며 짜거나 달거나 드라이한 맛을 지니고 있다. 짠맛이 나는 것은 치즈, 허브나 소금을 첨가한 것이고, 야채나 알코올 음료와 함께 제공된다. 달콤한 것은 초콜릿, 너츠(nuts)나 과일과 함께 만들어지며, 아이스크림, 커피, 티와 함께 제공된다.

blood oranges, arance rosse 속은 빨간색이고, 라스베리(raspberry) 맛을 지닌 달콤하면서도 새콤한 주스를 함유하고 있는 오렌지의 일종이다. 시실리(Sicily)의 북부 해안에서 자라는 이것은 타로끼(tarocchi)나

샹귀니(sanguigni)라 불리며 이태리 전역에서 주스 형태로 먹으며, 소스를 만드는 데 이용되기도 한다.

borlotti 빈스(beans)

bread crumbs, pane grattato 오븐에서 빵을 구워 거친 모래알과 같이 프로세서(processor)에 갈아 만든 일종의 빵가루이다. 이태리 이름은 빤그라따토(pangrattato)로 빵가루를 만들기 위하여 빵을 창살에 곱게 가는 데서 유래되었다.

broccoli rabe 이태리에서 rapini, rape와 cima di rape로 알려져 있는 것이며, 많이 이용되지 않는 무과 채소로, 영어로 터닙 탑스(turnip tops)라고 한다. 짙은 녹색의 잎과 작은 꽃들이 덮고 있는 줄기가 있으며 단단하다. 프리아리엘리(friarielli)라는 것은 이태리 남부지역에서 생산된다.

brodo 브로스(broth)나 스톡(stock)이라는 의미다. 이태리 요리의 라이트 스톡(light stock)은 큰 조각의 쇠고기나 닭고기의 살코기를 1시간 동안, 다시 당근, 양파, 샐러리, 호박, 파슬리, 월계수 잎, 약간의 소금과 후추, 그리고 물과 함께 포트에 넣어 1시간 동안 서서히 끓여 만든다. 프랑스식과는 달리 로스트한 뼈가 첨가되지 않는다. 스톡은 라이트하고 기름기가 없고 신선한 맛을 지니고 있다. 백리향(thyme)과 베질같은 허브가 첨가될 수 있다.

bruschetta 뜨거운 석탄불(coal)에 구워 슬라이스한 전통적인 컨트리 브레드(country bread)로, 엑스트라 버진(extra-virgin) 올리브유로 부드럽게 드레싱한다. 이것은 일반적으로 안티파스토로 제공된다.

bucatini 드라이드 파스타(dried pasta)의 일종

butter, burro 이태리에서 사용하는 버터는 대체로 무염 버터이다.

cabbages, cavoli 크고 둥글며 속이 단단한 야채로 녹색, 빨간색, 하얀색 등이 있다. 빨간색의 캐비지는 cavolo nero(black cabbage)라 불리며, 길고 검은 색의 잎으로, Toscana에서 많이 생산된다. cavolo cappuccio(레드 캐비지의 또 다른 이름임)는 특히 Trentino-Alto Adige에서 인기 있다. 이 이름은 잎의 형태 때문에 두건을 쓴 양배추(hooded cabbage)라 한다.

caciocavallo 서부 이태리에서 생산되는 단단한 하얀색의 우유 치즈이다. 오랫동안 저장 숙성시킨 강한 맛과 얇은 외피를 가진 치즈이다.

calamari 오징어나 꼴뚜기(squid)를 이르는 말이다. 특히 작은 꼴뚜기는 작은 것으로 calamaretti라고 하고 오징어(cuttlefish)는 큰 것으로 seppie라 한다.

cannellini 빈스(beans) 참조

capers, capperi 지중해 연안에서 자생하는 것으로 발화하지 않은 꽃봉오리를 채취하여 단지 속에 넣어 식초에 절이거나 나무 박스에 가염하여 저장한다. 봉오리의 크기는 콩(pea)의 크기로 아주 조그맣다. 가염한 것은 이용하기 전에 찬물에 가볍게 씻어서 사용하여야 한다.

cardoon 중부 이태리와 Piemonte에서 인기 있는 야채로 아티초크의 일종이며 다 자란 샐러리같이 보인다. 하얀 줄기로

만들기 위하여 자랄 때 종이로 싸 준 카둔(cardi)은 부드럽다. 녹색의 카둔은 단단하고 맛이 떨어진다.

carpaccio 일종의 육회 또는 생선회로 종이 두께로 얇게 저민 날 것으로 올리브유와 레몬주스를 뿌려 준다. 파르메산 치즈, 레몬 제스트(lemon zest)나 파슬리 등 여러 조미료들이 첨가될 수 있다. 베니스의 Harry's Bar 주인들에 의하여 유명한 베네치아 화가의 이름을 따서 붙여진 것이나, 요리의 실제 기원은 Piedmonte이다. 이 용어는 현재 유사한 재료들로 곁들여진 날 것의 상태인 생선이나 야채로 만들어진 음식에 사용되고 있다.

casseruola 옆이 긴 형태의 소스팬이다 이태리인들은 팬의 바닥에 음식물을 놓고 익힐 때 알루미늄에 싸서 익힌다. 그래서 소스나 그래비를 만들기 위하여 마지막 조리과정에서 스톡이나 와인을 넣고 저어 졸여낸다. 이 과정은 디글래이징(deglazing)으로 알려져 있다. 스테인리스스틸(stainless steel)은 리조토, 수프, 스톡, 토마토 소스 그리고 파스타, 육류 또는 생선을 삶기 위하여 이용된다. teglia di patate al formaggio와 같은 조리용기는 레시피 이름의 일부와 같이 보인다.

caul Fat 종종 프레시 상태를 찾아볼 수 있지만 대부분 냉동상태로 육류 시장이나 정육점에서 찾아볼 수 있다.

ceci 병아리콩, 빈스(beans) 참조

celeriac(celery root), radici di sedano sedano rapa(celery root)나 sedano di Verona(Verona celery)라 불리며 후자는 Veneto주 근처에서 잘랐기 때문이다. 크고 단단한 뿌리를 가진 것은 야생 셀러리로부터 수확한 것이다. 줄기는 바삭바삭하다. 셀러라악(celeriac)의 맛은 샐러드의 맛을 돋구워 주며 사이드 디시(side dish)나 수프에 퓌레(pureed into soups)로 이용될 수 있다.

chianti Siena와 Firenze 사이에 있는 지역의 이름으로, 여기서 생산되는 와인의 이름이기도 하다. 이태리의 훌륭한 와인 중 하나인 Chianti classico는 DOCG와인(Denominazione d' Origine Controllata e Garantita)이다. 이것은 Chianti 지역에서 생산되며, 1966년부터 적용된 새로운 규정에 따라서 12개월의 숙성기간을 기준으로 하고 있다. Chianti classico Riserva는 보다 높은 품질의 Chianti classico이며 2년 정도의 숙성기간이라야 한다. Chianti 와인은 Sangiovese 포도로 만든다.

coarse-grained cornmeal, granoturco polenta의 gudexo로 이태리에서 먹고 있으며 폴렌타는 보리(barley)나 밤(chestnut)을 포함한 다른 재료들로 만들기도 한다. 이태리의 식료품점에서 폴렌타나 그라노투르코(granoturco)로 판매되는 노란색의 콘밀(coarse-grained yellow cornmeal)을 찾아볼 수 있다. 거칠게 간 노랗거나 하얀 콘밀을 대용할 수 있다.

cognac 프랑스의 Cognac 지역에서 생산되는 와인으로부터 증류한 증류주로서, 종종 이태리 디저트나 소스의 맛을 내기 위하여 이용된다. 드라이 와인으로 대체될 수도 있다.

conchiglie 드라이드 파스타(dried pasta)

cornmeal 코스 그레인드 콘밀(coarse–grained cornmeal) 참조

costata T-bone steak로 특히 어린 송아지로 만든 florentina는 유명하다. Toscana 이 외의 곳에서는 bistecca alla fiorentina라고 불린다.

costolette(cutlets) 동물의 뼈 있는 부분, 특히 갈비(costolette는 costole, 또는 ribs에서 나온 것)살로 만든 두꺼운 커틀렛의 일종이다. 뼈에 붙어 있는 고기는 항상 맛이 있고 다른 부위에 비해 더 부드럽다. 커틀렛은 보통 계란과 빵가루를 묻혀 버터나 오일에 굽게 된다.

country bread, pane rustico 질감이 쫄깃쫄깃하고 단단한 외피를 지닌다. 이태리 전역에서 많은 개량품들이 생산되고 있다.

cranberry beans, fagioli nri 빈스(beans) 참조

cream, panna 이태리에는 한 종류만 있으며, 프레시 상태로 이용된다.

crostita 버터리 크러스트(buttery crust)로 만들어지고 살구, 체리, 플럼잼(plum jam) 또는 마르말라드(marmalade)로 겉씌운 타트(tart)를 의미한다.

crostoni 안티파스토(antipasto)의 일종으로 큰 조각의 빵으로 브로일러(그릴러)나 숯불에서 굽거나 프라이드하여 토핑(topping)으로 씌운 것이다. 작은 것은 crostini라고 한다.

cuttlefish, seppie 오징어의 일종으로 스퀴드(squid)와 비슷한 모양으로, 보다 넓적하고 두꺼운 구형이다. 넓은 머리에 뚜렷한 눈, 10개의 촉수와 잉크 주머니를 가지고 있고 있다. 스퀴드와 같은 방법으로 씻고 조리하며 이태리, 스페인, 그리스와 여러 아시아 국가들에서 즐겨 먹는다. 어시장에서 쉽게 찾아볼 수 있다.

dragoncello 타라곤(tarragon) 참조

dried mushrooms, funghi secchi 이태리산의 드라이드 포르치니 머시룸(dried porcini mushrooms)을 의미하며, 체스너트이나 오크나무에서 야생으로 자란다.

eggplants(aubergines, melanzane) 일종의 가지로 이태리에서 melanzane라 불리고 보통 구형의 형태를 하고 있으나 그렇게 크지는 않다. 다른 지역에서는 조그마한 크기부터 단단하고 윤곽이 뚜렷한 껍질을 가지고 있는 중간 크기가 있다.

emmentaler, emmental 오늘날 이태리 음식에서 이용되고 있는 스위스 치즈이다. 그라팅(grating)과 잘게 부숴(shredding) 요리하기에 좋은 이 치즈는 또한 성냥개비 크기로 잘라 샐러드 위에 첨가할 수도 있다. 땅콩 맛을 지니고 있고 조그마한 구멍에서부터 중간 크기의 구멍들이 나 있다. 종종 스위스 치즈라고 불린다.

escarole, scarola 종종 Bastavian endive라고 불리는 것으로 신맛의 잎을 가지고 있는 치커리이다. scarola(이태리 이름)는 샐러드에 날 것의 상태로 이용되거나 익히며 토르테(torte : savory tart)와 다른 야채 음식들에 이용된다.

extra-virgin olive oil (olio extra ergined'oliva) 올리브에 상처나는 것을 피하기 위하여 손으로 딴 올리브를 첫번째로 압축해 추출한 올리브유다. 가장 순수한 형태의 올리브유이고 산도는 1%를 초과할 수 없다. Tuscany의 오일은 유명하고 맛이 좋다. 품질이 좋은 오일들은 Liguria, Lake Garda(Lombardia and Veneto), Umbria, Marche and Lazio에서 생산된다. Puglia는 생산량이 많고, 품질이 아주 우수하다.

farfalle 드리이드 파스타(pasta)

farfalline 드라이드 파스타(pasta)

farro 스펠트(spelt) 참조

fava beans 빈스(beans) 참조

fennel, finocchio 이태리에서 finocchio로, 영국에서는 Florence fennel로 유명한 것으로, 샐러드에 날것의 상태로 첨가하여 먹거나 야채요리, 소스, 스튜와 수프에 첨가하여 먹기도 하는 바삭바삭한 벌브(bulb)형태의 향신채이다. 보다 둥근 메일 벌브(male bulb)는 보다 부드러운 맛과 질감을 가지고 있으며, 샐러드에 주로 이용되며, 피메일 벌브(female bulb)는 보통 익혀 먹는다. 펜넬을 하얗게 하기 위하여, 자랄 때 계속하여 흙으로 메워야 한다. 야생 펜넬 finocchio selvatico는 이태리 일부 지역에서 생산되는 허브이나 시실리산이 가장 좋다. 회향은 pasta con le sarde의 기본적인 재료이다.

fennel seeds, semi di finocchio Florence fennel (fennel 참조)과 밀접한 관련이 있는 보통의 펜넬로서 알려져 있는 여러 펜넬로부터 추출된 조그맣고 옅은 갈색씨이다. 스파이스(spice, spezie)로 이용되는 것으로 부드러운 아니스(anise)의 맛을 내준다. 종종 부드러운 이태리의 소시지에 맛을 내기 위하여 이용된다.

figs, ficchi Sicilia의 Palermo에 있는 무화과는 세계에서 가장 오래된 것으로 알려져 있었다. 첫번째 무화과는 Asia Minor에서 재배되었고, 성경에서도 언급되고 있다. 지중해 연안 곳곳에서 생산되는 것으로 세계에서 가장 오래된 재배과일이다. 하얀색과 자주색이 있으며 모두 이태리에서 먹고 있다. 오늘날 무화과 나무는 이태리 전역에서 재배되고, 6월에서 9월까지 여러 지역에서 생산되며, 나무에서 곧바로 따서 날것으로 먹을 수 있다. 꿀을 적셔 디저트로 구운 파션(passion)과 함께 파르마햄(prosciutto)을 곁들여서 말려 페이스트리에 넣어 안티파스토로 제공된다. 안티파스토로 제공될 때 껍질을 벗겨 제공되고, 프레시 피그는 prosciutto와 함께 반으로 잘라서 제공되기도 한다.

finocchio 펜넬(fennel) 참조

fish, pesce 약 1,860마일(3,000km)의 해안과 커다란 네트워크의 강과 호수가 있는 이태리는 생선 애호가들에게는 하나의 패러다이스이다. 생선은 꽤 단순한 방법으로 조리된다. Amalfi의 그릴 음식, 번화 항구의 brodetto(생선수프), 시실리의 파스타 소스의 핵심은 생선이다.

focaccia 밀가루, 물, 이스트, 올리브 오일과 소금으로 만들어진 Liguria의 고급빵의 일종이다. 부수적으로 세이지(sage, salvia), 로즈메리(rosemary, rosmarino), 양파, 올리브 등이 포카치아에 첨가될 수 있다. 전통적인 focaccia al formaggio는 약간 다른 것으로, 소프트 치즈(soft cheese)가 두 개의 도우(dough) 사이에서 구워지는 것이다. 윗부분에 치즈를 넣는 것과 같이 최신 개량품들도 있다.

fontina, fontino cheese Valle d'Aosta의 특산품이다. 이러한 우유 치즈는 산뜻한 맛을 지니고 있고 잘 녹는 성질을 가지고 있으며 폰듀(fondue)에 이용된다. 폰티나는 3개월 정도 된 것이 가장 이상적이고 여름철에 만들어지는 치즈는 알프스의 목초를 먹인 소에서 나온 우유로 만든 것이 우수하다. Fontina라 불리는 스칸디나비아에서 생산된 치즈는 다른 성질을 가지고 있어 대용품으로 이용하기에 적합하지 않다.

frantoio 올리브유를 만들기 위해 올리브를 따자마자 곧바로 압착시키는 밀(mill)이다. extra-virgin olive oil을 만들기 위하여 올리브는 커다란 그라인드 스톤(grind stone) 사이에서 압축시킨다. 여기서 오일을 추출하고 불순물을 제거하기 위하여 종이 필터로 여과시킨다.

frittata 이태리 오믈렛(omelet)의 일종으로 야채, 치즈 또는 남은 파스타를 함께 넣어 만든 계란요리이다. frittata는 무거운 주철로 만든 프라이팬에서 구운 것이며 오븐에서 구운 것은 아니다. 오븐에서 구운 비슷한 것이 tortino이며, 이것은 중앙부분이 드라이한 것이다. 이태리의 고급 frittata는 vaporosa(중앙부분이 촉촉한)이어야 한다.

frittura 올리브유에 튀긴 야채, 육류, 생선이나 스위트 페이스트리(sweet pastry)이다.

gaeta olives, olive di gaeta 쭈글쭈글한 검은 껍질의 소금에 절인 올리브이다. 작고 검은 그리스나 스페인 올리브로 대체될 수도 있다.

gamberoni와 **gamberetti** 새우(shrimp or prawn)를 칭하며, gamberoni는 큰 것이고 gamberetti는 작은 것이다. gamberoni는 그릴에서 조리하거나 생선스튜를 만드는 데 이용된다. gamberetti는 파스타 소스나 리조토 요리에 첨가하면 좋다.

garbazo beans 빈스(beans) 참조

gelato, ice cream : 최초의 gelato는 아랍인 상인들이 북부 아프리카로부터 이태리로 전래한 샤벳(sherbet, sorbetto)을 모방한 것으로 천 년 이전에 시실리에서 만들어졌다. 시실리아인들은 시트러스(citrus)나 아몬드와 같은 지역 특산품과 우유를 첨가했다. 현대에 이르러 gelato맛은 두 가지로 나누어졌으며, 그 하나는 Crema로 계란, 바닐라나 스파이스(spice)와 같은 것들과 함께 땅콩, 초콜릿, 커피나 크림으로 만들었다. 또 다른 하나는 frutta로 여러 과일을 이용하여 만들었다. 초콜릿, 바닐라나 시나몬 아이스크림은 하나 이상의 과일을 혼합하여 복합적인 맛으로 만들어지기도 하지만, 단 하나의 특정 과일만을 사용하는 crema이나

frutta의 맛을 고수하는 경향이 있다.

gnocchi 조그마한 덤플링(dumpling)이란 뜻으로 프리모로 제공된다. 감자, 리코타와 시금치, 콘밀(cornmeal)이나 세몰리나(semolino)로 만들어진다. 감자 뇨끼는 독특한 모양을 만들기 위하여 포크의 등으로 모양을 새긴다. gnocchetti는 조그마한 뇨끼를 말한다.

goat's milk cheese 이태리에서 caprino란 속명으로 알려져 있다. 소나 양유 치즈만큼 인기가 있는 것은 아니지만 이태리 전역에서 찾아볼 수 있다. 염소유 치즈는 이태리의 프랑스 접경지역 Piemonte와 Valle d'Aosta의 전통식품이다. 비록 Picmonte에서는 속명으로 toma라고 불리는 치즈를 만들기 위하여 우유나 양유를 혼합하지만 전통적으로 염소유 치즈는 덜 숙성된 소프트한 것이 많이 애용되고 있다.

gorgonzola 푸른 곰팡이(mold vein)를 가지고 있는 풀팻치즈(full-fat cheese)로 밀란(Milano) 근처의 조그마한 '고르곤졸라' 라는 마을에서 맨 처음 만들어졌다. 현재 대부분이 Piedmonte의 Novara에서 생산된다. 부드러운 것과 강한 맛이 나는 것이 있다.

grapes, uva 잘 익고 맛있는 검정(이태리인들은 빨강으로 표현) 포도로 이태리의 반도와 섬들에서 만들어지는 수백년 전통의 고급 와인을 만든다. 포도는 올리브와 함께 고대 지중해 연안 음식의 기본이었다. 오늘날 포도(uva)는 식탁용 과일로도 애용되고 있으며, 건포도 (raisin, uvetta)로 말리기도 한다. 샐러드에서부터 빵과 디저트의 음식으로 이용되기도 한다.

grappa 와인 제조 후에 남은 포도껍질로 만들어진 추운 계절에 보온을 유지하기 위하여 제공되는 독주(firewater)였다. 최근에 그라파는 생산업자들이 가장 고급의 포도껍질을 선별하고 가장 좋은 맛의 드링크로 만들기 위하여 노력할 만큼 고급의 증류주가 되었다. 오늘날 이태리에서 행해지고 있지는 않지만 그라파는 한 가지 유형의 포도껍질(예컨대 refosco나 Picolit)로 만들며, monovitigno 그라파라 불린다. 가장 좋은 그라파는 북부이태리 Friuli–Venezia Giulia, Veneto, Trentino-Alto Adige에서 생산되고 있다.

green peppercorns 소금에 절여지거나 건조된 덜 익은 후추열매이다. 프랑스 요리에 많이 사용하여, 이태리 음식에서도 종종 찾아볼 수 있다. 병이나 캔에 들어 있는 페퍼콘은 사용하기 이전에 물에 행궈 줄 필요가 있다. 그린페퍼콘은 음식을 조미하기 위하여 흰 후추나 검은 후추와 함께 사용한다.

in umido 브레이즈, 스튜 또는 종종 스팀된 음식을 의미한다. 전통적으로 육류나 해산물을 in umido로 조리하며, 팬에 소량의 액체를 첨가하여 졸이는 조리법이다. 채소나 감자 같은 것을 이와 같은 방법으로 조리할 때, 스팀하거나 부드러워질 때까지 브레이즈한다.

iuniper berries 상록관목의 열매를 향신료로 이용하는 것으로, 냄새가 강한 조그맣고 강한 베리로 짙은 검정색을 하고 있으며, 진(gin)을 만들 때 이용되거나 가금류나 기타 다른 육류요리에도 이용된다.

kalamata olives 식초에 절인 짠맛의 검은 그리스 올리브이다. 검은 이태리의 올리브를 이용할 수 없을 때 대체될 수 있다.

lasagne 드라이드 파스타(dried pasta)와 프레시 파스타(fresh pasta) 참조

leeks, porri 양파의 일종으로 우리의 대파와 비슷하다. 이태리에서는 porri로서 알려져 있으며, 옅은 하얀 뿌리 끝과 짙은 녹색잎을 가진 긴 실린더 모양의 것이다. 돌이나 모래를 제거하기 위하여 사용하기 이전에 깨끗이 씻어 주어야 한다.

lentils, lenticchie 조그마한 단추 모양의 건조시킨 콩으로 짙은 자색이며 조리했을 때 맛이 좋아지는 특성을 가지고 있다. 수프, 샐러드, 사이드 디시(side dish)와 함께 차게 또는 뜨겁게 제공된다.

limoncello 이태리에서 인기 있는 포스트밀(postmeal) 드링크 중 하나다. 곡주(grain alcohol)에 Campari와 레몬껍질, 설탕과 물을 혼합한다. 진품은 착색료를 첨가하지 않고 레몬으로부터 색깔과 맛을 얻어낸다.

linguine 드라이드 파스타(dried pasta)

marjoram, maggiorana 박하류의 방향성 식물로 오리가노(oregano)와 아주 유사한 방향성 허브이고 육류, 소스와 수프의 조미에 이용된다. 손바닥에 드라이드 마조람을 놓고 부수면 향을 느낄 수 있다.

marsala wine Sicilia의 Trapani, Agrigento와 Palermo 지방에서 생산되는 강화 와인(fortified wine)으로 달콤한 것부터 드라이한 것까지 다양하며 식전주(aperitif), 디저트 와인, 디저트의 재료로 이용된다.

mascarpone 우유로 만든 비숙성 프레시 크림 치즈의 일종으로 스위트 버터(sweet butter)와 비슷하며, 노란색보다 다소 갈색으로 Lombardia와 Emilia–Romagna에서 생산된다. Tiramisu에 레이디핑거(ladyfinger)나 스펀지 케이크, 에스프레소(espresso)와 초콜릿을 혼합하여 만든 것으로 약간의 코냑(cognac)이나 브랜디를 첨가했을 때 맛있는 디저트가 된다. 쉽게 부패하기 때문에 더운 계절에는 생산되지 않는다.

melons, melone 이태리 멜론은 선이 나 있는 껍질과 옅은 오렌지색의 둥근 형태다. 맛이 좋으며 여름이 끝날 무렵에 생산되고 안티파스토 prosciutto와 함께 제공된다.

minestra, soup 다진 야채로 만든 수프로 종종 쌀이 첨가되거나 조그마한 파스타가 첨가된다. 조그마한 파스타를 치킨 스톡이나 야채스톡에 넣어 끓이기도 한다.

mint, menta 특히 Lazio에서 음식의 맛과 향을 내기 위하여 이용되는 허브이다. 로마인들은 흔히 민트와 토마토의 맛을 혼합하나 어떤 이태리인들은 민트와 새우를 혼합하고 위에 올리브유를 뿌리곤 한다. 야채요리에 이용되고 있다.

mortadella 이태리 소시지 중 하나로 잘

갈은 돼지고기와 거칠게 다이스한 돼지지방을 잘 섞어 만든다. 직경이 6인치(15cm)나 되는 서서히 익힌 소시지는 샌드위치 고기로 이용된다.

mozzarella 버팔로 소의 젖으로부터 만들어진 외피가 없는 하얀 치즈로 Salerno와 Caserta에서 생산된다. 그러나 대부분의 상용 모차렐라 치즈는 우유로 만들며, 향미는 버팔로유로 만든 치즈만 못하다.

mussels 대부분의 지역에서 cozze라 하고, 어떤 다른 지역에서는 muscoli나 peoci라고 한다. 유사한 연체동물(mollusk)은 옅은 갈색 껍질의 dattero di mare(date mussel)로 La Spezia의 Liguria의 항구도시 주변 지역에서 찾아볼 수 있다. 홍합을 깨끗하게 씻으려면 흐르는 찬물 속에서 껍질을 브러시로 문질러 주어야 한다. 껍질 양쪽의 수근(cluster of fiber)을 잡고 신속하게 잡아당긴다.

olive oil, olio d'oliva 엑스트라-버진 올리브오일(extra-virgin olive oil) 참조

olive 익은 올리브와 회녹색의 잎은 올리브 나무의 가지에서 채취한다. 열매는 이태리 전역에서 올리브오일(olio d'oliva)의 형태로 소비되고 있다.

엑스트라-버진(extra-virgin) 올리브오일은 처음 압착한 것에서부터 추출된다. 과일은 또한 저장해 두었다가 먹거나 여러 소스, 토핑(topping), 스터핑(stuffing) 등의 재료로 이용된다. 올리브의 중요성은 평화와 호의의 상징으로서 올리브 가지를 이용하는 데서 잘 알 수 있다. 소금물에 저장하는 것이 가장 좋으며 오일에 저장하기도 한다. 식초에 담아 두는 올리브는 맛이 조금 덜하다. 검은 올리브가 가장 독특한 올리브의 맛을 지닌다. 일반적으로 이태리 올리브는 조그맣다.

orecchiette 드라이드 파스타(dried pasta)

ossobuco 송아지 정강이 살을 뼈와 함께 소스에 졸여 브레이즈한 것으로 Milano의 전통식품이다. 전통적으로 레몬껍질과 파슬리의 혼합물인 gremolata와 함께 제공된다.

padella 카스트 아이론(cast iron)의 프라이팬으로 튀김요리나, 슬라이스한 육류나 야채들을 소테하는 데 이용된다.

pancetta 훈제하지 않은 이태리 베이컨으로 나선형의 고기와 지방을 만들기 위하여 슬라이스한 것을 교차시키며 단단하게 감은 넓고 두툼한 조각이다. 훈제한 판체타인 pancetta affumicata가 만들어지고 있지만 가장 흔한 형태가 소금에 절인 삼겹살(pork belly)이다. 훈제되지 않은 판체타를 구할 수 없으면 훈제된 베이컨으로 대체할 수 있다.

panzanella 본래 오래된 빵을 이용한 샐러드로, 예전에 축축해진 빵은 토마토와 양파를 혼합하여 올리브 오일과 약간의 식초를 뿌려 주었다. 종종 참치, 케이퍼(caper)와 오이가 첨가되기도 했다.

Parmesan cheese, armigiano 우유로 만들어진 것으로 과립상의 조직과 강한 맛을 가지고 있는 하드치즈(hard cheese)이다. 조리에 이용되는데 특히 파스타의 재료로 이용된다. 진품의 이태리 파르메산 치즈는 Parma 지방에서부터 Mantova 지방과 Bologna 지방에 이르는 지역에서 4월 1일부터 11월 11일 사이에 생산된다. 고운 외피에 Parmigiano-Reggiano라고 표시되어 있는 것이다. 또한 고급 파르메산 치즈는 미국, 아르헨티나, 호주 등 이태리 후손들이 많이 거주하고 있는 기타 국가들에서 만들어지고 있다. Parmigiano-Reggiano는 아주 비싸기 때문에, 같은 맛은 아니지만 다른 고품질의 파르메산 치즈로 대체될 수 있다. 파르메산 치즈는 분쇄한 순간에 특유의 향미가 가장 좋기 때문에 이용할 때 바로 분쇄하여 사용하여야 한다.

Parmigiano-Reggiano 파르메산 치즈(Parmesan cheese) 참조

parsley, prezzemolo 두 가지의 종류가 있다. 하나는 곱슬곱슬한 잎으로 국내에서 보통 사용하는 파슬리이다. 다른 하나는 Italian parsley라 하여 잎이 넓고 납작하며, 강한 향을 가지고 있으며, 이 책의 대부분의 레시피에서 사용되고 있다. 파슬리를 이태리어로 prezzemolo라 한다.

pasta dried, pasta sella 물과 밀가루(hard-wheat durum flour)로 만들며, 다양한 종류가 있다. 동일한 것이라도 지역에 따라 명칭이 서로 다르게 알려진 것도 있다. 특히 남부의 파스타는 오일로 만든 소스와 함께 토마토, 야채 또는 생선과 함께 먹는다. 드라이드 파스타는 이미 준비된 소스와 함께 알덴테(al dente) 상태로 삶아 파스타 요리를 만들어 먹는다. perciatelli로 알려져 있는 bucatini는 스파게티와 같은 형태이다. Conchiglie는 중간 크기의 것으로 셸(shell) 형태의 파스타이다. farfalle는 나비로부터 유래된 이름이며 보우-타이(bow tie)이라고도 한다. farfalline는 조그마한 나비모양의 파스타로 수프와 함께 제공된다. lasagne는 물에 삶아 건져낸 파스타와 여러 소스로 층을 내어 만든 프레시 또는 드라이드 파스타이다. linguine는 조그마한 텅(tongue)을 의미하는 것으로 길고 좁은 리본모양을 한 파스타로 한쪽은 둥글고 다른 쪽은 납작한 형태를 하고 있으며, 프레시로 먹을 수 있다. tagliatelle는 흔히 fettuccine라 하며, 길고 좁고 평평한 리본모양을 하고 있으며, 프레시로 먹을 수 있다. orecchiette는 구(ball)모양을 하는 파스타와 조그마한 귀(ear)모양의 파스타가 있다. penne는 깃털(quill)을 의미하는 것으로 이러한 튜브모양의 파스타는 펜촉(pen nib)의 형태를 하고 있다. pennette는 조그마한 펜네 파스타이다. spaghetti는 대표적인 드라이드 파스타(dried pasta)형태이다. 이러한 가느다란 형태를 하고 있는 스파게티는 spago(string)이라는 용어에서 나온 것이다. 아주 가느다란 스파게티는 spaghettini라 불린다. vermicelli는 조그마한 벌레(worm)라는 의미를 가지고 있는 아주 가느다란 형태의 파스타이다. capelli d'angelo(angel's hair)는 vermicelli를 대체하는 파스타로 이용될 수 있다.

pasta fresh, pasta fresca 파스타를 즉석에서 직접 만든 것으로, 그 가치를 인정한다. 상용으로 만들어진 프레시

파스타도 이용할 수 있지만 직접 만든 파스타를 더 많이 애용한다. 핸드 크랭크드 파스타 머신(hand-cranked pasta machine)을 이용하면 쉽게 만들 수 있다. 값이 비싸지만 인력을 이용할 경우 인건비 지출이 많게 된다. 기계를 사용할 경우에는 한 번에 적은 양을 입력시키고 원하는 두께로 뽑기 위하여 크기를 조정할 필요가 있다. 반죽이 부드럽고 탄력적이 될 때까지 반죽을 계속하여 넣어 주고 끈적끈적해지면 약간의 밀가루를 뿌려 준다. 원하는 폭의 누들을 만들기 위해서는 기계를 조작할 필요가 있다. 예컨대, Tagliolini는 기계의 폭을 0.5cm 정도 좁혀 주어야 한다. 손으로 파스타 도우(pasta dough)를 만들기에는 너무 어려우나 숙달된 조리사들은 손쉽게 하기도 한다. 그러나 파스타 기계를 이용하지 못한다면 밀가루를 뿌린 작업대 표면에서 도우를 굴려 만들 수 있다. 프레시 파스타를 만들기 위해서는 이하에 나와 있는 레시피를 따르고 원하는 폭으로 잘라야 한다.

pasta fresh 밀가루 360g의 중앙에 계란 3개를 깨뜨려 놓는다. 포크를 이용하여 계란을 가볍게 두드리고 밀가루와 잘 반죽한다. 반죽을 부드럽고 탄력이 생길 때까지 약 5분 동안 계속하여 개고, 바닥에 붙지 않도록 필요할 때마다 밀가루를 조금씩 뿌려 준다. 반죽을 4~6개의 같은 포션으로 자른다. 반죽 후 발효되도록 비닐랩으로 싸서 30분 동안 상온에 보관해 둔다. 파스타 머신(pasta machine)을 이용하여 아주 가는 시트(sheet)로 각각 굴려 넓게 편다. 머신 위의 커터(cutter)에 반죽 시트를 집어 넣는데 tagliatelle는 넓은 커터를 이용하고 tagliolini는 좁은 커터를 이용해야 한다. 한 번에 한 줌의 누들(noodle)을 들어올리고 밀가루를 묻힌 주방 타월(kitchen towel)에서 건조시킨다. 손으로 파스타를 굴려 펼치기 위해서 작업대 위에 밀가루를 뿌린다. 도우 볼(ball of dough)을 손바닥으로 펴고, 롤링핀(rolling pin)을 이용하여 가늘고 평평하게 굴려펴는데 붙지 않도록 돌려가면서 굴려편다. 주방타월에 밀가루를 가볍게 뿌리고 도우를 타월 위에 놓고 약 10분간 건조시킨다. 파스타를 자르기 위해서는 도우의 라운드(dough round)를 실린더(cylinder)에 넣고 끝을 가볍게 편 후 날카로운 칼을 이용하여 tagliatelle일 경우 폭을 0.5cm 크기로 자르고 tagliolini일 경우 폭을 2mm 크기로 자른다. 앞에서 언급한 바와 같이 건조시키고 레시피에서 나와 있는 대로 파스타를 조리하면 된다.

pecorino 양유 치즈로 이태리의 Toscana, Umbria, Lazio, Abruzzo, Molise와 Sardegnia 지역에서 인기가 있다. Toscana 인들은 보다 부드러운 페코리노를 좋아하는데 가장 좋은 것이 marzolino이다. 가장 고급의 Toscana의 페코리노 치즈는 Siena 근처에 있는 Piacenza에서 생산된다. Lazio에는 페코리노 로마노(Romano)가 있는데 숙성 양유 치즈는 그라팅(grating)에 이용된다. 페코리노 로마노는 실제로 대부분이 Sardegnia에서 생산되며 이들은 쉽게 구별된다. Lazio 치즈는 석회동굴에서 숙성되기 때문에 푸른색을 띠며 Sardegnia의 치즈는 보다 하얀색을 띤다. 이러한 치즈들은 파스타에 적합하다. Umbria, Abruzzo, Molise와 Sardegnia도 양의 젖으로 만든 여러 치즈들을 생산하고 있다.

penne 드라이드 파스타(dried pasta)

pennette 드라이드 파스타(dried pasta)

peppers sweet(capsicums, peperoni) 보통 국내에서 피망이라고 하는 것으로, 신대륙(New World)에서 이태리에 들여온 단맛을 지닌 고추류의 일종이다. 덜 익은 것은 녹색이고 익은 것은 빨간 것과 노란 것이 있다. 이태리 페퍼(pepper)는 다소 단맛을 띠며 벨 페퍼(bell pepper, peperoni)보다 길쭉하다.

pesto 베질(basil), 파인넛(pine nut), 올리브 오일, 마늘과 Parmigiano-Reggiano와 pecorino 치즈를 혼합하여 만든 소스이다. 페스토는 현재 이태리 전역에서 소비되고 있지만 Liguria의 전통요리이다. 이 용어는 약연공이(mortar in pestle)로 재료를 빻는 작업에서 나왔다. 페스토는 첨가되는 재료에 따라 그 향미가 달라지는데 arugula로 만들어진 것을 pesto di rucola라고 하고, 생선으로 만들어 진 것은 pesto di pesce라고 한다.

pine nuts, pinoli 잣나무의 솔방울에서 획득한 조그마한 상아빛의 씨로 송진의 맛을 가지고 있으며 이태리의 이름은 pinoli이다.

pinzimonio 엑스트라-버진(extra-virgin) 올리브 오일, 소금과 후추로 채워진 볼에 생야채와 앤초비소스를 넣어만든 요리다. Piemonte의 품종은 필렛 앤초비(fillet of anchovy)와 다진 마늘을 첨가하고 버터와 올리브 오일을 반반씩 넣어 만든 소스로 bagna cauda이다. 나폴리식은 앤초비, 올리브 오일과 케이퍼를 넣어 만든 앤쵸비소스(acciugata)이다.

pizza 고대 이후부터 나폴리에서 만들어진 나폴리산 빵이다. 도우(dough)는 밀가루, 물과 약간의 이스트로 만들어지고 나무를 태우는 오븐에서 굽기 전에 하룻밤 정도 놓아 두어야 발효숙성된다. 또한 오전에 반죽해 두면 오후에 사용할 수 있다. 전통적으로 치즈, 오일과 허브로 만들어진다. 토마토는 19세기 초에 첨가되었다. 나폴리의 피자는 얇고 바삭바삭하며 이태리의 다른 지역이나 다른 나라보다 두껍고 쫄깃쫄깃한 피자도 만들어지고 있다.

plum tomatoes 페어 토마토(pear tomato)로 알려져 있는 것으로 구형이며 토마토의 살(meaty flesh)이 풍부하기 때문에 소스를 만드는 데 적합하다. 신선하고 맛이 좋은 플럼 토마토를 구할 수 없으면, 캔에 들어 있는 것을 이용할 수도 있다. 플럼 토마토 한 가지로 만들어져 있고 껍질이 벗겨져 있는 캔 토마토를 구해야 한다.

polenta 끓는 물에 넣어 익을 때까지 잘 저어 익히는 거친 옥수수가루(coarse-grained cornmeal)로 만들어진 전형적인 북부지역의 요리이다. 요리했을 때 너무 단단해서는 안 되며 단순히 프라이한 세이지잎(sage leaf), 녹인 버터와 같은 파메산과 함께 제공된다. 또는 이것은 육류, 생선이나 야채소스와 함께 또는 그릴한 소시지, 조그마한 새요리와 같이 제공되기도 한다. 또한 식혀 슬라이스하여 그릴이나 프라이드하기도 한다. 전형적으로 노란 콘밀로 만들어지나 종종 베네치아인들은 곱게 갈은 하얀 콘밀을 이용하기도 한다.

polpette 전통적으로 허브로 조미하고 토마토 소스로 조리한 갈은 고기로 만들어진 미트볼(meatball)이다. 또한 계란을 묻혀 볼(ball)모양으로 만든 야채요리와 같은 다른 혼합물에서 이 용어를 이용하기도 한다.

polpettone 미트로프(meat loaf)이며 이태리에서는 중심부에 mortadella(가는 오믈렛조각)로 자른 완숙으로 익힌 계란을 채운다.

pomegranate, melograno 풍요라는 심벌을 가지고 있는 중동(middle fast)의 고내과일이다. 이태리의 조리에서는 전통적으로 사용되지 않았지만 몇몇 레시피에 나와 있다. 포메그라나테(석류)의 씨를 분리하기 위해서는 반으로 자르고 볼에 들어 있는 물 속에 과일을 넣고 깨뜨려 외피로부터 씨를 분리해야 한다. 씨는 볼의 밑바닥에 남게 되며 외피는 버린다.

porcini 이태리에서 쉽게 찾아볼 수 있는 야생버섯으로 boletus edulis로 보통 알려져 있다 첫 비가 내린 초가을에 생산되며 농부들은 땅의 종기(the earth boil)라고 말한다. 줄기는 넓고 가냘프고 머리부분은 두껍고 검으며 검을수록 좋은 버섯이다. 구매할 때에는 줄기부분이 단단한 것인가를 확인하여야 한다. 포르치니는 가을에 얇게 슬라이스하여 건조시켜 저장한다. 고품질의 건조품은 보통 길이가 5cm 정도이다.

prosciutto 촉촉하고 가볍게 줄이 나고 강렬한 핑크색의 고기로 만들기 위하여 날 고기에 향신료를 섞은 소금에 절인다. 수입된 이태리의 프로슈토는 아주 비싸다 (Parma에서 생산되는 것이 가장 좋다). 짠맛이 나는 프로슈토는 잘랐을 때 빠르게 건조되기 때문에 필요할 때마다 조금씩 슬라이스하여 사용하여야 한다. 프로슈토는 대부분의 고급 식료품점에서 구할 수 있다. 구할 수 없으면 프랑스의 bayonne나 독일의 westphalian과 같은 날것의 소금에 저린 햄으로 대체할 수 있다. 그러나 훈제된 햄으로 만들 수는 없다.

provolone 남부 이태리의 전지역에서 찾아볼 수 있는 것으로 버터 색깔의 우유 치즈이며 종종 벨 모양을 하고 있으나, 돼지새끼(piglet) 모양도 있다. 숙성시키기 위하여 몇 개월에서 1년 정도 걸어두기도 하고, 쫄깃쫄깃하며 가열처리되었고 안티파스토로 제공되기도 한다. provola는 조그마한 프로볼로네의 개량품이며 훈제되었을 때 provola affumicata라고 한다.

radicchio 식재료편 참조, 라디끼오

radicchio di treviso 길고 빨간 줄무늬의 치커리(chicory)로 Veneto에서 재배되는 유명한 라디끼오 품종 중 하나다. 바삭바삭한 잎을 가지고 있는 것으로 샐러드에는 강한 쓴맛이 나지만 익혔을 때에는 단맛이 난다. 라디끼오를 이용한 전통적인 요리법은 베이컨을 판체타(pancetta)로 싸서 바삭바삭하게 굽거나 잎의 숨이 죽을 때까지 그릴한다.

rapini 식재료편의 브로콜리 라베(broccoli rabe) 참조

ravioli 조그마한 스터프드 파스타(stuffed

pasta)의 일종이다. 지역에 따라 라비오리의 형태는 서로 다르나 조그마한 정방형이나 끝을 주름지게 한 원형의 것이 일반적인 모양이다.

red pepper flakes, peperoncino
우리의 거친 고춧가루와 같은, 드라이드 레드 칠리(dried red chili)이다. 아주 맵다. 전통적으로 이태리에서는 오일이나 소스의 맛을 내기 위하여 말린 홀페퍼(whole pepper)나 말려 간 페퍼를 이용하나 플레이크(flake) 형태의 레드 페퍼가 더 많이 이용된다.

rice, riso Piemonte의 Vercelli와 Novara에서부터 Lombardia의 Pavia와 mamtova 그리고 Veneto의 Verona와 Rovigo에 이르는 지역인 Po river valley에서 주로 재배된다. 이 지역은 쌀을 가장 많이 먹는 곳이며, 리조토(risotto)를 primo로 제공한다. arborio는 가장 인기 있는 그레인 화이트 품종(short-grain white variety)으로 전분함량이 많아 밥을 했을 때 걸쭉하고 수분 흡수력이 좋다. 형태나 전분함량이 다른 baldo, carnaroli와 vialone nano 등이 있다.

ricotta 두 번 발효된 유장(whey)으로 만든 라이트 치즈(light cheese)이다. (리코타는 recooked이라는 의미이다). 전통적으로 Toscana, Lazio와 Sardegna에서 리코타는 양유로 만든다. 이 외의 다른 지역은 대개 우유로 만든다.

risotto 쌀을 스톡으로 익혀 만든 걸쭉한 밥이다. 가장 적합한 쌀의 형태는 구형이며 가장 많이 이용되는 것이 arborio이다. 아르보리오 쌀을 구할 수 없으면 쇼트 그레인 화이트 라이스(short-grain white rice)를 이용할 수 있다. 조리할 때 리조토는 걸쭉하나 쌀은 깨물면 딱딱한 느낌이 들어야 하고 농도는 걸쭉한 상태인 all'onda이어야 한다. 조리시간이 경과하면서 스톡을 조금씩 더 첨가하며 계속하여 리조토를 저어 주어야 한다.

Romano cheese 페코리노(pecorino) 참조

rosemary, rosmarino 민트(mint)과에 속하는 관목으로 바늘같은 잎을 가지고 있으며 파란 꽃과 강한 숲 향을 가지고 있다. 이태리 이름은 rosmarino이다. 이태리 음식의 맛과 향을 강화시키는 여러 프레시 허브들 중 하나이며, rosmarino는 특히 양고기, 돼지고기와 닭고기에 많이 이용된다. 나뭇잎의 향이 많이 나는 잎은 줄기에서 채취한 것으로 음식에 다져서 넣거나 전체를 넣는다. 또는 줄기는 음식을 그릴하는 데 이용될 수 있다.

saffron, zafferano Abruzzo 지역의 L'Aquila 주변에서 재배되는 크로커스(crocus) 꽃의 암술머리로부터 추출한 것이다. 크로커스는 차가운 겨울 기후가 있어야 하고 발육을 위해서는 여름 기후가 필요하다. 가장 값비싼 사프란은 건조된 것으로 threads라는 라벨로 판매되는 것이며, 가격이 싼 것도 여러 가지가 있다. 스페인산도 있다.

sage, salvia 이태리에서 salvia라고 불리는 것으로 회녹색의 잎을 가지고 있으며 강한 향미를 지닌다. Toscano 인들은 잎을 콩요리(bean dish)와 육류에

첨가하기를 좋아한다.

salted cod, baccalà solata 소금에 절여 말린 대구로 뼈가 있는 것이든 없는 것이든 모두 이용할 수 있다. 이태리, 포르투갈, 프랑스, 스페인, 그리스와 카리브해에서 쉽게 찾아볼 수 있다. 조리할 때에는 찬물에 24시간 정도 담가두어 세 번이나 네 번 정도 물을 교환하여 주어 부드럽게 하고 염분을 제거해야 한다. 이태리에서는 baccalà라 하며, 미리 물에 담가 불려서 판매하고 있다.

sausage, salsiccia 이태리에서 salsiccia라고 하는 것으로 여러 가지 이름이 있다. 예컨대 Lombardia와 Veneto에서는 luganega라고 한다. 북부와 남부 이태리에서 일반적으로 맵지 않다. 스위트 포크 소시지는 좋은 대용품이다. 남부 소시지는 종종 맵기도 하며, 두꺼운 것과 가는 것이 있다. Toscana는 소시지로 유명하며 Chianti 지역에서 생산되는 것들이다. 이들은 프라이해서 토마토, 오일, 마늘과 프레시 세이지로 조리된 빈스(beans) 위에 올려 제공된다. 건조(dry)된 것과 신선한(fresh) 것 두 종류가 있다. 스위트 이태리 소시지(sweet Italian sausage) 참조

savoy 잎이 녹색으로 곱슬곱슬하며, 풍부한 맛을 가지고 있는 양배추의 일종이다. 1946년까지 이태리 일부 지역을 통치하였던 서유럽 왕조의 이름인 하우스 오브 사보이(House of Savoy, 이태리에서는 Savoia, 프랑스에서는 Savoie)에서 유래하였다.

scamorza 우유로 만든 배 모양의 흰색 치즈로 부드럽고 가는 외피로 포장되어 있다.

scampi langoustine나 Dublin Bay 새우라고 부르는 것으로 지중해 연안과 아드리아 해에 서식하는 조그마한 바닷가재의 일종이다. 스캄피가 없을 때는 구하기 쉬운 이 보다 큰 새우를 많이 이용하고 있다.

schiacciata 평평한 빵으로 두께가 1cm 정도이며, 올리브유와 소금이 첨가된다. 종종 허브로 맛을 내나 Toscana에서는 포도를 첨가한다.

semolino 거친 황금색 밀가루로 이태리 빵, 드라이드 파스타, 프레시 파스타의 필수 재료이기도 하다. 어떤 베이커들은 도우(dough)가 붙는 것을 방지하기 위하여 베이킹 스톤(baking stone) 위에 세몰리나를 뿌리기도 한다.

smoked provola cheese, provolone affumicato 프로볼로네 (provolone)

spaghetti 드라이드 파스타(dried pasta)

spelt, emmer 이태리에서 farro라고 불리는 것으로 조그맣고 불그스레한 갈색 곡류로 만들어진다. 초기 로마인들은 puls라고 불리는 음식을 만들었는데 이것은 간 밀(spelt)로 만들어진 polenta와 같은 것이었다. 밀(spelt)은 Lazio와 Umbria에서 인기가 있으나 Lucchesia의 지역인 Garfagnana에서도 인기가 있다.

spiedini 케밥(kabob)과 유사한 숯불에 구운 요리로 고기, 소시지, 빵이나 가지(aubergine)와 피망(capsicum)과 같은 야채로 만들어진다.

springform pans 높고 둥글고 옆면이 직선형인 베이킹 팬(baking pan)으로

케이크와 토르타(torta)를 굽는 데 이용된다.

squid, seppie 꼴뚜기 또는 갑오징어로, 가늘고 중심부에 뼈가 들어 있는 연체동물이다. 먹물 주머니에 들어 있는 검은 잉크는 파스타나 파스타소스나 리조토의 색깔을 만들기 위하여 이용된다. 조리하기 이전에 깨끗이 씻어 주어야 한다.

sweet Italian sausage, sasiccio ddce 북부 이태리에서 블랙페퍼로 조미된 돼지고기로부터 만들어진 프레시 링크 소시지(fresh link sausage)이다. 남부 이태리에서 회향(fennel)과 마늘로 조미되고 매운 맛의 거친 고춧가루가 첨가된다.

swiss chard, silverbeet 근대의 일종으로 이태리에서 bietola라고 불리고 있다. 소스와 제공되기도 하고, 버터와 치즈와 함께 제공되기도 하고, 삶아 제공하거나, 오일을 입혀 제공되기도 한다. 잎은 파스타 소스에 이용되기도 하고 상아빛의 tortas에 이용되기도 한다. 빨간색의 스위스 근대도 이용될 수 있다.

tagliatelle 파스타(fresh pasta)

tagliolini 파스타(fresh pasta)

tarragon 이태리에서 dragoncello라고 불리는 것으로 Siena에서 인기 있는 허브이나 이 외의 이태리 지역에서는 많이 사용하지 않는다. 타라곤은 수프와 소스에 이용되고 최근에는 lasagne와 같은 파스타에도 사용한다.

tegame 보통 terra-cotta의 둥글고 넓은, 얇은 팬(shallow pan)으로, 소스를 만들거나 육류를 브레이징 하거나 야채를 스튜잉하는 데 이용된다. terra-cotta 팬은 열을 잘 전도시킨다.

tegli 둥글고 넓은 코퍼(copper)의 얇은 팬이다.

thyme, timo 백리향이라 하며, 이태리에서 timo라고 불리는 방향성의 잎을 가지고 있는 허브이다. 다른 대부분의 프레시 허브와 같이 타임은 건조했을 때 향이 그대로 유지된다.

tomatoes, pomodori 여름에 생산되는 것으로 큰 샐러드 토마토부터 조그마한 체리 토마토에 이르기까지 크기가 다양하다. 한편 plum(Roma) tomato는 소스에 가장 적합한 것이다. 17세기에 신대륙(New World)으로부터 대서양을 통하여 건너온 것이다. 토마토의 이태리 이름은 금사과(golden apple)라는 의미인 pomodoro이다. 프레시 토마토의 껍질을 제거하기 위해서는 꼭지를 따고 X자 표시를 하여 끓은 물에 약 20초 동안 담가두고 꺼내 찬물에 식힌다. X자 표시는 껍질을 쉽게 벗겨내기 위해서이다.

tomato pure 대부분의 시장에서 캔에 들어 있는 것을 구할 수 있다. 신선한 토마토 퓌레를 만들기 위해서는 익은 토마토의 껍질을 벗기고 씨를 제거하여 블렌더(blender)나 푸드프로세서(food processor)에 갈거나 토마토 씨를 빼내고 푸드밀(food mill)로 갈면 된다.

torta 스위트와 상아빛의 베이크드 음식(baked dish)이란 이름으로 이용되고 있다. 종종 이 음식은 껍질을 가지고 있으며 케이크와 같은 모양이다.

tortino frittata와 유사한 것으로는

오븐에서 구운 것이라는 점이며, 직화(direct heat)로 익힐 경우 달걀이 거의 익을 정도까지만 익힌다는 점에서 frittata와 다르다.

tuna, tono 프레시 상태와 캔에 들어 있는 것이 있다. 이태리에서 생산되는 캔 참치는 올리브유에 포장되는데 이로 인하여 더 감미로운 맛을 지닌다. 미국산 참치는 일반적으로 물이나 야채 오일에 포장된다.

vermicelli 드라이드 파스타 참조

vino Santo Trebbiano와 Malvasia 포도로 만들어진 Toscana의 디저트 와인이다. 스위트하고 부드러운 이 와인은 전통적으로 hard biscotti로 제공된다.

zucchini flowers fiori di zucca라고 불리며 호박이 재배될 때 이태리에서는 꽃들이 만발하다. 보통 수꽃이 조리에 이용된다. 일단 꽃을 따면 먹을 때까지 밀봉하여 냉장저장해야 한다.

zuppa 야채나 해산물로 만든 진한 수프류다. 오븐에서 갈색을 낸 빵조각이나 올리브유에 프라이한 빵조각에 이 수프를 붓는다. 칸투치니(cantuccini)라고 하는 Toscana의 Prato에서 생산되는 두 번 구운 아몬드 비스코티는 전통적으로 식전 와인으로 제공되는 스위트 디저트 와인 vino santo에 적셔 먹는다.

이태리어 발음법

자음

이탈리아어의 알파베또는 21개의 자음과 모음으로 구성되어 있다. 이들이 단독으로 또는 복합으로 28가지의 발음을 나타낸다.

A	B	C	D	E	F	G
[a]	[bi]	[tsi]	[dʒi]	[e]	[ɛffe]	[ʒi]
아	비	치	디	에	에페	지

H	I	L	M	N	O	P
[akka]	[i]	[ɛlle]	[ɛmme]	[enne]	[o]	[pi]
아카	이	엘레	엠메	엔네	오	삐

Q	R	S	T	U	V	Z
[ku]	[ɛrre]	[ɛsse]	[ti]	[u]	[v]	[zɛta]
꾸	에르	에세	띠	우	부	제-따

a, b, d, f, i, l, m, n, p, q, r, t, u, v는 하나의 발음을 지니고 e, o, c, g, s, z는 두 가지 발음을 하며, 기타 이탈리아어 특유의 발음 gl, gn이 있기 때문에 21개 문자로 28가지 발음을 할 수 있다.

이 외에 고어(古語)나 외래어를 표시하기 위해 다음과 같은 5개 문자가 쓰인다.

J	K	W	X	Y
[iluŋgo]	[kappa]	[doppiovu]	[iks]	[ipsilon]
이룬고	카빠	도삐오부	익스	잎실론

■ 외래어나 고어에 사용된 예

studj 스투디(공부), Jungfrau

융그프라우(산이름), Kenia 케니아(아프리카의 지명), Weimar 봐이마르(독일의 지명), Wilson 윌슨(영 · 미 인명), Xeres 크세레스(시반아 지명), Xantia 크라산티아(희랍 지명), York 요-크(영국 지명)

모음

〈아, 에, 이, 오, 우〉의 우리말 발음과 거의 비슷한 〈a, e[ε], i, o, u〉의 다섯 가지가 있다. 그 이외의 모음 중에는, 개음 e[ε]와 폐음 è[e]의 차이, ó[ɔ] 와 o[0]의 차이가 있다.

자음+모음

b, d, f, l, m, n, p, r, t, v와 결합된 모음은 영어와 동일한 발음을 한다.

bene [bὲ:ne] 베네(좋게)
Dante [dánte] 단떼(인명)
fante [fánte] 판떼(보병)
luna [lú:na] 루나(달)
mondo [móndo] 몬도(세계)
nono [nɔ:non] 노노(9번째)
papa [pápa] 빠빠(아버지)
Roma [rɔ:ma] 로마(지명)
tanto [tánto] 딴 또(많은)

자음+자음+모음

같은 자음이 두 개 겹칠 때는 된소리로 발음한다.

ebbi [ébbi] 엡비(가졌다)
cadde [kádde] 까데(떨어지다)
caffè [kattέ] 까페(커피)
beffa [bέffa] 베파(조롱)
mamma [mámma] 맘마(엄마)
penna [pénna] 펜나(펜)
béllo [bέllo] 벨로(아름다운)
carro [kárro] 까-로(차)
seppi [sέppi] 셉삐(알았다)

기타 자음

■c의 발음은 다음에 오는 모음에 따라서 ㅋ[k] 또는 치[tʃ]로 발음한다.

casa [ká:sa] 까사(집)
carta [kárta] 까르따(종이)
chiodo [kiɔ:do] 키오도(못)
cosa [kɔ:za] 꼬자(물건)
bocce [bɔttʃe] 봇체(꽃봉오리)
cibo [tʃi:bo] 치보(음식)
cura [kú:ra] 꾸라(배려)
perciò [pertʃo] 뻬르치오(따라서)
occhio [ɔkkio] 옷키오(눈)

■g의 발음은 다음의 모음에 따라서 그[g]와 제[dʒ]로 발음한다.

gátto [gatto] 갓또(고양이)
regina [redʒi:na] 레지나(여왕)
gala [gá:la] 가라(축제)
agghiacciare [aggiattʃá:re] 아기아치아레 (냉동시키다)
guanto [guanto] 구안또(장갑)
mugghiare [muggia:re] 무기아레(포효하다)

■gl은 뒤에 a, e, o, u가 오면 그르[gl]로 발음하고, i가 올 때는 이탈리아 특유의 리와 이 사이의 소리인 ʎ이 된다. 예외로 그리[gli]로 발음하는 경우도 있다.

■gn[ɲ]는 프랑스어의 campagne의 gne와 비슷하게 발음한다.

gna [ɲa] 냐, gni [ɲi] 니, gnu [ɲu] 뉴, gne [ɲe] 녜, gno [ɲo] 뇨

■q[k]는 모음 u와 같이 쓰일 때에 한해서 자음의 가치를 갖는다.

qua [kwa] 꽈, qui [kwi] 뀌, qu [kwu] 꾸, que [kwe] 꿰, quo [kwo] 꾸오

■첫머리의 S와 모음의 결합은 청음[s]이 되고, 그렇지 않으면 탁음[z]으로 발음한다.

sa [sa] 사, si [si] 시, su [su] 수, se [se] 세, so [so] 소

■sc의 발음이 모음 a, u, o와 같이 쓰일 때 스그[sk]가 되고, i, e와 쓰일 때는 쉬[ʃ], [ʃʃ]가 된다. 하지만 sc에 h 가 첨가되면 스그[sk]로 발음한다.

scia [ʃa] 쉬아, sci [ʃi] 쉬,
sciu [ʃu] 쉬우, sce [ʃe] 쉐,
scio [ʃo] 쉬오, sca [ska] 스까,
schi [ski] 스키, scu [sku] 스꾸,
sche [ske] 스케, sco [sko] 스꼬

■z는 청음[ts]와 탁음[dʒ]로 발음한다.

■ss는 항상 청음이지만, zz는 청음이 될 때와 탁음으로 발음한다.

■h는 무성음으로 발음하지 않는다.

ha [a] 아, he [e] 에, hu [u] 우, hi [i] 이, ho [o] 오

이중모음, 삼중모음, 반모음

연속하는 두 개의 모음을 한 번에 발음하는 동시에 한 음절을 형성할 때 이를 이중모음(dittongo)이라 한다. 이중모음에는 iu(한쪽에 악센트가 온다)와 i 또는 u 가 a, e, o 중 어느 한 개와 연속하는 것이 있다. u와 결합할 경우에는 a, e, o에 악센트가 있는 경우와 전혀 악센트가 없는 경우가 있다.

대문자로 쓰는 경우

문장의 첫머리와 뿐띠 [:] 다음에 쓰인다.

■사람이나 지명을 나타내는 고유명사의 첫 자
Giorgio, Roma, Corea

■금융 기관 회사의 명칭에 쓰인다.
Banca Nazionale del Lavoro 국립 노동 은행

■서적, 신문의 이름에 쓰인다.
Divina Commedia「신곡」
Il Tempo「뗌뽀」 일간지

■나라, 지방, 마을의 사람들을 표시할 때 사용한다.
gl'Italiani 이탈리아 사람
i Lombardini 롬바르디아 사람

■왕, 신, 성모 마리아, 성인 등은 보통명사이지만 첫머리 글자를 대문자로 한다.
Re 왕　Dio 신(神)　Santi 성자(聖者)

참고문헌

국내서적

정청송. 『이탈리아요리』. 경희대 출판국, 1992.

나영선. 『호텔 서양조리 실무개론』. 백산출판사, 1996.

나영선 외. 『호텔 음료 · 주방관리』. 백산출판사, 1998.

Leda Vigliardi 저. 이혜란 역. 『맛으로 만나는 이탈리아 요리』. 이탈리아 문화원, 1999.

한국조리연구학회. *Herb & Salad*. 형설출판사, 1997.

외국서적

Julia Della Croce. *The Classic Italian Cookbook*. DK.

Jamie & Jack Davis. Abrams. *Sparkling Harvest the Seasons of the Vine*.

Fred Plotkin. *Italy Today the Beautiful Cookbook*. Collins.

Marcella Hazan. Knopf *Essentials of Classic Italian Cooking*.

Valentina Harris. *Pasta*. Century Publishing.

Lesley Bremness. *The Complete Book of Herbs*. Penguin Studio.

이탈리아 레스토랑 메뉴

가나화랑 이태리 레스토랑 빌 메뉴

레스토랑 캑터스 메뉴

아시안스타 이태리 레스토랑 이탈리아니스 메뉴

이태리 레스토랑 두모오 메뉴

이태리 레스토랑 로튼다 메뉴

이태리 레스토랑 뽀뽈로 메뉴

이태리 레스토랑 일 비노 로소 메뉴

이태리 레스토랑 제시카 피짜리아 메뉴

이태리 스파게티 전문점 포모도로 메뉴

호텔 롯데월드 이태리 레스토랑 베네치아 메뉴

호텔 롯데 이태리 레스토랑 메뉴

호텔 르네상스 이태리 레스토랑 토스카나 메뉴
호텔 서울 힐튼 이태리 레스토랑 일 폰떼 메뉴
호텔 스위스 그랜드 이태리 레스토랑 메뉴
호텔 신라 이태리 레스토랑 비체 메뉴
호텔 인터컨티넨탈 이태리 레스토랑 피렌체 메뉴

잡지

『월간 *Food*』. (사)한국조리사협회중앙회.
『월간 *Food & Restaurant*』. (사)한국조리사협회중앙회.
『월간 식당』. 한국외식정보.
『월간 *Food & Cooking*』. 푸드 앤 쿠킹사.
『월간 *Magic Cooking*』. 푸드 앤 쿠킹사.

기타 관련 자료

이태리요리학교 리조토요리 서울경진대회 자료
보라물산 데체코 이태리 식재료 자료집
JT 통상 자료집
화남통상 자료집

찾아보기

올리브 향 가득한

이태리요리

초 판 1쇄 발행 / 1999년 7월 12일
개정판 1쇄 발행 / 2019년 2월 22일
개정판 2쇄 발행 / 2021년 9월 10일

저자 나영선
감수 주한이태리문화원
발행처 형설출판사
경기도 파주시 회동길 37-23 · 전화 (031) 955-2361~4 · 팩시밀리 (031) 955-2341
발행인 장진혁
등록 라-제9호 · 1962년 5월 1일
홈페이지 http://www.hyungseul.co.kr
e-mail hs@hyungseul.co.kr

정가 35,000원

ISBN 978-89-472-8303-8 93590

이 도서의 국립중앙도서관 출판시도서목록(CIP)은 서지정보유통지원시스템 홈페이지(http://seoji.nl.go.kr)와 국가자료공동목록시스템(http://www.nl.go.kr/kolisnet)에서 이용하실 수 있습니다.(CIP제어번호 : CIP2019002390)